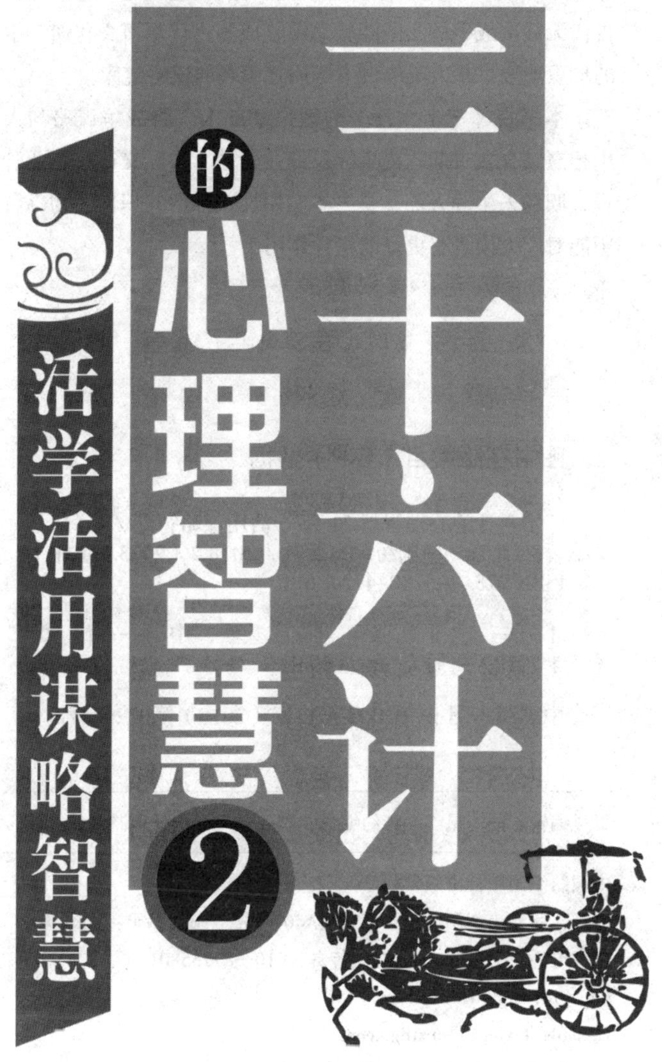

张瀚文◎编著

中国纺织出版社

内 容 提 要

《三十六计》是中华民族珍贵的文化遗产之一，是我国古代无数次战争的实践经验总结，成为古代军事文化遗产中的璀璨瑰宝，是人类取之不尽用之不竭的谋略宝库。

本书在《三十六计》的理论基础上，将战争谋略与人生智慧结合在一起，内容涉及商业营销、人际交往、企业管理、职场人生等方面，是一本实用性很强的知识性读物，希望能对广大读者有更好的指导作用。

图书在版编目（CIP）数据

三十六计的心理智慧.2，活学活用谋略智慧／张瀚文编著.--北京：中国纺织出版社，2018.2（2023.1 重印）
ISBN 978-7-5180-4724-6

Ⅰ.①三… Ⅱ.①张… Ⅲ.①兵法—中国—古代 ②《三十六计》—研究 Ⅳ.①E892.2

中国版本图书馆CIP数据核字（2018）第032444号

责任编辑：闫 星　　特约编辑：李 杨　　责任印制：储志伟

中国纺织出版社出版发行
地址：北京市朝阳区百子湾东里A407号楼　邮政编码：100124
销售电话：010—67004422　传真：010—87155801
http：//www.c-textilep.com
E-mail：faxing@c-textilep.com
中国纺织出版社天猫旗舰店
官方微博http：//weibo.com/2119887771
佳兴达印刷（天津）有限公司印刷　各地新华书店经销
2018年2月第1版　2023 年 1 月第 4 次印刷
开本：710×1000　1/16　印张：15
字数：204千字　定价：36.80元

前言

在我国，提起“三十六计”，几乎家喻户晓。那么，什么是“三十六计”呢？

“三十六计”一语，早在公元五世纪时就出现了：“三十六策，走为上计。”（《南齐书·王敬则传》）后世之人，多引用此语。于是明清时期，便有人编纂了《三十六计》一书，可惜的是成书的具体年代以及究竟是何人所著，已经无从考证了。

然而，无论此书的作者姓甚名谁，毋庸置疑，这本书都堪称中国文学的瑰宝之一，中华民族悠久的文化遗产之一，它与古老的《孙子兵法》一起被称为世界军事史上的“双璧”。《三十六计》是中国历代无数次战争的实践经验总结，被古今中外许多军事家广泛研习与应用。很多军事家利用《三十六计》中的谋略，在战争中取得了辉煌的胜利，为世人留下了一个个精彩绝伦的战例。

原书按计名排列，共分六套，即胜战计、敌战计、攻战计、混战计、并战计、败战计。前三套是处于优势所用之计，后三套是处于劣势所用之计。每套各包含六计，总共三十六计。其中每计名称后的解说，均系依据《易经》中的阴阳变化之理及古代兵家刚柔、奇正、攻防、彼己、虚实、主客等对立关系相互转化的思想推演而成，含有朴素的军事辩证法的因素。解说后的按语，多引证宋代以前的战例和孙武、吴起、尉缭子等兵家的精辟语句。全书还有总说和跋。

三十六计具体指的是：金蝉脱壳、抛砖引玉、借刀杀人、以逸待劳、

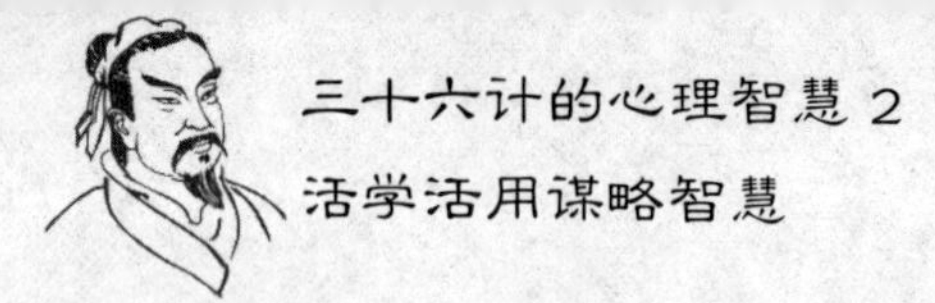

擒贼擒王、趁火打劫、关门捉贼、浑水摸鱼、打草惊蛇、瞒天过海、反间计、笑里藏刀、顺手牵羊、调虎离山、李代桃僵、指桑骂槐、隔岸观火、树上开花、暗度陈仓、走为上、假痴不癫、欲擒故纵、釜底抽薪、空城计、苦肉计、远交近攻、反客为主、上屋抽梯、偷梁换柱、无中生有、美人计、借尸还魂、声东击西、围魏救赵、连环计、假道伐虢。

三十六计是我国古代兵家计谋的总结和军事谋略学的宝贵遗产，为便于人们熟记这三十六条妙计，有位学者在三十六计中每取一字，依序组成一首诗：金玉檀公策，借以擒劫贼，鱼蛇海间笑，羊虎桃桑隔，树暗走痴故，釜空苦远客，屋梁有美尸，击魏连伐虢。

三十六计有着很强的实用性，被古今中外的各界人士广泛应用，为了便于读者朋友们掌握其中的精髓，我们编写了此书——这是一本系统介绍《三十六计》军事谋略思想、战略战术及其古今应用的知识性读物，全书包含了《三十六计》的部分原文，以及策略详解，并向人们展示了该怎样将《三十六计》的精华运用到商业营销、人际交往、企业管理、职场人生等方面。本书理论与实际结合，内容平实，易于读者阅读和理解，希望能对广大读者的生活、工作以及人生定位有更好的指导意义。

编著者

2017年4月21日

目 录

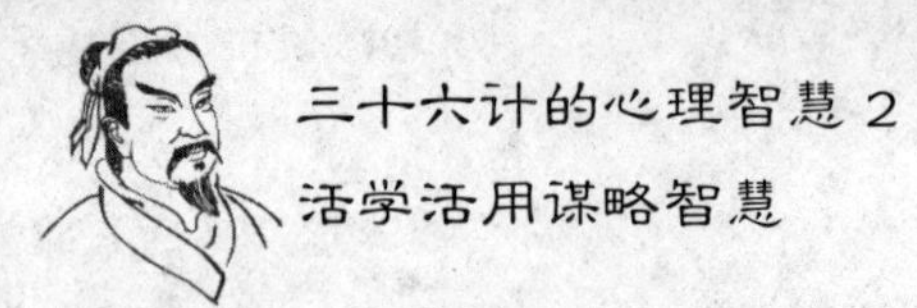

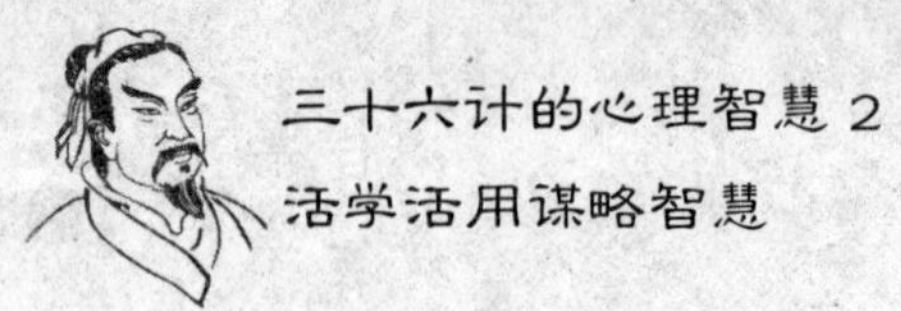

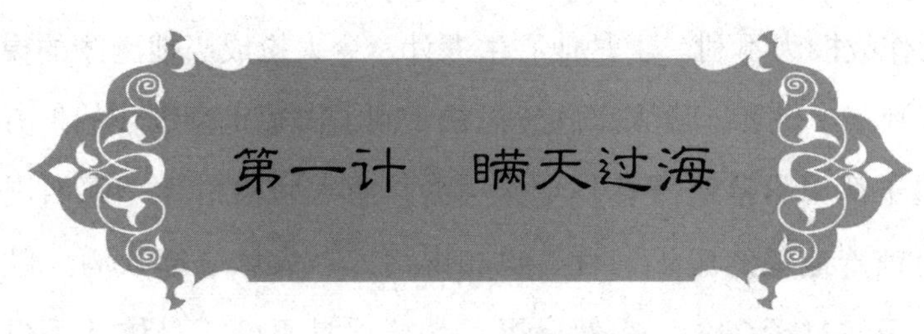

第一计　瞒天过海

计策详解：制造假象，隐藏真实意图

生活中，人们有这样一句常挂在嘴边的话：“三十六计走为上”。的确，提到三十六计，我们都已经耳熟能详，《三十六计》是根据我国古代卓越的军事思想和丰富的斗争经验总结而成的兵书，是中华民族悠久文化遗产之一。而《三十六计》中的第一计是“瞒天过海”。

瞒天过海：字面意思是瞒住上天，偷渡大海。比喻用谎言和伪装向别人隐瞒自己的真实意图，而在背地里偷偷地行动。

“瞒天过海”的原文是：“备周则意怠，常见则不疑。阴在阳之内，不在阳之对。太阳，太阴。”这句话的含义是：防备周密，往往容易导致思想麻痹，意志松懈；常见的事情就不会产生疑惑（以致丧失警惕）。秘谋就隐藏在公开的行动之中，并不是与公开行动相对立的。最公开的行动当中往往隐藏着最秘密的计谋。

这里的“天”原意指的是“天子”的意思，出自一个典故：贞观十七年，唐太宗领兵三十万，御驾亲征高丽。但是到了大海边，唐太宗看着茫茫无际、波涛汹涌的海面，不禁心中发起愁来，打起了退堂鼓。大将薛仁贵深知若是在此时退兵，不仅有损大唐的国威，也会挫伤将士们的军心，

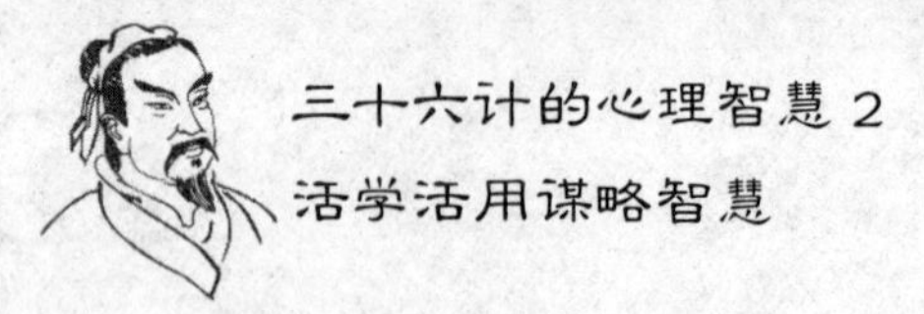

对今后的作战极为不利。于是他心生一计，令人扮成当地土豪的模样，邀请唐太宗到家中做客，唐太宗欣然而往。到了海边土豪居住的地方，只见上万间屋子都用彩幕遮围着，十分气派。唐太宗被引入一间四周围着彩绣、地上铺着地毯的房子，百官也相继而入，大家一起饮酒、歌舞，十分热闹。不知过了多久，突然房屋、桌椅摇晃不已，身体几乎也无法坐稳。唐太宗大惊失色，忙起身查看，却见四周大海茫茫，忙问："这是何处？"薛仁贵答道："这便是我们过海的计谋，趁着风势，我们已经快到对岸了。"就这样，天子被蒙在鼓里渡过了大海，因而此计便被称为"瞒天过海"。

"瞒天过海"之计的关键所在便是"瞒"字，越是隐蔽，越是能神不知鬼不觉，对方也越是能放松警惕，此计的目的才能达得到。

当然，"瞒"不是最终目的"过海"才是最终目的，而且必须是在对方毫无察觉的状态下达成目的，这才是高明的瞒天过海。此处，被瞒的对象就是"天"，是此计的被设计者，作为设计者，最好能对"天"了如指掌，这样，才能抓住他的弱点，从而麻痹他的神经，最终达成所愿。

那么怎样才能瞒过"天"呢？很显然，最要紧的是不能引起对方的警惕和戒备。一般来说，人们通常是见惯不惊、习见不疑，对于司空见惯之事自然也产生松懈与怠慢之心，而高明的用计者就善于抓住人们的这一心理，将自己的真实意图藏匿于这些已经常见的事物中，一旦对方放松戒备，就伺机行动，进而一举成功。

事实上，无论古今中外，无论是战争还是政治斗争，抑或是商业竞争中，都不乏"瞒天过海"这一计谋的运用，隋朝大将贺若弼讨伐南陈之战以及1973年阿以"十月战争"都是至今为人们所津津乐道的著名战例。然而，从这一计谋中，我们也应当有所警惕，对于那些常见的规律、事物、现象，不可蒙蔽双眼，要防微杜渐、防患于未然、提高警惕，以免让自己处于被动地位。

身处现代社会中的人们，无论是职场、人际交往、商业竞争，都可以巧妙运用这一计谋，当然，巧妙运用这一计谋的关键还是要制造对方熟知的假象，麻痹对方的神经，从而一举达到自己的真实目的。

实战应用

转移视听，神不知鬼不觉地达到目的

前面，我们分析过“瞒天过海”这一计的关键所在：隐藏自己的真实意图，这是迷惑别人的一种烟雾弹。自古以来，我国的军事家、政治家们都善用这一计策，尤其是当他们没有十足的把握正面“交战”或者无法做出明确的判断的时候，他们多善于隐藏真实意图，制造假象，再瞒天过海，达到自己的目的。

白衣渡江是一次三国史上最成功、最经典的奇袭战之一。这场战役运用的就是“瞒天过海”之计，这是吕蒙和孙权策划，由吕蒙与陆逊共同实施的针对当时最负盛名的大将关羽的一次大战。先是吕蒙抱病，推荐陆逊接手军队事务，陆逊因其名声不显，关羽必不防备，后加上托书示弱，关羽为人骄横，自然落到了这个圈套之中。最后关羽在重夺荆州无望之下，只得率领余下残兵退守麦城，最终因弹尽粮绝，被俘被杀。

在此之前，蜀国士气大盛，刘备的汉中胜利，关羽的水淹七军，都极大地鼓舞了光复汉朝的心理。而吴国要是没有行动的话，蜀国、魏国的虎视眈眈势必都将给吴国带来灭亡的厄运。

关羽知道吕蒙厉害，他虽然亲自率大军进攻樊城，但他敌对的吕蒙这一头，可并没有放松防备，在蜀吴交界一带，布置得严严实实。

吕蒙本来经常有病。这一回，他就装作旧病发作，而且说是病得很厉

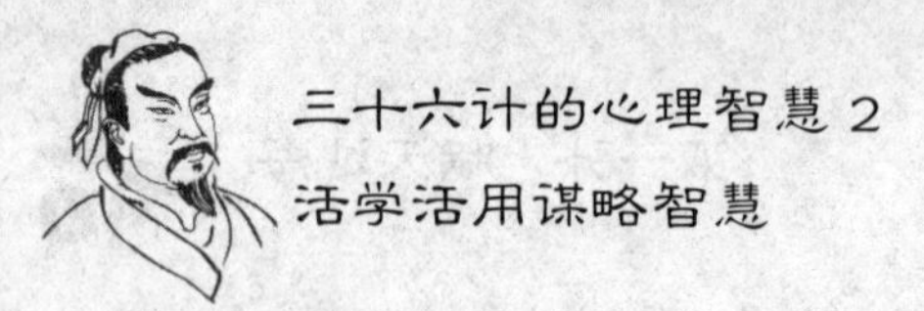

害。孙权也正式发布命令，把吕蒙调回去休养，另派了一个年轻的陆逊去接替吕蒙。这个消息很快传到樊城。关羽听到吕蒙病重，又听说陆逊是个年轻的书生，心里暗暗高兴。没过几天，陆逊从陆口特地派人拜见关羽，关羽接见使者，使者献上了书信和礼品。信中大意是说，听说将军在樊城水淹七军，俘获于禁，远远近近哪个不称赞将军的神威。这次曹操失败了，我们听得也高兴。我是个书生，很不称职。今后还得靠将军多多照顾呢！

关羽看了陆逊的书信，觉得陆逊态度谦虚、老实，也就放了心，把原来防备东吴的人马陆陆续续调到樊城那边去了。陆逊把关羽人马调动的情况，随时报告给孙权和吕蒙。这时候，关羽在樊城接受了于禁的投降兵十几万人，粮草供应发生了困难，就把东吴贮藏在湘关的粮食强占了。

孙权得知湘关的米被抢，就派吕蒙为大都督，命令他迅速袭击关羽的后方。吕蒙到了寻阳（今湖北黄梅西南），把所有的战船都改装成商船，选了一批精锐的兵士躲在船舱里。船上摇橹的兵士扮作商人，一律穿上商人穿的白色衣服。就这样，一列又一列商船向北岸进发了。

到了北岸，蜀军守防的兵士一看都是穿白衣的商人，就允许他们把船停在江边。没想到一到晚上，船舱里的兵士一齐出来，偷偷摸进江边岗楼，把蜀军将士全部抓住，把岗楼占了。

吕蒙大军神不知鬼不觉地占领了北岸，进军公安。留守公安、江陵的蜀军将领本来对关羽很不满意，经吕蒙一劝，便都投降了。

在白衣渡江这场战役中，吕蒙杀了关羽，打击了蜀汉的士气，从此真正实现了三国鼎立的局面。而后刘备的夷陵之败，更是使得蜀国实力大减。吕蒙的白衣渡江，很大程度上削弱了长江上游的蜀国对于吴国的巨大威胁。

不仅仅是古战场，现代社会也是竞争激烈，无论是职场还是商场，很多时候，我们也往往身不由己，不是想做什么就可以做成的。这一点，相信所有人都深有同感。而激烈的竞争也导致人际关系的复杂，更不禁令人感叹：若想达到某种目的，强攻硬取实在不是明智之举。

心理智慧

生活也如同战场，无处不在的竞争关系决定了人与人之间的防御和戒备之心甚强。在对方严密的防守之中，在众目睽睽之下，若想实现自己“不可告人的目的”，就非常有必要采取“瞒天过海”之计，转移对方的视听，松懈对方的戒备，从而神不知鬼不觉地达到自己的目的。

藏而不露是智者的生存之道

人与人之间的较量，有时候比拼的不仅是才学和能力，更是智慧的较量。聪明的人都深知应隐藏好自己，尤其是在自己能力不足的情况下，懂得用表面的愚钝来迷惑众人，从而在他人不知不觉间达到自己的目的。

不难发现，我们的周围，有这样一些人，他们虽然颇具才能，但活得糊涂，在人前甘愿掩饰自己的真实想法，给人毫无威胁之感，而是一种亲和之态。也有一些人恃才傲物，处处爱表现自己，唯恐自己的才华被埋没了，最终他们因太爱出风头，就好像出头鸟的下场一样，被猎人击中了。

人生在世，我们宁愿做什么都不知道的糊涂虫，也不要去做处处显风头的出头鸟，因为糊涂虫往往比出头鸟活得更长久。其实，不在人前显山露水，这是一种人生境界，避开锋芒，自显光芒，这才是美丽的人生。虽然，施展自己的才华是一种积极的态度，但如果你太过聪慧，甚至盖过了主人的风头，那你的末期就不远了。因此，我们应该记住这样一条真理：藏而不露是智者的生存之道。

三国后期，在魏国，魏明帝去世后，仅仅八岁的曹芳继位，由于曹芳年纪太小，不得不由当时的太尉司马懿和大将军曹爽共同辅佐。

虽然朝政由二人共同把控，但二人却水火不容，曹爽性格刚烈、飞扬跋扈，根本不把司马懿放在眼中，一心要除掉司马懿，于是，他用计解除了司马懿掌握的兵马大权。而当时的司马懿是曹操时期的重臣，曾随曹操打天下，对于曹爽十分记恨，但他却并没有表现出来，他深知自己此时还不是曹爽的对手，一切只能从长计议，因此不得不委曲求全。

于是，司马懿称病不能上朝，曹爽听到了这个消息后，心中十分高兴。但是，曹爽却并不是真的相信司马懿抱恙，为此，他派了亲信李胜去司马家探听虚实。聪明的司马懿当然明白曹爽所想，早早做好了准备。李胜来到了司马懿的卧室，只见他病容满面，头发散乱地躺在床上。李胜大惊："好久没来拜望，不知您病得这么严重，现在大将军命我为荆州刺史，特地向您辞行。"可是，司马懿却假装听错了，说道："并州是近境要地，一定要抓好防务。"李胜忙说："是荆州，不是并州。"

司马懿还是装作没听明白，他装作已经命不久矣的样子，说："我已经命在旦夕，我死之后，请你转告大将军，一定要多多照顾我的孩子们。"看到这样的情景，李胜回去向曹爽作了如实的汇报，曹爽大喜："只要这糟老头一死，我就没有什么好担心的了。"

就这样，司马懿装病躲过了曹爽的迫害。随后，曹爽带着三个兄弟和亲信护驾出行，司马懿得知这个消息后，知道时机已到，立即调动家中将领，迅速占据曹氏兵营，进宫威逼太后，要求废黜这个奸贼。对此，曹氏打下的天下尽数被司马一家成功夺得。

三国争霸，大势已去，却是司马懿成为了最大的赢家，司马懿无疑算得上是一个办大事的人。先以虚弱的病体迷惑曹爽，即便被曹爽夺得了大权，他也忍中求全，巧施暗度陈仓之计，最终，成功地抢夺了曹氏的霸业。司马懿的低调办事，巧妙地掌控了事态，达到了自己的预期目的。

在生活中，许多人只要一有机会就把自己暴露在别人面前，把自己的计划与真实想法全盘托出。在他们看来，谈论个人感受与未来计划是自然而轻松的事情，因此控制不了自己。同时，他们渴望得到别人的认同，展现自己的内心。尽管，这并没有错，不过我们需要考虑不同的环境和不同的对象。在某些特殊情况下，你的诚实是一把钝器，只会让自己受尽折磨，你的诚实对于别人而言是一种冒犯。

可见，隐藏自我不仅是一种保护自我的方式，更是一种人生艺术和取胜之道，没有小忍，难成大谋，这就是隐藏自己的终极目标。

心理智慧

很多时候，我们可以用明显的行动来迷惑对方，使敌人不防备，将真实的意图隐藏在表面的行动背后，给对方一个错觉，使其忽略自己的真实意图，从而达到自己的目的。

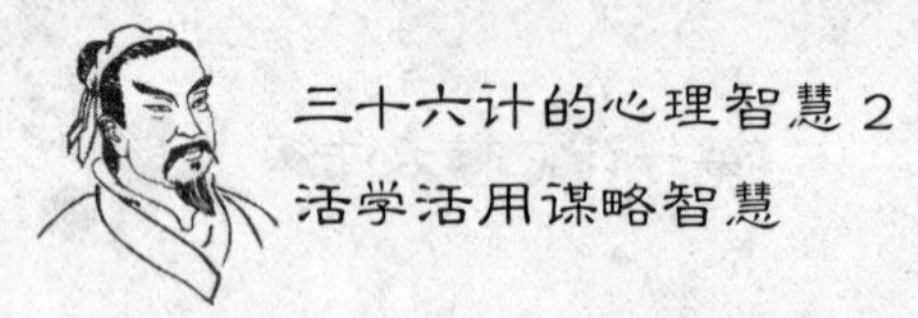

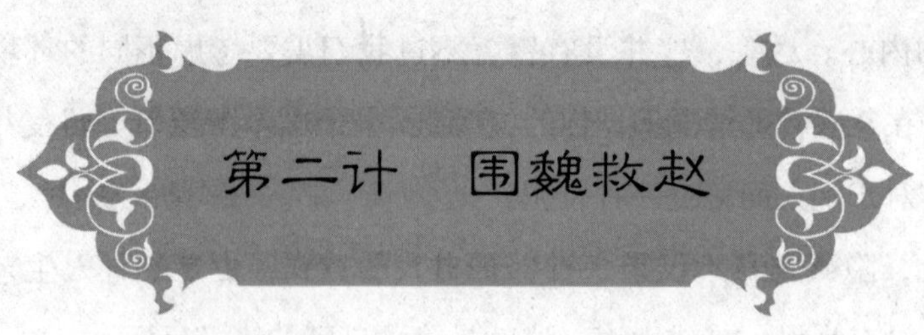

第二计　围魏救赵

计策详解：与其强攻硬取，不如以迂回法达到目的

“围魏救赵”是三十六计中的第二计，原指战国时期齐军用围攻魏国的方法，迫使魏国撤回攻赵部队而使赵国得救。后指袭击敌人后方的据点以迫使进攻之敌撤退的战术。现借指用包抄敌人的后方来迫使其撤兵的战术。

围魏救赵是三十六计中相当精彩的一种智谋，它的精彩之处在于，以逆向思维的方式，以表面看来舍近求远的方法，绕开问题的表面现象，从事物的本源上去解决问题，从而取得一招致胜的神奇效果。

我们先来看看这一计谋的由来：

公元前354年，魏国国君命大将庞涓率军攻打赵国，赵国都城邯郸危在旦夕。赵国急忙派人向齐国求救，齐威王命大将田忌和孙膑率兵8万驰援赵国。田忌主张直接挥兵邯郸，与城内的赵国守军里应外合，一举歼灭围城的魏军。但是孙膑却说：“如果想要解开杂乱打结的绳索，就务必要冷静地找出它的结头，然后慢慢去解，急切地去撕扯或者用拳头猛捶是没有用的；假如要将相互斗殴的两个人分开，也不可以自己卷入其中，而要避开双方拳来脚往之处，瞄准机会用拳猛击其中一方空虚无备的腹部。等到被打的人双手捂着肚子跪下，就会改变原来对打的形势，而斗殴的局面自然也就停止了。如今魏国的精兵强将，一定全部都去攻打邯郸了，国内留守的必定只是些老弱残兵。因此我们最好的机会就是带兵直捣他们的都城大梁。这样，魏国的大军必然会挥师回救。而我们则乘机占据交通要道，在魏军疲惫时进行偷袭，一定既可以大败魏军，又可以解除赵国被围之危机，可谓一举两得。”

田忌采纳了孙膑的建议，果然将魏国打得大败，同时也解了赵国的危难。

“围魏救赵”与《孙子兵法》中的“攻其所必救”的谋略有异曲同工之妙，这里，孙膑的高明之处在于调动敌人已达到使自己处于优势地位的谋略。表面上看，似乎是舍近求远，但实质上却是抓住了事情的核心与本质，从而取得一招制胜的神奇效果。

在对敌作战或者面对竞争对手时，假如对方实力太过强大，我们没必要与之拼个你死我活，最好从旁出击，看准对方的“软肋”，抓住对方的要害，伺机给予致命一击，才能解决自身的燃眉之急。

自古以来，“围魏救赵”谋略在军事上的运用屡屡可见。

东汉时期，为了团结西域诸国对抗匈奴，班超奉命出使西域。

班超首先需要做的是打通西域南北通道，这样利于西域诸国共同对抗匈奴。而当时地处大漠西缘的莎车国，煽动周边小国，归附匈奴，反对汉朝。为此，班超需要首先平定莎车。莎车国王向龟兹求援，龟兹王亲率五万人马，援救莎车。班超联合于阗等国，兵力只有二万五千人，敌众我寡，这样的情形下，班超明白，不能硬改，只能智取。

班超心生一计——声东击西，迷惑敌人。

首先，班超派人故意在军中制造一些不实言论，称班超根本打不赢龟兹，有撤退的迹象，并且故意让莎车俘虏听得一清二楚。

这天黄昏，班超命于阗大军向东撤退．自己率部向西撤退，表面上显得慌乱，故意制造机会放走俘虏，进而让其把这些虚假信息带回去。

俘虏逃回莎车营中，急忙报告汉军慌忙撤退的消息。龟兹王大喜，误认班超惧怕自己而慌忙逃窜，想趁此机会，追杀班超。班超立即下令，所有部队兵分两路，班超胸有成竹，趁夜幕笼罩大漠，撤退仅十里地，部队即就地隐蔽。龟兹王求胜心切，率领追兵从班超隐蔽处飞驰而过，班超立即集合部队，与事先约定的东路于阗人马，迅速回师杀向莎车。班超的部队如从天而降，莎车猝不及防，迅速瓦解。莎车王惊魂未定，逃走不及，只得请降。

龟兹王气势汹汹，追走一夜，却并未见到班超部队的踪迹，后探子来报，莎车已被平定，龟兹王知道大势已去，只好带领残余部队，悻悻离去，退回龟兹。

当然，“围魏救赵”中，“围魏”只是手段，是为了让对方腾出手来自救，从而暴露其弱点和缺陷；“救赵”则是目的，当对方的弱点和缺陷暴露后，就能给予对方致命一击，从而令己方大获全胜。不正面出击，而是以曲折迂回的手段来达到目的，这就是“围魏救赵”策略的核心之所在。

实战应用

逆向思维，倒着看风景更精彩

《三十六计》中的“围魏救赵”这一计策的关键点就是倒过来看问题，包抄敌人后方，能消耗对方实力，最终做到速战速决，克敌制胜。这一点，与我们在日常生活中提到的逆向思维有异曲同工之妙。

生活中，可能你已经习惯于沿着事物发展的正方向去思考问题并寻求解决办法。其实，对于某些问题，尤其是一些特殊问题，从结论往回推，倒过来思考，从求解回到已知条件，反过去想或许会使问题简单化。

第二次世界大战期间反犹主义和纳粹党横行。有一天，一对纳粹分子闻风来到柏林郊区的一户人家，抓走了一个犹太家庭的丈夫，而留下了家中非犹太血统的妻子。随后，妻子到处走动，通过各种关系终于和监狱中的丈夫取得了联系，并给他写了信，信件的大致内容是，因为丈夫不在家，家里缺少务农的人手，这一年可能就要错过耕种马铃薯的时节了。那么，怎么办？犹太血统的丈夫果然聪明绝顶，接下来，他给家中的妻子写了一封信："不要耕地了，我已经在地里埋了大量的炸弹和炸药。"这些信件自然是要经过纳粹分子手的，之前来抓他的人开着车来到他家的地里，然后费尽力气将整片地都翻了个遍，也没有找到炸药。妻子将这件事写信告诉了丈夫，丈夫回信说："那就种马铃薯吧！"

在这则小故事中，犹太人的智慧展现得淋漓尽失。他们就是有本事能将一条条死路，经过大脑思考后走成活路，这不是一般人可以做到的，但是犹太人做到了。精明的商人应该学习犹太人的生意经，能在众多商家共同走的路上寻找出一条适合自己的道路。有时候反弹琵琶会获得意想不到的结果。

我们再来看一个关于逆向思维的经典小故事：

从前，有个理发师傅收了一个徒弟。徒弟学艺3个月后出师了，师傅让他正式上岗。他给第一位顾客理完发，顾客照照镜子说："头发留得太长。"徒弟不语。师傅在一旁笑着解释："头发长使您显得含蓄，这叫藏而不露，很符合您的身份。"顾客听罢，高兴而去。

徒弟给第二位顾客理完发，顾客照照镜子说："头发留得太短。"徒弟不语。师傅笑着解释："头发短使您显得精神、朴实、厚道，让人感到亲切。"顾客听了，欣喜而去。

徒弟给第三位顾客理完发，顾客边交钱边嘟囔："剪个头花这么长的

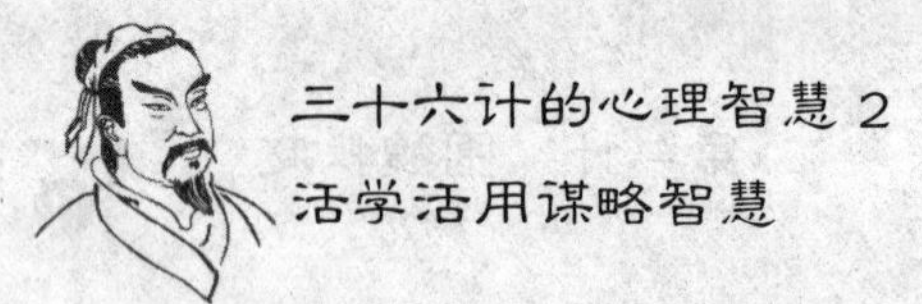

时间。”徒弟无语。师傅马上笑着解释：“为‘首脑’多花点时间很有必要。您没听说：进门苍头秀士，出门白面书生！”顾客听罢，大笑而去。

徒弟给第四位顾客理完发，顾客边付款边埋怨：“用的时间太短了，20分钟就完事了。”徒弟心中慌张，不知所措。师傅马上笑着抢答：“如今，时间就是金钱，‘顶上功夫’速战速决，为您赢得了时间，您何乐而不为？”顾客听了，欢笑告辞。

故事中的这个师傅，能说会道，巧妙地运用了逆向思维，在几种绝然不同的情况下，都能帮助徒弟转危为机，从而使徒弟摆脱了尴尬，让顾客满意离去。

的确，思路一变天地宽，很多时候，在你看来似无路可走的情况下，只要你能转换思考的角度，你就能找到出路。

某时装店的经理不小心将一条高档呢裙烧了一个洞，其身价一落千丈。如果用织补法补救，也只是蒙混过关，欺骗顾客。这位经理突发奇想，干脆在小洞的周围又挖了许多小洞，并精于修饰，将其命名为“凤尾裙”。一下子，“凤尾裙”销路顿开，该时装商店也出了名。

逆向思维带来了可观的经济效益。“无跟袜”的诞生与“凤尾裙”异曲同工。因为袜跟容易破，一破就毁了一双袜子，商家运用逆向思维，试制成功“无跟袜”，挖掘了非常良好的商机，获得了可观的利润。

心理智慧

只要善用智慧的力量，转换思维，就能做到在战争中借鸡生蛋，克敌制胜。财富与成功也往往掌握在少数人手里。那些从来不按套路出牌的“笨蛋”，往往享受着财富和成功的青睐。

此路不通，走彼路

“围魏救赵”这一计策的关键点在于思维的变通，当此路不通时，不妨改变一下思路，往往别有洞天。

的确，生活中，我们都有这样的经验，遇到一些棘手的问题，我们常沿着自己的思路寻找解决方法，但事实上，结果却是不尽如人意甚至让我们走进了死胡同，而当我们回过头来反省时，却发现，原来有一条极为简单的方法。的确，那些原本看似错综复杂的问题，是我们的思维为其安上了复杂的外壳，如果我们能改变视角，转换思维，那么，问题便能迎刃而解。我们都明白，思维是一切竞争的核心，因为它不仅会催生出创意，指导实践，更会在根本上决定成功。它意味着改变外界事物的原动力，如果你希望改变自己的状况，获得进步，那么首先要从改变思维开始。

东汉初年，在我国的辽东一带，农户们家家户户养的都是黑毛猪，这已经是司空见惯的事。

一天，一个养猪的商人发现家中的老母猪竟然生了一窝纯白的小猪，这在当地是个奇闻，不少人前来看热闹。大家都认为这简直是猪中的新奇品种，他们还建议商人可以把这一窝猪送到洛阳，供奉给皇帝，皇帝一定龙颜大悦，必然会嘉奖他。后来，又有人给他提出建议，将这些白毛猪运到燕京，一定能卖个好价钱，这可是个发财的好机会。商人认为很有道理，就动了心，一番准备之后，带上他的白毛猪，就浩浩荡荡地向燕京进发了。

从辽东到燕京，他花了三个月的时间，到燕京的时候，这些白毛猪崽都长成大猪了，他喜不自胜，这一回不知道要发多大一笔财呀！

谁知道，当他把白毛猪运送到市场上的时候才发现，原来燕京的猪市上卖的都是白毛猪，价格也很低廉，还不如辽东的黑毛猪呢，商人心中懊恼不已，这可怎么办？

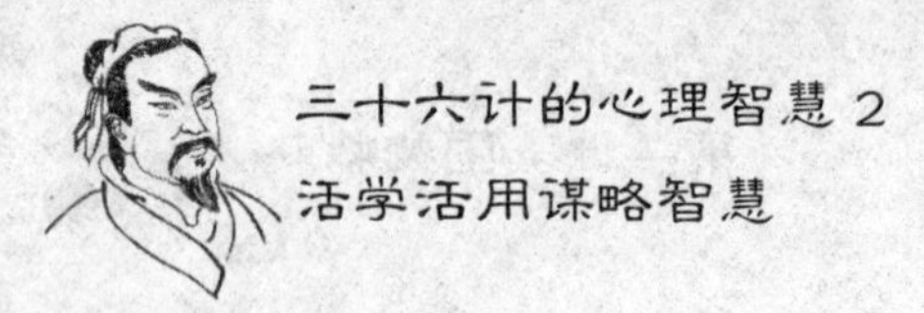

商人苦思冥想，突然灵机一动：既然辽东没有白毛猪，这里白毛猪的价格也不贵，我为什么不从燕京贩几十头白毛猪回辽东？白毛猪在辽东的市场上才是罕见品种，肯定能大赚一笔，于是他就从燕京贩了几十头白毛猪回辽东，很快就卖出去了。接着他又贩黑毛猪来燕京，又赚了一大笔钱。

这已经是一个被人传诵的财富故事了，但它带来的现实意义却一直是我们应该思考的。财富永远蕴含在变化之中，毕竟在当今市场经济的大环境下，市场始终是处于变化中的，故步自封、毫无变化，只会被市场抛弃。

犹太人有句名言：没有卖不出去的豆子。卖豆人如果没有卖出豆子，他可以把豆子拿回家，加入水让它发芽。几天后，卖豆人可以改卖豆芽。如果豆芽卖不动，那么干脆让它长大些，卖豆苗。而豆苗如果卖不动，再让它长大些，移植到花盆里，当作盆景来卖。如果盆景卖不出去，那么就再将它移植到泥土里，让它生长。几个月后，它就会结出许多新豆子。一粒豆子，变为成百上千颗豆子，这不是一种更大的收获吗？犹太人正是靠这种寻求变化的思维和智慧，成为最有钱的商人，进而屹立于世界民族之林的。

同样，一个人的思想若永不更新，便只有死路一条。在瞬息万变的当今社会，真正的危险不是知识和经验的不足，而是故步自封，跟不上时代的步伐。我们可以说，一个成功的人生应该是懂得变通的人生，但当你发现自己对自身定位不准确的时候，就应该及时调整步伐。

“围魏救赵”中的“魏”是对方的核心要害，而“赵”则是自己想要达到的目的。当直接实现自己的目的有困难时，不妨转换思维，另辟蹊径，达到目的。

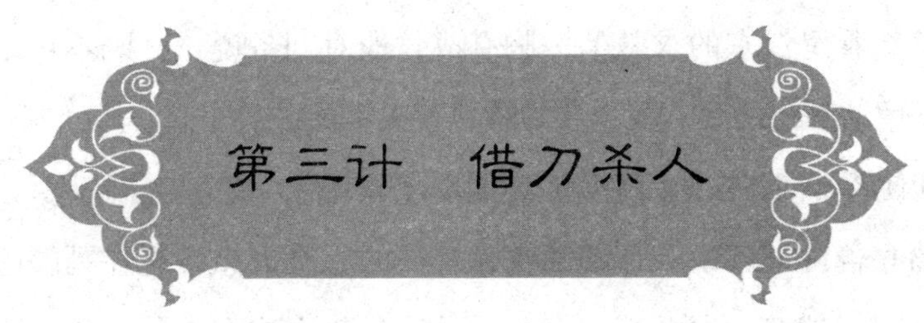

第三计　借刀杀人

计策详解：巧借他人之手，达到自己的目的

三十六计里的第三计为“借刀杀人”，是为了保护自己的实力而巧妙地利用矛盾的谋略。“借刀杀人”的高明之处便在于自己不用出面，而是躲在暗处，假借他人之手来除掉自己的敌人或达到自身的目的。在历史上运用“借刀杀人”的手法来除去强敌、达到目的的事例简直数不胜数。诸葛亮“一纸救江东”就是这一计策的典型运用，这一故事见于《三国志演义》第五十八回“马孟起兴兵雪恨 曹阿瞒割须弃袍”。

周瑜死后，曹操谋划再次征伐江东，但同时，他又有个顾虑，万一西凉州的镇东将军马腾乘机袭取空虚的许都就麻烦了。对此，曹操想到了一个计：他特派使者西去凉州，给了马腾一个征南将军的头衔，命令他随军讨伐孙权。

于是，马腾带领次子马休、马铁及5000西凉兵卒应诏来到许昌城下。不久，曹操率兵歼灭了西凉兵，而马腾父子三人也惨遭杀害。

自此，曹操再无后顾之忧，遂起兵30万，直扑江东。江东闻报之后，立即让鲁肃派使者西上荆州，向刘备求援。

诸葛亮看罢江东的求救信，胸有成竹地对刘备说："既不用动江南之兵，也不用动荆州之兵，我自有妙计使曹操不敢进兵东南。"

他让使者带回江东的信中说："如果曹军南犯，刘皇叔自有退兵之策。"

诸葛亮告诉刘备说："马腾曾是曹操的心腹大患，现在马腾已死，马腾长子马超仍然统领着西凉之众，马超迟早要报这个杀父之仇，主公只要修书一封，派人结援马超，让马超兴兵入关。这样一来，曹操岂能兵犯江东？"刘备闻言大喜，立即修书，派使者投送西凉的马超。

马超听说父亲和两个弟弟遇害的消息后，放声大哭，悲怆倒地。他咬牙切齿，痛骂曹操。正在此时，刘备的使者持书赶到。马超拆书一看：刘备在信中除了大骂曹操之外，还回忆了昔日与马腾同受汉帝密诏、誓诛曹贼的往事和旧情。刘备还建议马超率西凉之兵以功曹之右，他统荆、襄之众以遏曹之前。认为此举不但曹操可擒、奸党可灭、大仇可报，而且汉室可以复兴。

马超看罢，立即挥泪复信，打发使者先回，随后便点起西凉兵马。正准备进发时，西凉太守韩遂使人请马超相见。原来韩遂与马腾是结义兄弟，韩遂与马超以叔侄相称。韩遂告诉马超：曹操派人送来书信，以封西凉侯为诱饵，让韩遂擒拿马超。韩遂还向马超表示：既为叔侄，不忍加害，愿意与马超一起联军进击曹操，以报仇雪恨。

随后，韩遂杀掉了曹操前来送信的使者，又聚集手下8部兵马，合自己与马超共计10部，20万大军，浩浩荡荡杀奔长安。面对如此阵势，曹操不得不改变作战计划——放弃南下攻击孙权，改为对付关中的马超、韩遂之军。

这里，我们不得不佩服诸葛亮的用兵之神，他一封书信就轻而易举地制止了曹军的南下，救了孙权的大驾。"借刀杀人"之计还有一个高明之处便在于它可以一石二鸟、一箭双雕，不但能假借他人之手除去自己的心腹大患，甚至还可以将第三方——也就是手中有"刀"之人实力削弱，而自己则坐收渔翁之利。

当然，采用这一计策的前提是第三方必须也是自己的敌人，否则做了有损朋友的事情，即便自己得到了利益，也会落下不仁不义的名声。这无论对于个人还是企业来说，都将是得不偿失的事情。

另外，“借刀”还必须小心“搬石头砸了自己的脚”，因为谁也不希望成为被人利用的棋子。因此，巧施此计，一定要不动声色，隐藏自己的意图，否则，很容易借刀不成反自伤。

实战应用

借势生风，才会有大作为

作为中国人，都知道太极的精髓在于“借力打力”“四两拨千斤”“以柔克刚”，这些都是“借刀杀人”的衍生智慧，懂得借助他人力量的人，取得的成就常常会超越他人。一个懂得借力的人，讲究的策略是后发制人，敌动己不动，战胜对手，有时甚至可以在不利的条件下，使自己反败为胜，永远立于不败之地。

我们现实生活中的每个人，都应该学习借力打力的智慧。在竞争激烈的今天，那些实力弱小的人，如果仅凭自己的力量是很难获得成功的。

一个深谙心理计策的人，总是能发现有利于自身发展的有利资源，并为自己开拓更为广阔的天地。狐假虎威的故事就说明了这一点。

从前，在山上住着一只老虎，一天，饥饿难耐的老虎下山去觅食，当他穿过森林时，看到一只狐狸在悠闲地散步。

老虎心想，这可是个一饱口福的好机会。于是，他张开双爪扑过去，不费吹灰之力就抓到了这只狐狸，而正当他准备将猎物送进嘴里的时候，

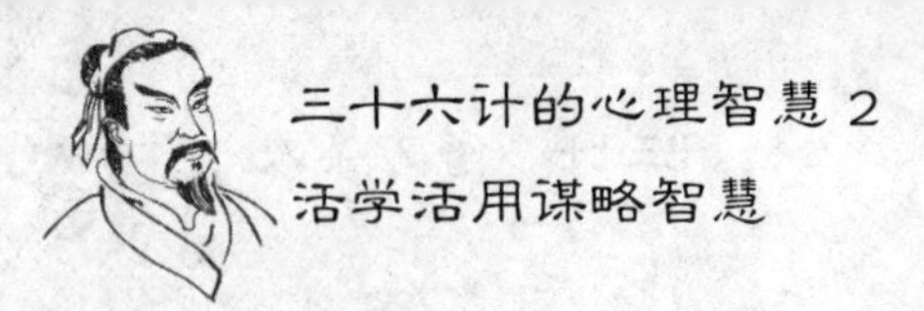

这只狐狸却突然开口说："哼！你不要以为自己是百兽之王，就可以吃了我，要知道，我是天帝任命的兽中之王，谁要胆敢吃了我，就会得到天帝的严厉惩罚。"

听了狐狸的话，老虎虽然不怎么相信，但是他转眼看了看狐狸，发现狐狸如此镇定，不免担忧起来，而他之前那股嚣张的气焰和盛气凌人的态势，竟不知何时已经消失了大半。虽然如此，他心中仍然在想：我因为是百兽之王，所以天底下任何野兽见了我都会害怕。而他，竟然是奉天帝之命来统治我们的！

这时，狐狸见老虎迟疑着不敢吃它，就明白自己刚才的那番话已经起到一定的作用了，于是便更加神气十足地挺起胸膛，然后指着老虎的鼻子说："怎么，难道你不相信我说的话吗？要不这样，你跟在我后面，我们一起去见见森林中其他的兽族，看看是不是大家见了我，都害怕。"老虎觉得这个主意不错，便照着去做了。

于是，狐狸就大模大样地在前面开路，而老虎则小心翼翼地在后面跟着。他们没走多久，就隐约看见森林的深处，有许多小动物正在那儿争相觅食，但是当它们发现走在狐狸后面的老虎时，不禁大惊失色，狂奔四散。

这时，狐狸很得意地掉过头去看看老虎。老虎见状，心里也一阵惶恐，但他根本不知道，百兽害怕的是自己，而并不是狐狸。

这里，我们先不评价狐狸的行为恰当与否，不可否认的是，狐狸是聪明的。它之所以能得逞，是因为他假借了老虎的威风。

现代社会，借力生力无疑是人们出人头地的途径之一。当然，借力不仅是要借助他人的力量，甚至可以借助他人的智慧、想法甚至是名声等。

独木不成林，单打独斗并不是明智的方法。那些事业有成的人，除了自身的智慧和能力外，跟懂得运用借势的智慧是分不开的。一个人再聪明，条件再优越，也不是三头六臂，也需要借助他人的力量。由此可见，一个人要想成功，就应该懂得借势，而且还要在生活实践中灵活地运用借势。

心理智慧

一个善于运用心理计谋的人，常常善于发现当下的时局，或者他人身上的长处，并能够加以利用，协调各方之间的关系，让好的形势为我所用，借助外力，实现自己的目标。

跟随权重，找个“靠山”好成事

人生在世上，都是在一定的社会环境中生活的，是在一定的社交圈子中来往的。正如名人所言：“人是社会关系的总和”。人们参与社交，也都希望能结交有助于我们发展的人士，也就是人们常说的“靠山”，靠山也就是我们说的“贵人”与“贤人”，遇上“贵人”与“贤人”，必定“大富大贵”。正如有位名人所说的：“一个人能否成功，不在于你知道什么，而是在于你认识谁。然而，认识贵人并不一定能获得贵人的相助，这还要看我们是否懂得灵活应变，是否能见机行事，事实上，智者都懂得为自己寻找这样一位靠山。

我们知道，曾国藩是清末一代名将。

一天，闲来无事，他叫来幕僚们，一起谈论天下英雄豪杰。提到英雄，他说：“彭玉麟与李鸿章均为大才之人，我自知不如他们，虽然我也可以自我吹嘘一番，但我实在不屑。”

一位幕僚逢迎说：“不见得如此，你们三位各有所长，彭公威猛，人不敢欺；李公精敏，人不能欺。”说到这里，他忽然不知道该如何评价曾国藩了，哪个词最好，于是，只好语塞。有人要对自己评价，曾国藩好奇之心上涌，便穷追不舍“那么我呢？”大家你看看我，我看看你，都找不到恰当的词语来赞美曾国藩，只好哑言无语。

恰在此时，一个聪明的幕僚站出来，说道：“曾帅仁德，人不忍欺！”众人拍手称快。

曾国藩十分得意，心中暗想：“此人大才，不可埋没。”不久，曾国藩升任两江总督，那位机敏的下属担任了盐运使这个要职。

那位幕僚为什么能获得曾国藩的器重？因为他懂得见机行事，当大家都语塞、十分尴尬时，他却能把对曾国藩的恭维话说得恰到好处，让曾国藩心花怒放，最终为自己的前途迎来了机遇。

自古以来，那些飞黄腾达者，无不具有这种把握交际氛围的本领，他们总是能说出对味的话，让贵人很受用。现代社会的我们，也应该练就这种本事，与贵人交往，首要的任务是根据各个方面的信息，分析出他的真实内心，然后再对症下药，巧妙引导。

然而，即便是寻找“靠山”，跟随权重，也要把握交往分寸，不可与之拉帮结派。

吴飞从新闻系毕业后，就一直做记者，他非常喜欢记者这个工作。他目前所供职的这家杂志社主要做汽车类的期刊，吴飞对于汽车还是比较有研究的，而且也非常喜欢。所以，一直以来，他都非常努力，而且对上司和同事也非常热情。

就在一个月前，上司把吴飞叫到办公室谈话。得知这一小伙子是外地人，出于对属下的关心，上司对他说：“在这里工作，大家都不是外人，你就把我当成你的朋友，有什么话，就直接对我说，什么解决不了的问题，只要我能帮你的，我尽量帮你。”初来乍到的吴飞听了很感动，拉着上司的手说：“我自己在外头已经三年了，三年来这是我听到的最感动的话了，从今天起，我一定好好工作。我就叫你大哥吧，正好我也没有大哥。”上司听了，微微一笑。

谁都知道这不过是上司对下属的一种客套，但吴飞偏偏多想了，觉得自己在外那么多年，有人这么关心自己，而且还是自己的上司，感觉自己好像有了归属一般。

第二天，吴飞有个项目要向上司交代，顺口就叫："大哥，你看我的方案对吗？"上司当时愣了一下，所有的同事都转过头看着他们，这时，吴飞微笑着说："我和上司昨天刚拜过把子。"大家都没有说什么，低下头继续工作了。

事后，上司将吴飞叫到他的办公室，说："我们之间的交往再深，你也不要在同事面前表现出来，否则这样对我们俩都没有什么好处，将来我如果重用你，他们会说我滥用私情，你明白吗？"顿时，吴飞觉得脸发烫……

另外，我们若想真正拥有能帮助我们的朋友，你也要对他们付出真诚，不要只是为了想利用他们才与他们交往，你对别人好与不好，别人也会看得清清楚楚。结交朋友虽出于偶然，但是哪些是真正值得交往的朋友，就要经过郑重的考虑和长时间的相处才能够分辨。

总之，如果我们想要借势的话，就要懂得为自己找个"靠山"，为此，我们可以根据自己的人脉发展规划，列出需要开发的人脉对象所在的领域，然后创造机会采取行动。

心理智慧

任何人，如果你想要成就一番事业，那就从现在开始考虑如何构建能够支撑你的梦想的人际关系网络，并从中找到自己的"靠山"。

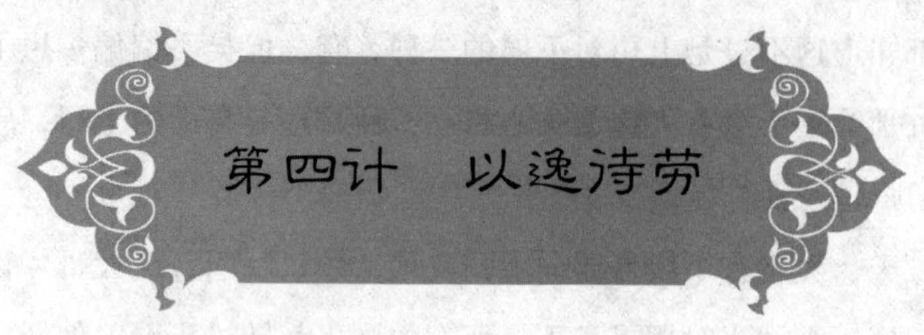

第四计　以逸待劳

计策详解：以静制动，养精蓄锐

《三十六计》第四计为以逸待劳，语出《孙子兵法·军争篇》："以近待远，以佚待劳，以饱待饥，此治力者也。"所以这段话是说：如果军队得到了充分的休整，精力就会旺盛；相反，假如军队得不到休整，就会精力疲惫。强调把握战场的主动权，以引诱敌人，"调动"敌人，使敌人疲劳，然后抓住战机，克敌制胜。按"损"卦的说法，就是：以静制动，"损刚益柔"。

"以逸待劳"的策略核心是：积极等待突破点。面对一个大巨人，你可能永远无法扳倒他，等他躺下或睡觉时，你却可以轻易将他制伏。当敌人劳师远袭、当对手财务吃紧、当市场紊乱低迷时，你的机会相对大增，而且本小利大。我方吃软，对手吃硬。

古往今来，伟大的军事家都非常注重对敌时"以逸待劳"的战略对策。中国历史上的"曹刿论战"，最能诠释"以逸待劳"的策略含义。

春秋战国时，鲍叔牙受齐王之命，率兵攻打鲁国，鲁庄公领军迎战。

战争伊始，齐军第一次敲响战鼓，鲁庄公下令擂鼓迎击，但被参军曹刿站出来制止，鲁庄公问原因，曹刿并未回答。随后，齐国战鼓又敲响了第二次、第三次，直到曹刿听到齐军的第三次战鼓声时，才说：可以出击了。于是鲁军突发攻击，轻敌而又疲惫的齐军猝不及防，全线溃败。

战后，曹刿分析说："一鼓作气，再而衰，三而竭。"意思是，齐军第一次擂战鼓，锐不可当，不可撄其锋；第二次擂鼓时，我方仍坚壁清野，因此齐军斗志深受打击；第三次擂鼓，齐军的士气已经完全疲乏了，我方一鼓作气予以痛击，必操胜算。

这完全符合《孙子兵法》的"凡先处战地而待敌者佚，后处战地而趋战者劳"，以及"以近待远，以佚待劳，以饱待饥，此治力者也"的原理。换句话说，即吃软不吃硬，让我方吃软，敌方吃硬。

一般来说，当敌人蓄意进犯、有备而来时，都是气势汹汹、来者不善，这时最好的办法不是迎头痛击，逞强硬上，而是要避开锋芒，审时度势，寻求战机。首先要主动采取守势，一边积极防御，一边养精蓄锐，并因势利导地控制敌人，将战场的主动权完全抓在自己的手中。这不是示弱，而是明智之举，等到敌我态势发生改变时，再后发制人，就一定能大获全胜。

西汉末年，陇甘军阀隗嚣背叛了刘秀，转而投靠了公孙述，公孙述占据四川，自立为王，刘秀得知消息后，龙颜大怒，派兵攻打隗嚣，结果反被隗嚣打败。

无奈，刘秀决定派遣征西大将军冯异，此人战功显赫，必定能拿下栒邑。隗嚣得到消息后，命令部将行巡立刻去栒邑抢占有利地形。

冯异的部将们知道后，都劝冯异不要和行巡大军作战。冯异则说："我们必须抢占栒邑'以逸待劳'。"

冯异命令部队急行军，势必要抢在行巡之前，占领栒邑。冯异命令部下严密封锁消息，紧闭城门，然后偃旗息鼓，让将士们休整。

行巡的部队来势凶猛地到了城下，却突然听到城楼上响起了鼓声，随后，冯异大军的帅旗在城楼上迎风飘扬，行巡的军队毫无防备，吓得四下逃窜。冯异打开城门，领兵冲出城来，一鼓作气，把敌军杀了一个措手不及。

可见，若想置敌于死地，一味地进攻并不是明智之举。聪明的做法是伺机而动，以不变应万变，主动创造战机，牵着敌人的鼻子走，而不是被敌人在战场上调来调去，消耗实力。这就是“以逸待劳”的核心思想。

实战应用

遇事沉着应对，以不变应万变

从“以逸待劳”这一计策中，我们得知：在军队作战中，在以自己精力充沛的军队来抗击疲惫的进犯之敌，胜算就会大很多。在现实操作中也是这个道理，俗话说“小心驶得万年船”，在处理事情和问题中，冷静的研究，凡事多想一步，事情的胜算就会多一点。尤其是越是混乱的时候，越是要沉着应对，以不变应万变。在做事的时候，需要将一切事情安排妥当，再借机行事，如此才能将事情做好。如果事先未能做好准备，在紧要关头出现了纰漏，那可是“亡羊补牢，为时已晚”。

在美国某乡镇有一个由12个农夫组成的陪审团。有一次，在审理了一个案件之后，陪审团中的11个人认为被告有罪，另一个人则认为被告不应该判罪。由于陪审团的判决只有在其所有成员一致通过的情况下才能成立，于是这11个农夫花了一整天的时间，想说服那位与众不同的农夫改变初衷。此时，天空中忽然乌云密布，眼看一场大雨就要来临，那11个农夫都急着要在大雨之前赶回去，好把放在屋外的干草收回家去，可是，这时候另外那个农夫却仍旧不为所动，坚持已见，11个农夫个个都急得像热锅上的蚂蚁。他们的立场开始动摇了。最后，随着“轰隆”一声雷鸣，这11个农夫再也无法等下去了，他们转而一致投票赞成另一个农夫的意见：宣布被告无罪。

在这一谈判案例中，这位已胜利的农夫在面对强大的谈判阵容的时候并没有轻易就范，而是利用了其他农夫都急于结束谈判的心理，向他的对手们展开心理攻势，让对手急得像热锅上的蚂蚁，最终，在忍无可忍的情况下，这群农夫放弃了自己的立场：宣布被告无罪。

可见，谈判中，在遇到对方的语言雷区时，我们一定要沉着冷静，应用迂回的策略，保护自己的利益，取得谈判的胜利，如果正面回答，那么，很可能就撞在对手的枪口上。

当然，在谈判中，不仅要注重自己方面的相关情报，还要重视对手的环境情报，只有知己知彼知势，才能获得胜利。

曾经，我国山东省的某个机床厂厂长到美国进行一场就机床价格进行的谈判，双方在价格问题的协商上陷入了僵持的状态，这时我方获得情报：该公司原与台商签订的合同不能实现，因为美国对日、韩和中国台湾提高了关税的政策使得台商迟迟不肯发货。该公司又与自己的客户签订了供货合同，对方要货甚急，因此使自己陷入了被动的境地。

在掌握了这一手情报后，我方在接下来的谈判中做到沉着应对，该公司终于沉不住气了，在订货合同上购买了150台中国机床。

心理智慧

无论是职场竞争，还是商业谈判，都可以用这招“以逸待劳”来巧妙化解、抢占先机。这一计策的关键在于要沉着冷静、不慌不乱，另外，还要努力创造条件，增强实力。

适时沉默，此时无声胜有声

有人说，人生如战场，有竞争，就避免不了针锋相对、剑拔弩张，甚至恶语相向、大打出手。谁都想在争斗中胜出，但叫嚣得最狂妄的往往并不是最后的胜者，懂得适时沉默，让对手在狂乱中消耗实力，然后看准时机、一招出手的人才是真正拥有大智慧的人。而同时，无论什么情况下，沉默都是保护自己的最佳方式。

有这样一个寓言故事：

在英国伦敦的郊外，有只叫多利的小狗，它很聪明，它不需要主人的照料，于是，主人就让它在郊外出入自由。

某天，多利出去玩时忘记了时间，等天黑下来时，它才慌慌张张地开始往家里跑。可是由于月黑风高，它迷失了方向。最后，它居然不小心跑到一群狼中间。

多利认识到自己已经处于危险的境地了，它很害怕。但很快，它冷静了下来，要想使自己免除杀身之祸，就要隐藏好自己，所以它决定，不管遇到什么情况，都绝不开口透露自己的任何信息。

果然，在接下来的两三天里，多利一直保持沉默不语，显得非常深沉。可是终于有一天，一只高大的狼看到了它与自己不太一样的地方，于是便满脸疑惑地问它："你是我们的同类吗？我怎么感觉你跟我们有点不一样呢？"

听到问话，多利紧紧地闭着嘴巴，故作深沉地点了点头，以免一开口就被对方听出自己声音的特别。然后，它便又像一直以来那样，把若有所思的眼光投向了遥远的地方。那只高大的狼见多利只点头不说话，心里更加疑惑了。晚上，它把自己的怀疑告诉了狼王。狼王因为在一次战斗里受过伤，视力不好，生怕别人在心里笑他，就说："它不是狼是什么？"

高大的狼歪着脑袋瞅了多利半天，忽然指着它的尾巴对狼王说道：

"你看，它的尾巴和我们不一样呢！"

因为身体的缘故，狼王已经不如当年那样凶猛，它更害怕狼族有部下不听自己的话，所以平时总爱夸大自己的战功，以博得群狼的尊重。今天见这只高大的狼一直在给自己出难题，狼王灵机一动说道："这没什么，它的尾巴就是那次和我并肩作战时受伤的，因此你们应该多尊敬它才是。"

这下，高大的狼再也不敢说什么了，而迫于狼王的威望，其他的狼也都装出了对多利毕恭毕敬的样子来。

又过了3天，多利终于找机会逃离了狼群，重新回到了农夫的家。完全安全之后，多利感慨万千地说道："都说事实胜于雄辩，在我看来，沉默更胜于事实啊！"

这个故事中，多利因为适时的沉默而救了自己。同样，人类社会，也是竞争激烈，在一些危急时刻尤其是性命攸关的时候，选择等待要比出击更能保护自己，它能帮你守护住某方面的信息缺失，是避免不必要风险的一种好办法。

我们不难发现，我们生活的周围，有一些人，他们做事急躁，三分钟热度，对于这些人，他们必须培养自己的意志力，要懂得思考，要用睿智的大脑去判断，事情都有多面性。你要从危机中看到转机，不妨多等一等，俗语说"功到自然成"，时机未到，成功是不会和你招手的。"坚持就是胜利"的道理恐怕每个人都懂，但真正能做到的人其实不多，这是需要安静等待的耐心和自我控制力，要知道，真正的赢家往往是那些笑到最后的人！

心理智慧

以静制动是智慧的表现，也是你打败对手的无声"武器"，为此，我们做事绝不可鲁莽，要静待时机，不妨打打持久战，而你们要做的就是坚持！

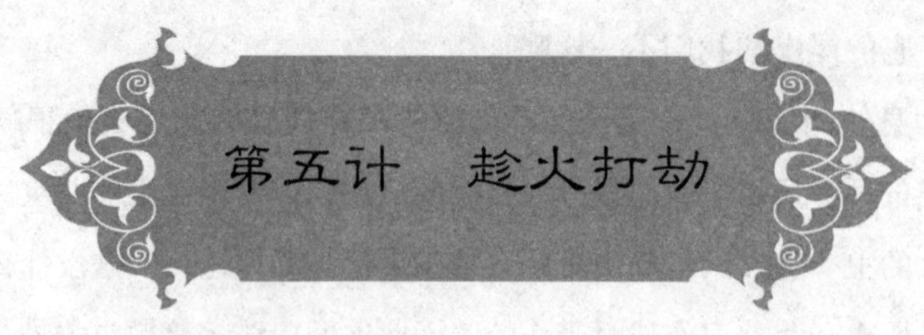

第五计　趁火打劫

计策详解：趁敌之危，果断出击

《三十六计》中的第五计为趁火打劫，本指趁人家失火的时候去抢东西。后来则成为军事家选择战机时惯用的谋略之一。

趁火打劫在《三十六计》中的原文是："敌之害大，就势取利，刚决柔也。"意思是：当敌方发生严重的危机，处境艰难时，我方正好趁机出兵，坚决、严厉地打击对手，从而获取胜利。后来，这一计策不仅用在战场上，为人处世和商场竞争中也屡见不鲜。

在我国古代战争史上，"趁火打劫"的战例比比皆是，其中清初多尔衮趁乱入关较为典型。

1644 年春，历史的天平开始向农民军倾斜。三月中，农民军便包围了北京城。多尔衮虽然试图与农民军协同作战，但并没有什么结果，直到明朝崇祯帝急诏宁远守将吴三桂回师勤王，才知道时机已到。

此时的吴三桂在山海关首先接受了李自成的招降，由唐通接管了山海关，然后率兵朝见李自成。但他走到玉田时，得知自己的私人利益遭到损害，便"愤然复走山海关"，击走唐通，背叛了李自成。至此，历史的天平又开始向清方偏斜。

四月初四日，即吴三桂刚刚叛归山海关之时，内院大学士范文程上书多尔衮，认为“如秦失其鹿，楚汉逐之，是我非与明朝争，实与流寇争也”，主张立即出兵进军中原。他提出，“战必胜，攻必取，贼不如我；顺民心，招百姓，我不如贼”，因此要一改以往的屠戮抢掠政策，“严禁军卒，秋毫无犯”。即不仅在战略上改变得城不守之策，要入主中原，在战术上也要招揽民心。多尔衮接受了范文程的建议，并在得到北京为农民军攻破的情报之后，“急聚兵马而行”，与农民军争夺天下！

四月初十日，“吴三桂移檄至京，近京一路尽传”。李自成此时方知事态的严重，于十三日亲率部队往山海关讨吴，但仍带有招降他的侥幸心理，行军速度亦颇迟缓，十九日前后才兵临关城之下。在此期间，吴三桂已派出使者向清军求援，使者于十五日便见到了多尔衮，向他递交了吴三桂的信函，表示如清兵支援，则“将裂土以酬”，还不是投降的意思。多尔衮知道这是一个千载难逢的机会，但他非常谨慎，一方面召集大臣谋士们商议，另一方面派人回沈阳调兵，再一方面故意延缓进军速度，逼迫吴三桂以降清的条件就范。由于事态紧急，吴三桂只得答应多尔衮的要求，请清军尽快入关，因为二十一日清军还距关十里，而关内炮声隆隆，喊杀阵阵，农民军已经开始攻城了。

多尔衮非常了解吴三桂的窘境，因此长时间地作壁上观，在李自成即将攻下东西罗城和北翼城，吴三桂几次派人又亲自杀出重围向他求救的情况下，估计双方实力已大损，这才发兵进入山海关。在与农民军的决战中，他又使吴军首先上阵，在双方精疲力竭之际再令八旗军冲击，结果农民军战败，迅速退回北京。

可以说，在山海关以西发生的这次著名战役前后，多尔衮充分利用了汉族内部的阶级矛盾，挟制了吴三桂，使他不得不充当清军入主中原的马前卒。山海关战役后，李自成慌忙退出北京，撤到山陕一带休整力量，以图再举。多尔衮则乘胜占领了北京，接受北京汉人的拥戴。

总之，当敌人内部产生混乱，也正是他们防御最薄弱的时刻。如果这个时候趁机下手，就有可能用最小的代价，得到最大的回报。但是“趁火打劫”计策的运用一定要注意战机的选择，要趁对方阵脚大乱的时候果断下手。假如犹豫不决，等到对方火势已小、有机会自救时，就很难再找到这么好的机会了。

实战应用

智者懂得相时而动

“趁火打劫”强调了抓住时机的重要性，而此计在《孙子兵法》中也早有陈述：“敌有昏乱，可以乘而取之。”又有人将其做了扩展，具体概括为：“敌害在内，则劫其地；敌害在外，则劫其民；内外交害，则劫其国。”意思就是说：假如敌人有内忧，就占它的领土；假如敌人有外患，就争夺他的百姓；假如敌人内忧外患、岌岌可危，那就想办法兼并它。总而言之，要灵活变通，根据具体情况采取不同的战术，这与人们所常说的“相时而动”有异曲同工之妙。

有人说：“我们总是要看陌生的风景，结识陌生人，甚至，生活在一个陌生的环境里。”因为这个世界总是在不断地变化着，如果我们总是不愿意改变自己，那最终我们将被这个社会所淘汰。对于我们任何一个人来说，面对环境、形势的变化，一定要懂得变通，懂得转换思维，只有这样，才能把握机会，实现新的突破。

清末曾国藩一生仰慕者众多，但在为官之处却并不得志，直到太平天国运动，给了曾国藩实现人生抱负的机会，皇帝命他帮办团练，于是曾国藩回到湖南，明里是团练，暗里却是新军，虽不是清朝正式编制，一切由湘军自行招募，但培养了自己的嫡系部队。

其后，因为两次兵败靖港，羞愧愤极，曾国藩写下遗书，两次投水自尽，被部署救起。曾国藩后调整自己心态，在禀报朝廷时以屡败屡战奏折上书，以表败而不馁气概。并在战争中一手拿起兵法，一手拾起教训，使湘军占有了主动地位。

曾国藩强调无论是作战还是为官，都要择善而从，灵活变通。而后来，曾国藩并没有自立为王，而是选择了辞官退隐，这更是一种变通的出世思想和智慧的哲学思想，正是因为如此，才使得他得以成就和保住功名，福禄两全。

我们都知道，在通往成功的道路上，处处都可能有被错过的良机，只有善于把握机会，哪怕是万分之一的机会，你的人生理想才有可能尽快实现。

的确，现实中，很多人都能发现机遇，但却不是每个人都能借助机遇的风帆取得一番成就。其中的原因就在于发现机遇的某个人是否懂得顺应时局变化，是否有争取机遇、抓住机遇和利用机遇的头脑。

可见，在漫长的人生旅途中，每一个人不能不面对变化，不能不面对选择。学会变通，不仅是做人之诀窍，也是做事之诀窍。

以前，有个农民，他的梦想是成为一名作家，为了实现自己的目标，他决定每天都要练习写作，就这样，他每天写500字，一写就是十年，对每一篇文章，写完之后，他都是改了又改，精心地加工润色，然后满怀希望地投递给各地的报刊社，尽管他很努力，但从来都未得到回复。

29岁那年，他总算收到了第一封退稿信。那是一位他多年来一直坚持投稿的刊物的编辑寄来的，信里写道：“看得出你是一个很努力的年轻人，这一点很可贵，但是你要认识到，你的知识面太窄了，也没有丰富的生活经历，但是我从你寄来的稿件中发现，你的钢笔字越来越出色了。”就是这样一封信，让他看到了新的希望，原来自己在自己不擅长的道路上坚持了十年，为此，他毅然放弃写作，而练起了钢笔书法，果然长进很快。现在他已是有名的硬笔书法家，他的名字叫张文举。就这样，他让理想转了一个弯，继而柳暗花明，走向了成功。

诚然，我们要承认的是，一个人要想成功，就必须要做到努力奋斗、坚持不懈，但毅力要起到作用，还必须是建立在一条正确道路的基础上，在错误的道路上坚持，只会让你逐渐偏离成功的人生轨道。我们一定要懂得变化和放弃，具备应变的能力，我们才可能抓住成功的机会。

实践证明，不管你是觉察到还是没有觉察到，不管你是愿意还是不愿意，每个人时时刻刻都在寻求变通，所不同的是，善于变通的人越变越好，而不善于变通的人却是越变越差。我们只要掌握了变通之道，就会应对各种变化，在变化中寻找到机会，在变化中取得成功。

心理智慧

任何一个人，如果你希望自己能适应现在的工作、生活乃至整个社会环境，你就要明白“适者生存”这个道理，要懂得适应时局，并要积极思考，随时调整自己。只有这样，才有可能抓住机遇！

别犹豫，机会来临时果断出击

趁火打劫这一计的精髓就在于把握时机，战机不得延误。同样，在我们的人生道路上，不管做什么决断，只要考虑好了就要当机立断，看准自己的目标，一举拿下。生活中，有的人常常优柔寡断，对做任何一项决定都犹豫不决。于是正在他犹豫的片刻，已经被别人占了先机，最终导致了事情的失败。如果将他们的犹豫不决比作下棋，每个人都有自己那一套的下法，但最令人讨厌的就是“悔棋”，走棋之前不仔细想一想，出麻烦了，方知走错了一步。

一场鸿门宴，自古以来就是暗藏杀机的代名词。

项羽的亚父范增，历来坚持除掉刘邦，宴席之上，一再示意项羽发令，但项羽却没有认识到危机，对此事犹豫不决，始终没有付诸行动。

鸿门宴上，范增召项庄舞剑为酒宴助兴，想借此机会杀掉刘邦，而项伯为保护刘邦，也拔剑起舞，掩护了刘邦。

时值危急时刻，刘邦部下樊哙带剑拥盾闯入军门，怒目直视项羽，项羽见此人气度不凡，便询问此人的来路，后得知此人是刘邦的参乘时，即命赐酒，樊哙立而饮之，项羽命赐猪腿后，又问能再饮酒吗，樊哙又一饮而尽，随后，樊哙又说了很多吹捧项羽的话，让项羽很受用，而此时的刘邦却借此机会逃脱了。

此时，刘邦的部下张良进门，称刘邦不胜酒力，无法前来道别，现向大王献上白璧一双，并向大将军范增献上玉斗一双，请收下。不知深浅的项羽收下了白璧，气得范增却拔剑将玉斗撞碎。

正是项羽在鸿门宴时优柔寡断，迟迟不肯开口，于是最终败于刘邦，自刎于乌江。如果项羽在鸿门宴，能够果断地下决心，抓住机会杀了刘邦，那么历史就会被改写。

我们不得不承认，任何一个成功者，都有他们自己的秘诀，但最重要的秘诀之一就是，他们从不放过一丝的机会，当机会来临时，他们会想尽办法抓住。

有“最会赚钱的民族”之称的犹太人相信，任何机会都不会自动降临，它总是属于有头脑、有行动、有准备的人。机遇，是瞬间的命运。也正是因为犹太人深刻地认识到这些，他们才成为最富有的人。当别的民族还在为脑海中的一个想法是否应该实施的时候，犹太人已经着手做了，他们总是能先人一步，所以他们才总是能获得财富的垂青。

然而，我们看到的是，一些人虽然能力出众，但却在个性上有一些不

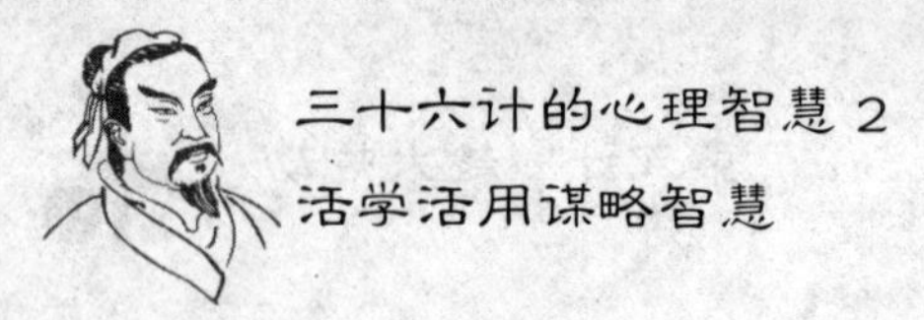

足，其中就包括瞻前顾后。他们之所以瞻前顾后，是因为他们希望做得面面俱到，一个人试图面面俱到，是抓不住事物的本质的。瞻前顾后的行为习惯使人丧失许多机遇，很多时候，很多事情，如果我们能横下心去做，事情的结果就会大不相同。

有一位先生，他是某公司经理，他有一种不允许别人有机会扰乱他意志的长处，往往在别人还在他旁边唠唠叨叨地叙述事情的困难的时候，他已经把他的办法拿出来了，干净利落，决不拖泥带水。

他那种明快果决的本领，十分使人折服，而我们一般人，却常常做不到这样，当我们被遇到的问题所困扰，因为我们太容易被周围人们的闲言碎语所动摇，太容易瞻前顾后，患得患失，以至于给外来的力量可以左右我们的机会，谁都可以在摇晃不定的天平上放下一颗砝码，随时都有人可以使人们变卦，结果弄得别人都是对的，自己却没有主意，这正是我们成功途中的一个大障碍。

在现实中，机遇和危险通常是并存的，但我们不可因为危险的存在而战战兢兢，非凡的勇气才能成就非凡的成就，有破釜沉舟之心，才能全身心投入，才能激发自己的潜力，也才能抢占市场先机，获得成功！

心理智慧

犹豫是成功的大忌。那些总是瞻前顾后的人，总是平白失去很多机会。要想做成大事，就要有抛却一切顾虑的勇气，心动不如马上行动，别等到机遇离去时才感到惋惜。

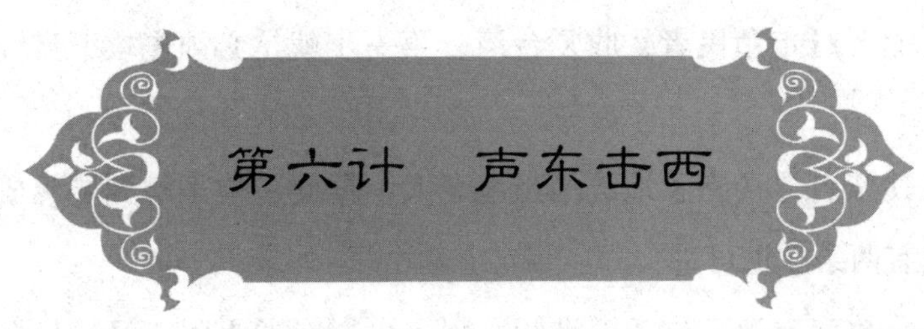

第六计　声东击西

计策详解：声东击西，转移视线

在《三十六计》中，“声东击西”为其第六计，其字面意思是，表面上声言攻打东面，其实是攻打西面，是军事上使敌人产生错觉的一种战术。语出《通典·兵六》：“声言击东，其实击西。”三十六计中的声东击西在现实生活中被提及的频率非常高，它以假动作欺敌，掩护主力在第一时间击其要害。声言击东，其实击西。声东击西之计，虽然早已被历代军事家熟知，但使用时必须充分估计敌方情况。方法虽是一个，但变化无穷。宋代张纲《乞修战船札子》：“况虏情难测，左实右伪，声东击西。”毛泽东《抗日游击战争的战略问题》第四章：“经常要采取巧妙的方法，去欺骗、引诱和迷惑敌人，例如声东击西，忽南忽北，即打即离，夜间行动等。”

台湾被荷兰殖民者统治数十年，民族英雄郑成功最终成功收复了台湾。1661年（顺治十八年）正月，郑成功决定出兵收复台湾。二月，郑成功率领将士数万人，大小船只数百艘，从厦门出发，渡过台湾海峡，先后进攻荷军根据地赤庄城和热兰遮城。

1661年4月，郑成功率二万五千将士浩浩荡荡地登上了澎湖岛，此乃战

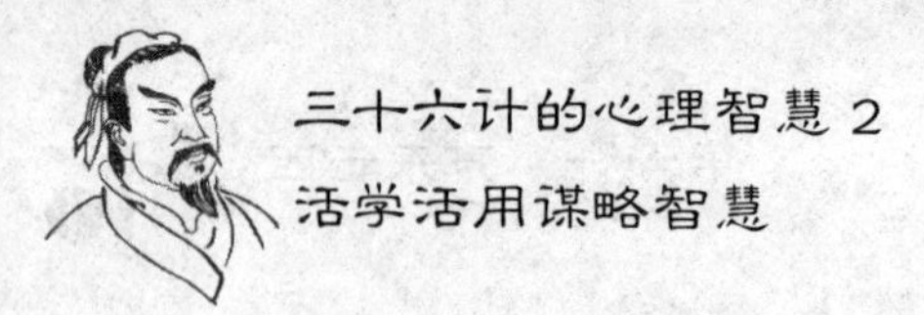

略要地，而要赶走殖民者，收复台湾，第一步就是必须先攻下赤嵌城（今台南安平）。

郑成功亲自寻访熟悉地势的当地老人，据此，他了解到要想成功攻克赤嵌城只有两条航道可进：

一条是攻南航道，这条道港阔水深，可以畅通无阻，又较易登陆。正因为如此，荷兰殖民军在此设有重兵，工事坚固，炮台密集，对准海面。

另一条是攻北航道，直通鹿耳门。但是这条航道海水很浅，礁石密布，航道狭窄。殖民军还刻意击沉一些船只，以此阻塞航道，而正因为如此，此处并没有重兵把守。

郑成功又进一步了解到，虽然这条航道浅，但是涨潮，海水也会变深，大船也能自由通过。所以，郑成功决定趁涨潮时先攻下鹿耳门，然后绕道从背后攻打赤嵌城。

郑成功计划已定：首先派出部分战舰，声势浩大地从南航道进攻。荷兰殖民军急忙调集大批军队防守航道。为了迷惑敌人，郑成功的部队声威浩大，喊声震天，炮火不断。这样，郑成功就非常成功地把殖民军的注意力全部吸引到了南航道。与此同时，北航道上一片沉寂，殖民军以为平安无事。南航道激战正酣，在一个月明星稀之夜，郑成功率领主力战舰，人不知鬼不觉，乘海水涨潮时机迅速登上鹿耳门，守军从梦中惊醒，发现已被包围。郑成功乘胜进兵，从背后攻下赤嵌城。

就这样，荷兰殖民军溃不成军，郑成功顺利收复台湾。

当然，除了作战外，在现代社会的很多场合，我们也可以运用这一策略，我们再来看下面一例：

1983年，我国某法学家在联邦德国举办的国际刑法研讨会上，应邀作了关于当前中国刑法发展的报告。结束后，有人提出：“人们在行为当时，怎样能够预见自己的行为是犯罪的呢？假如一个人在马路上踢足球，在踢的时候并不犯罪，但后来踢碎了附近的门窗玻璃，因而可能事后判了罪，对这一点行为人怎能预先知道呢？”报告人面对这个难题半开玩笑地说：“世界各国人民都爱踢足球，我们也在提倡，所以你可以放心，不至于因踢足球而被判刑。”

很明显，报告人的回答是答非所问的，然而全场立即响起了一阵爽朗的笑声。可见答非所问在特定的场合中也是一种非常必要的答话技巧。

现代社会，很多情况下，我们需要与人交涉，比如谈判、竞争，这虽然不是战争，不是你死我活，你输我赢，但是也绝不是找朋友，推心置腹。运用声东击西的对策，迂回式说话也是自我保护、扰乱对方方寸的策略，更是智者惯用的技巧！

实战应用

巧放烟雾弹，迷惑对方

“声东击西”是一种十分灵活的战略计策，似可为而不为，似不可为而为之。这样，敌方就无法推知我方的意图，从而被假象所迷惑，作出错误判断；而我方就可以趁机进攻，夺取胜利。

现代社会，无论是职场竞争还是商业谈判，“声东击西”的运用随处可见，主要讲究的是从心理上分散对手的注意力，利用假象来干扰对方的正常判断，扰乱其心神，混淆其视线，从而为自己创造可乘之机，实现自己的目的。

以商业谈判为例，这一计策更是被屡屡使用，很多谈判高手在双方相持不下的紧要关头，便是利用“声东击西”这一计策，巧放烟雾弹，令对手的心神大乱，失去正常的判断力，从而趁机进攻，迫使对方不得不答应自己的要求。

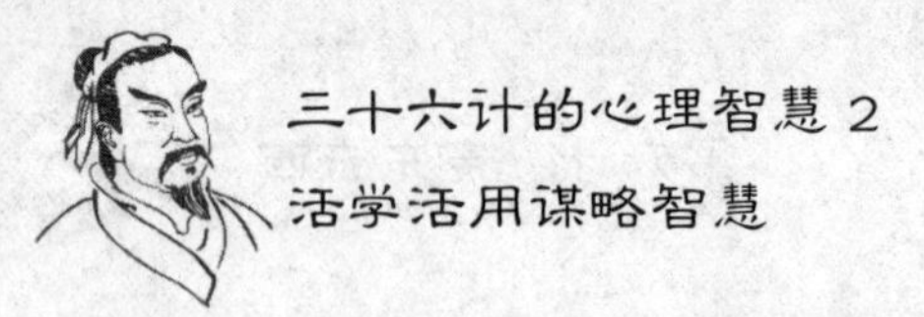

美国一家大航空公司要在纽约城建立大的航空站，想要求爱迪生电力公司优惠电价，却遭到电力公司的拒绝，推托说这是公共服务委员会不批准，因此谈判陷入僵局。

后来航空公司索性不谈判了，并通过公关部门向外透露一些信息——声称自己建立发电厂划得来，不想再依靠电力公司，决定自己建发电厂。电力公司听到这一消息，立即改变了态度，请求公共服务委员会从中说情，表示给予这类用户优惠价格。

这个谈判，开始是谈判的主动权掌握在电力公司一方，因为航空公司有求于电力公司。当要求被拒绝后，航空公司便要了一个花招，给电力公司施加压力，因为若失去给这家航空公司供电，就意味着电力公司损失一大笔钱，所以电力公司急忙改变原来的态度，表示愿意以优惠价格供电。这时，谈判的主动权又转移到航空公司一方了，迫使电力公司再降低供电价格。这样，航空公司先退一步，然后前进两步，生意反而谈成了。

当然，要通过这一方法达到目的，我们还需要做到：

1.洞悉对方的底牌

以商业谈判为例，如果你是销售方，那么，要想让销售结果利于自己，就必须首先洞悉客户的底牌，只有这样，才能在与客户交谈的时候更好地把握“进”与“退”的“度”，当然，这并非易事，需要我们做足准备工作，通过各种途径来获知。

2.制造假象

我们知道，我们故意透露信息的根本目的在于迷惑对方，达成目的。因此，在使用这一方法时，我们最好事先规划，设计好谈话脚本，否则，临时抱佛脚的我们在说话时很容易出错，一旦让对方看出我们的真实意图，那么，这一方法就毫无作用了，甚至会弄巧成拙，为此，我们必须要注意以下两点：

首先，要注意自己的态度。

你最好保持不紧不慢、不温不火的态度，这样看来，我们只有隐藏好自己的情绪，才能真正擒住对方。例如，在与对方交涉的日常安排上就不可急切。

其次，通过非正常渠道把信息透露给对方。

因为人们通常有一种心理：越是偷偷得来的信息，其真实性越不容置疑。除了我们自己故意说漏嘴之外，我们当然还可以借他人之口传达你要表达的信息，这样，对于对方来说，显得更真实。

总之，整个过程，我们都要藏好自己，别让对方看出破绽，因为这一策略最关键部分就是要在不经意间流露出正确的信息，而假若让对方看出我们是在放烟雾弹，则只会惹恼对方，那么，事情的难度自然会加大，一不小心还会弄僵人际关系，前功尽弃。因为没有人是喜欢被人欺骗和要弄的。

心理智慧

“声东击西”是最好的扰乱对手心神、混淆对方视线的策略。故作姿态、制造假象，可以令对手在无从辨别真假的迷乱状态中失去主张、丧失智慧，并因此而陷入欲罢不忍、欲争不能的矛盾状态中。这样，我们就可以出其不意地扭转局势，掌握主动权。

醉翁之意不在酒，隐藏好你的真实目的

我们都知道，在“声东击西”这一计中，“声东”是虚，是假；“击西”是实，是真。“声东”是手段，“击西”是目的，要趁对手不防备的时候，实现自己的真实目的。所以，正所谓“醉翁之意不在酒”，有时要制造一些冠冕堂皇的理由，以此来掩盖自己的真实目的，这样就能将他人

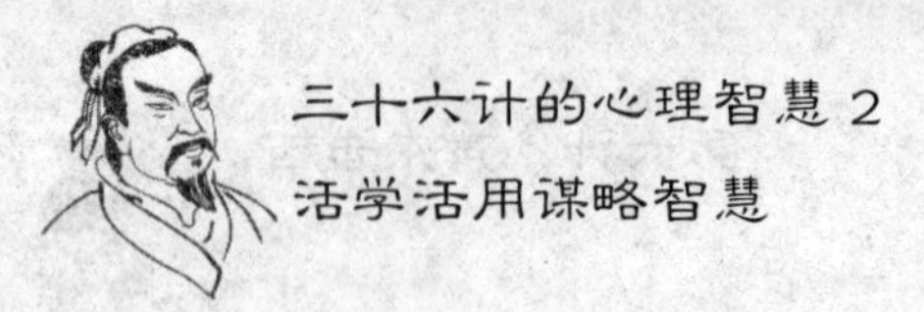

的注意力吸引到别处，从而不知不觉地实现自己的目的，而我们需要记住的是，这一过程中，我们一定要隐藏好自己的真实目的，才能不引起目标的怀疑。

在现实生活中，与人较量，我们要想让此计发挥绝妙的作用，也不可忽略这一点。

张先生是一家工厂的老板，最近，他的生意做得不错，在为自己购置了新的房产的同时，他还准备买一部新车。于是，他就必须把自己那部旧的老爷车处理掉。他在心中打定主意，在出售这部旧车的时候，卖价一定不能低于3万元。之后，有一个买主前来看车，在双方谈判交易金额时，便对这部旧车的各种问题，滔滔不绝地讲了很多缺点，但是张老板始终一言不发，任凭买家自顾自地说个不停。

结果到了最后，买主终于停止了批评，并且突然说了一句话："这部旧车我最多只能出价5万元，再多的话，我就不要了。"于是，张老板很幸运地多赚了整整2万元。

案例中，张老板为什么能幸运地多卖了整整2万元？人们常说："沉默是金"，谈判中，他保持沉默，始终一言不发，那么，无论买家怎么贬低这部旧车，也摸不着他的底细。可以说，他的冷静起到了决定性作用。

确实是这样，我们总是不愿意在接受别人批评的时候保持沉默，譬如面对一个难以说服的客户。其实，有时候，"此时无声胜有声"，沉默才能堵住对方的嘴，沉默可以给对方和自己都留有余地，沉默甚至可以使局面发生翻天覆地的变化。

可见，适当沉默是你沟通中无声的"武器"，它会让你在与人沟通的过程中畅通无阻！当然，在与人较量的过程中，我们要想隐藏好自己的真实目的，我们还需要明白几点：

1.控制自己的情绪，不让情绪出卖你

很多时候，我们保持沉默是为了让对方产生信任感，但任何人都是有情绪的，但你千万不能因为自己的情绪而暴露自己。

2.细心观察，了解对方

声东击西，最重要的是对对方心理的把握，这就需要我们具备一定的观察能力。只有这样，你才能处于较量中的主要地位。当然，这一过程中的观察，无外乎针对对方的眼神、动作以及语言。

3.说话保持客观公正的态度，尽量隐藏好自己的目的和动机

我们强调要隐藏好真实目的，并不是说三缄其口、从不说话，而是少说，一般来说，我们若想赢得成功，就必须要探知对手的内心世界，从而攻破对方的心理堡垒，但无论使用什么方法，一定不要让他知道你的企图，为此，在说话时，你要保持公正客观的态度。如果对方发现你说话时带有某些情绪色彩，那么，就很容易被对方识破。

当然，在双方较量的过程中，我们不可完全没有“动作”，到了你该说话、该表态的时候，众目所注，等你表态，等你提议，而你三缄其口，必然会惹得大家不满的。

心理智慧

当用常规的手段无法达到目的时，那么不妨试试另辟蹊径。为了不引起目标者的怀疑，制造假象、掩盖自己的真实目的很重要，因此“声东击西”就成了重要的谋略之一。记住：“声东”只是你的手段，而“击西”则是你的最终目标。

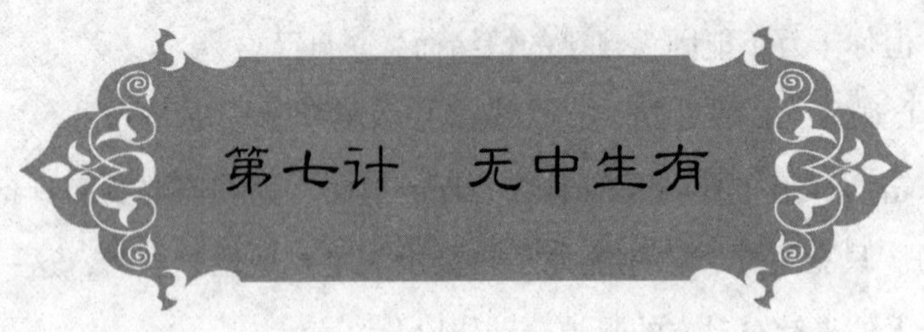

第七计 无中生有

计策详解：制造假象，扰乱视听

《三十六计》中第七计为“无中生有”，无中生有的意思很明确，基本意思还是虚虚实实。孙子兵法说过有则示其无，无则示其有。

“无中生有”的核心内容也是通过制造假象来迷惑敌人，令敌人无法探知虚实、摸清真假，从而阵脚大乱、无所适从，而我方则可以趁而攻之，战而胜之。

此计的关键在于真假要有变化，虚实必须结合，一假到底，易被敌人发觉，难以制敌。先假后真，先虚后实，无中必须生有。指挥者必须抓住敌人已被迷惑的有利时机，迅速地以“真”、以“实”、以“有”，也就是以出奇制胜的速度，攻击敌方，等敌人头脑还来不及清醒时，即被击溃。

无中生有，这个“无”，指的是“假”，是“虚”。这个“有”，指的是“真”，是“实”。无中生有，就是真真假假，虚虚实实，真中有假，假中有真。虚实互变，扰乱敌人，使敌方造成判断失误，行动失误。

在军事战争中，“无中生有”向来是古今中外的名将们所喜欢使用的诱敌计策之一。

唐朝安史之乱时，安禄山、史思明的势力逐渐增大，很多地方的官吏都前来投靠，而唐将领张巡则依旧忠于唐室，不肯投敌。

张巡手底下只有二三千人的孤军，他率领这一小支部队驻守孤城雍丘（今河南杞县）。安禄山得知后，立即派将领令狐潮率四万人马围攻雍丘城。张巡虽然取得了几次偷袭的胜利，但是敌众我寡，他始终对抗不了强大的叛军。

张巡知道，面临城下众多叛军，箭只可以暂时抵挡一阵子，但无奈城中的箭越来越少，赶造不及。张巡苦思冥想，想到一条计策：他从三国诸葛亮草船借箭的战例中获得启发，所以急命军中搜集秸草，扎成千余个草人，将草人披上黑衣，夜晚用绳子慢慢往城下吊。

夜幕之中，令狐潮还以为张巡又要乘夜出兵偷袭，所以让军中将士赶紧万箭齐发，急如骤雨。张巡轻而易举获敌箭数十万支。待到天明，令狐潮才知中计，气急败坏，后悔不迭。第二天夜晚，张巡又从城上往下吊草人。贼众见状。哈哈大笑。

张巡见敌人已被麻痹，就迅速吊下五百名勇士，敌兵仍不在意。五百勇士在夜幕掩护下，迅速潜入敌营，杀得令狐潮措手不及，营中大乱。

张巡看到反攻的时机已到，就率部冲出城来，杀得令狐潮大败而逃，损兵折将，只得退守陈留（今开封东南）。

张巡的这一计就是“无中生有”的典型运用，而且运用得炉火纯青。这里，他借鉴诸葛亮的草船借箭，故意制造出趁夜色偷袭状，麻痹了敌人，然后杀对方一个措手不及，保住了雍丘城。

无中生有之计，不仅在军事上经常被人们自觉不自觉地运用，而且在政治上，被用于在对方内部制造矛盾、进行离间；在文学艺术创作中，启发作家创造一种空灵的意境，以引发读者无穷的遐思。当然，现实中的人们也要警惕有人利用本计来制造冤案，陷害好人，弄虚作假，欺世盗名，以及在商战中买空卖空，制作虚假广告，推销假冒伪劣产品，诈骗顾客钱财，等等。

对于“无中生有”这一计，细分之下，“无中生有”可以从三个方面制造假象：一是凭空捏造，就是将完全没有、完全不存在的假象说成是真实存在的事实，并配以信誓旦旦的语言，令对手信以为真；二是夸大其词，把蚂蚁说成大象、把蚊子说成战斗机，小题大做，给对手造成心理上的恐惧；三是以假代真，《红楼梦》中有言：“假作真时真亦假，无为有处有还无。”把谎言说得像真的一样，最好说到连自己都相信的地步，那还有什么人会骗不过呢？

实战应用

制造“麻烦”，令对方自乱阵脚

“无中生有”这一计策告诉我们，在军事斗争中，制造假象，可以扰乱对方的视听和判断。同样，现代社会，我们也可以将这一计策运用其中。的确，社交场合中的一场场人与人之间的较量实际上也就是心理策略的较量和角逐，善于把握人心，占尽先机的人就能在这场较量中掌控大局，获得胜利。而占尽先机，我们就必须主动出击，这其中，我们不妨制造“麻烦”，这样，对方的视线就会被混乱，也就能误导对方的判断力。

1972年5月，新一届的国际象棋大赛举行了，而此次是由冠军史帕斯基和巴比·费雪之间展开的一场最终冠军争夺赛。

比赛开始之前，史帕斯基提前到，而费雪一直没有到，史帕斯基一直焦急地等待着。

费雪最终来了，但是并未直接进入比赛，而是对比赛的环境进行了各种挑剔，比如不喜欢比赛的大厅，灯光太亮，摄影机的声音太嘈杂，椅子坐着也不舒服……

几周之后，费雪终于没有什么可挑剔的了，应比赛了。但就在双方见面的那天，费雪迟到了很久；赛前新闻发布会，他又迟到了。大家都以为费雪是因为怯场而不敢露面。不过，在比赛开始的前一分钟，他出现了。

在第一局中，费雪下的棋很差，好像是故意投降的，史帕斯基知道费雪从不弃子投降，但是，这次费雪真的投降了。在输掉第一局之后，费雪更加大声地抱怨房间、摄影机以及一切的一切。

第二局比赛，费雪又迟到了，主办单位只好取消了他第二局的出赛权。很明显，费雪已经心神大乱了。

第三局，费雪倒是看起来信心十足，但好像是故意为之，在关键时刻他又下了一步错棋，但是他自信的神情让史帕斯基困惑。在史帕斯基恍然大悟之前，费雪已经利索地战胜了史帕斯基。

后面几盘棋，史帕期基开始犯错，在第六局依旧输了后，他才明白这一切是怎么回事，但一切已经晚了。

第十四局时，史帕斯基称自己在赛前喝的果汁可能被下了药，也可能是空气中沾染了某种有害化学物质。而这些，让他无法集中注意力比赛，后来，他又在公开场合控诉费雪的团队在椅子上动了手脚，扰乱了他的心智。当然，对于他的每一项异议，专业人士都经过科学的检测，没有任何不对劲的地方。

后来，史帕斯基开始抱怨并产生了幻觉，他已经没办法再继续比赛，只好放弃。

费雪为什么会战胜史帕斯基？他的策略是什么？很显然，是心理上的一次次较量，从某种意义上讲，费雪不是在下棋，而是在揣摩别人的心理，他所用的就是心理上的强占先机法，史帕斯基最终自乱阵脚，心理上的失败让他比赛失败了。在此之前，费雪与史帕斯基已经较量过多次，他很明白，在实力上，他根本不是史帕斯基的对手，因此他改变策略，采用心理战术：打破常规，改变了自己的旧有模式。于是，比赛前，他一次次地迟到；比赛时，他故意走错棋、弃子投降、放弃第二局的出赛权……

对史帕斯基而言，费雪的这些行为很出乎他的预料，他猜不透自己的对手，于是他疑惑、恼怒，受不了对方给自己的一次次心理“折磨”，于

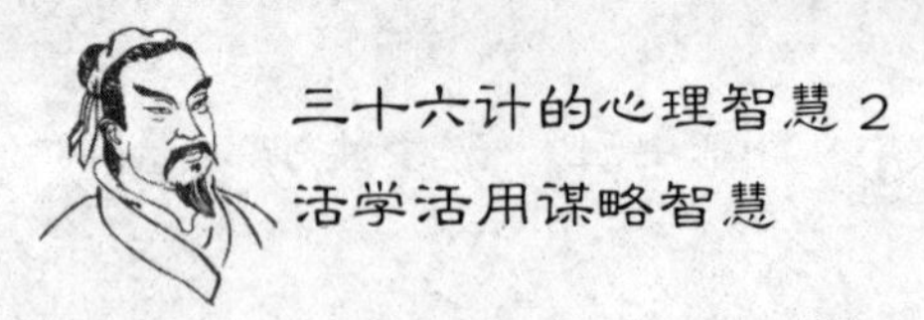

是乱了方寸，最后发挥失常。

我们明白，人在正常的心理状态下，总是能发挥正常的水平，因为人总是习惯遵循一定的思维思考，遵循一定的方法行事。同时，也把别人的思维限定在这种正常模式中，这个“一定”就是所谓的“常规”。从心理学方面分析，如果对方的言行符合常规或者在自己的意料之中，则能保持一颗平常心，做平常事；如果对方的言行偏离常规或出乎自己的意料，就容易心神不宁，思绪混乱。发挥失常甚至无法发挥，费雪能赢得对手，就是打破了这种常规，在心理上占了先机。

心理智慧

每一次人际交往都是一次心理交锋，而在这交锋过程中，最重要的就是要占尽先机，你可以打破思维，制造麻烦，让对方自乱阵脚，这样，即使处于交际劣势，也可以创造取胜机会。

故意编造谎言，令对方不打自招

中国自古以来就是一个以关系为本的社会，而任何人际关系都建立在对交际对方的了解之上。知己知彼百战百胜，然而，现实生活中，人们在交往的过程中，出于各种目的，人们并不会对彼此敞开心扉，有些人甚至会编造出各种各样的谎言。为此，我们必须掌握一些心理谋略，才能识破伪装，把握人心，其中，我们便可以运用“无中生有”这一计策，“无”就是一些不存在的虚假信息，“有”就是我们想要的事实答案，妙用这一计策，让对方进入到我们设定的圈套中，对方定会不打自招。

小张是刚到公司的新员工，但似乎有点小偷小摸的坏毛病。

这天，当大家下班后，小张还想在办公室上一会儿网。正巧，他看见了主任办公室的门还开着，好奇心使他悄悄地进去看了一下。巧的是，办公桌的抽屉也没有上锁，里面放着厚厚的一叠钱。面对金钱的诱惑，小张最终没能抵挡得住，于是，他顺手牵羊，拿走了几张百元大钞。并且，他很自信地认为，没有人会发现。

但实际情况并不是如此，第二天一大早，主任就在办公室嚷嚷起来了："你们谁偷了我办公室的钱？办公室怎么还有这样偷偷摸摸的人啊……"但没有一人承认，其实，主任也听说小张的手脚不大干净，但没有证据，也不能说明什么。这时候，主任秘书小王想出了一个招儿，能看出钱到底是不是小张偷的。

下班后，小王看见小张要离开公司，赶紧追上去问："今天下班去干什么呀？不回家陪女朋友？"小王故意试探性地问。

"她在老家呢，不需要我陪。"

"哦，对了，刘主任的钱被偷了，你知道吧，也不知道谁干的，每个人好像都有不在场的证据，我昨天和刘主任一起出的门，周大姐也说跟你一起下班的，真不知道是谁干的。"小王在说这些话的时候，偷偷看了一下小张的反应，果然，小张很慌张地接过话茬："是啊，周大姐还跟我一起去喝了杯东西呢。"

"嗯，周大姐也说是你请他喝了一杯柠檬水呢……"小王就和小张这么聊着聊着一起离开了公司。

后来，快分开的时候，小王突然问："小张，昨天你和周大姐喝的什么呀？"

"苹果汁啊，我最爱这个了。"小张随口一答，说完，他才知道自己说错了。

秘书小王让偷钱人小张不打自招的秘诀在于：他编造出了周大姐这个中间人，故意为小张制造出一个不在场的证据，而当小张对自己放松警惕时，小王再问这个问题时，小张却回答错了。为什么会这样呢？因为小张

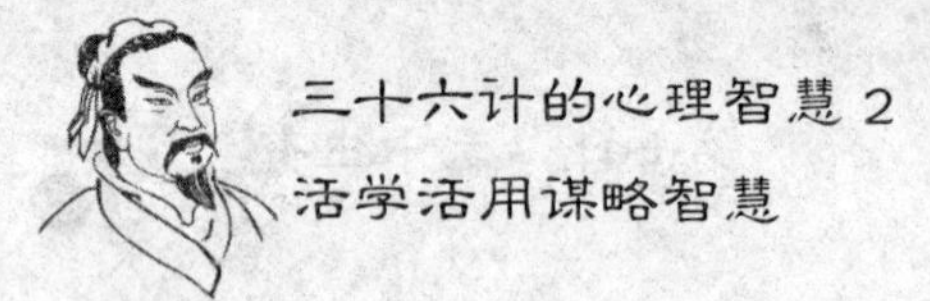

在圆谎时，根本没注意到一个细节问题——这杯饮料到底是什么？而这一点，正是小王设下的一个圈套，当小王再提到这个问题时，他的第一反应是回答出了自己最爱喝的饮料，而很明显，他是不打自招，可以说这就是逻辑思维上的疏漏，百密一疏，只好不打自招了。

在人际交往中，“无中生有”就是在双方交谈时故意搞错事实或者制造不存在的信息，让对方来订正，借此套出对方的信息或真正的心意。现实生活中，人们常常利用这一计策来探明他人心意。例如：销售员经常以此来探寻客户的信息：

销售员：“说到这里，我想您应该是比较喜欢粉色系的产品吧。”

对方：“不是，我还是比较喜欢暗一点的颜色，可能跟我的皮肤搭配一点。”

通过这一反面提问，就可以再无须直接提出“你喜欢什么颜色”这类问题了，让对方基于想订正错误的心理，毫无戒心地主动透露出喜欢暗颜色这一真实信息。

再者，日常生活中，夫妻双方也常用这种方法来“严刑拷问”对方的行踪。

妻：“你昨晚又和老王一起下棋去了？”

夫：“是啊，老习惯了嘛。”

妻：“哎呀，我忘了，我昨晚就在老王家呢，那你怎么不在啊？”

这里，很明显，妻子是故意编造出了一个谎话，来引出丈夫的谎言，这样，作为丈夫，就不得不招认自己昨晚的去向了。

心理智慧

通常情况下，人们为了圆谎，都会在撒谎之前预先编造好情节，这样才能在别人询问的时候从容应对。这样一来，没有经过缜密的思维，就会漏洞百出，而我们运用“无中生有”的计策，对其“情节”进行“再造”，自然会扰乱其思维，让其不打自招。

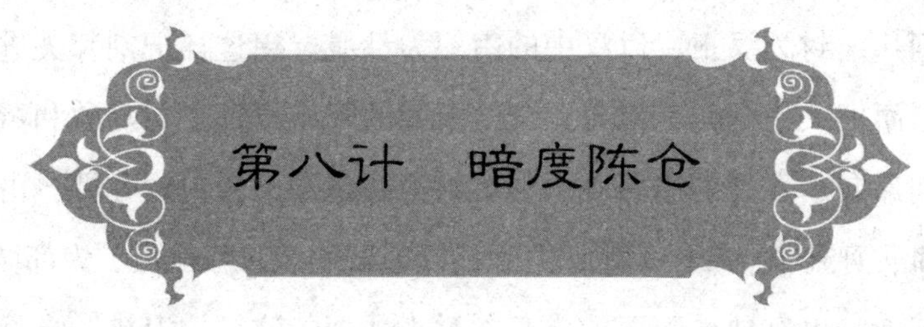

第八计　暗度陈仓

计策详解：明修栈道，暗度陈仓

《三十六计》中第八计为：“明修栈道，暗度陈仓”，出自《史记·淮阴侯列传》，原指从正面迷惑敌人，用来掩盖自己的攻击路线，而从侧翼进行突然袭击。引申意：用明显的行动迷惑对方，使敌人不备的策略，也比喻暗中进行活动。比喻用假象迷惑对方以达到某种目的。

“明修栈道，暗度陈仓”，是古代一种常规的用兵法则，是一种军事谋略，在历史上曾有许多非常成功的战例。

暴秦被推翻后，项羽、刘邦以及其他参加反秦战争的各路将领，齐聚一堂商议日后如何占地为王，在这些人当中，当属项羽的实力最强，表面上，他提出了大家分地，但心里早已经打算怎样一个个消灭这些人而一统江山。

其他将领倒不入项羽的法眼，唯一让他担心的就是刘邦。早些时候，曾经约定：谁先攻下秦都咸阳（今陕西西安附近），谁就在关中为王。结果，首先进入咸阳的偏偏就是刘邦。关中，即今陕西一带，是秦的本土，由于秦的大力经营，关中不但物产丰富，而且军事工程也有强固的基础。项羽不愿意让刘邦当“关中王”，也不愿意他回到家乡（今江苏沛县）一带去，便故意把巴、蜀（今都在四川）和汉中（在今陕西西南山区）三个

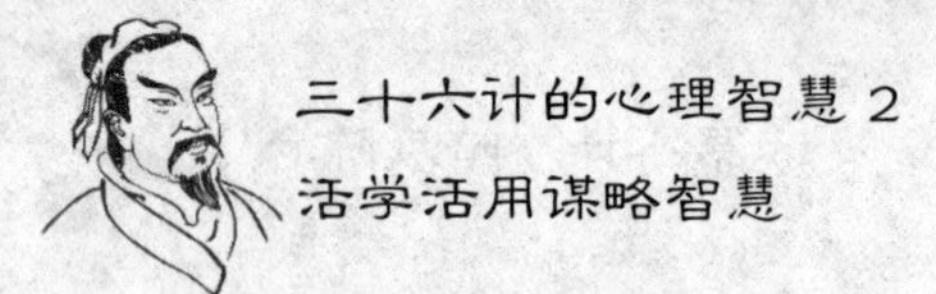

郡分给刘邦，封为汉王，以汉中的南郑为都城。想这样把刘邦关进偏僻的山里去。而把关中划作三部分，分给秦朝的降将章邯、司马欣和董翳，以便阻塞刘邦向东发展的出路。项羽自封为西楚霸王，封地九郡，占领长江中下游和淮河流域一带广大肥沃之地，以彭城（今江苏徐州）为都城。

刘邦确实也有独霸天下的雄心，对于项羽的这样“安排”自然很不服气，而其他的将领对于项羽的分配也不满，可是慑于项羽的威势，大家都不敢违抗，只得听从支配，各就各位去了。刘邦也不得不暂时领兵西上，开往南郑，并且接受张良的计策，把一路走过的几百里栈道全部烧毁。栈道，是在险峻的悬崖上用木材架设的通道。烧毁栈道的目的是便于防御，而更重要的是迷惑项羽，使他以为刘邦真的偏安一隅了，从而减轻项羽对他的防备。

刘邦到了南郑，发现自己下面有一位才能出众的军事家，此人就是韩信，韩信的雄韬伟略让刘邦颇为折服，所以很快封韩信为大将，请他策划向东发展、夺取天下的军事部署。

韩信计划第一步是拿下关中，然后撕开一个口子，最后建立兴汉灭楚的根据地。于是派出几百名官兵去修复栈道。这时，这一消息很快传到了守着关中西部的章邯耳中，谁知道，章邯不禁笑道：“烧毁栈道是你们自己干的事，现在又来修，这么大的工程，区区百人怎么能修缮得好？”因此，章邯对于刘邦和韩信的这一行动，根本没有引起重视。

可是，不久章邯便接到紧急报告，说刘邦的大军已攻入关中，陈仓（在今陕西宝鸡市东）被占，守将被杀。章邯起初将信将疑，但看到事情被证实的时候，才发现一切为时晚矣。章邯无奈自杀，驻守关中东部的司马欣和北部的董翳也相继投降。号称三秦的关中地区于是一下子被刘邦全部占领了。

原来韩信表面上派兵修复栈道，装作要从栈道出击的姿态，实际上却和刘邦统率主力部队，暗中抄小路袭击陈仓，趁章邯不备取得了胜利。这就叫作“明修栈道，暗渡陈仓”。

由于这个历史故事，后来形容瞒着人偷偷摸摸地活动，并达到了目的，就叫“暗度陈仓”或者“陈仓暗度”。引申开来，是指用明显的行动迷惑对方，使人不备的策略，也比喻暗中进行活动。

无论是商业还是政治或者是其他活动，都离不开人与人之间的较量，并以此来让自己获利，这是一项很复杂的交际行为，它伴随着双方的言语行动、行为互动和心理互动等多方面的、多维度的的错综交往。为此，我们也可以使用“暗度陈仓”的方法来迷惑对方，这不但是保护自己的方法，更能给对方一个措手不及，以获得成功。

实战应用

暴露得越多，越容易被打败

从“暗度陈仓”这一计中，我们得知：害人之心不可有，防人之心不可无。在现实生活中，为了防止别人了解到我们的内心，就必须用点“心计”，处处小心一些，不要暴露自己的目标和理想。在一些特殊的情境下，伪装自己，将自己的真实意图隐藏起来，迷惑对方，让对手对自己放心，对自己不设防，这样才能保全和发展自身的势力，以免以后受制于人或被人算计。

的确，很多时候，人与人之间的博弈，打的就是时间战，谁先坐不住，谁表现得急躁，谁就输了。而坦露之心就好像一封在众人面前摊开的信，而潜藏隐秘的城府，不管巨大的还是微小的沟壑都可以在其中沉淀深藏。很多时候，含蓄来自于自我控制，能够保持缄默才能赢得最后的胜利。

以谈判为例，在面对对方的催逼的情境下，就可以坦言：“我还需要仔细考虑，请给我一点时间。”只要能够把这句话大胆地说出口，不仅可以省去许多麻烦，也是提高冷静应对能力的重要手段。而从逻辑上讲，这也是谈判的战术之一。这种战术要求，当一方逼迫另一方马上作出一项决定而这一方又无法当机立断时，就要清楚明白地向对手说明自己不能在顷刻之间决定，并附之以不能决定的理由。只要言之成理，大多会得到对方的谅解。即使当时没有得到对方的谅解，也向对方表明了自己不是一个态度暧昧、优柔寡断的人。这个时候，自己在谈判中就会处于相对主动的位置上。

刘女士是个事业型女性，二十几岁时就创办了自己的皮具公司，而且，因为经营有道，她的公司生意红红火火。但最近，刘女士在国外的丈夫的事业做得更好，希望她能过去帮忙，并且，已经为她办好了移民。这种情况下，刘女士只好着手把自己的公司转手，在和几个收购公司几轮谈判之后，她看好了一家实力较好的公司，这家公司负责谈判的人姓王。最终，刘女士想再和这家公司谈谈收购价格的事。

这天，双方再次坐在了谈判桌前。刘女士满以为对方会接受自己提出的收购价。谁知道，谈判进程到了一半的时候，姓王的经理却被手下人叫了出去。一阵嘀咕之后，对方又走了进来。

“王经理，发生什么事儿了吗？”刘女士问。

“是这样的，刘总，外地有一家我们之前想收购的公司，他们一直不肯合作，现在他们公司出现了火灾，目前正打算以低价卖给我们，那么，既然这样的话，我们自然愿意收购这家实力很雄厚的公司，当然，刘女士您也是很有诚意的，如果您在价格上再让步一点的话，我们也不会再费精力去与那家公司谈……”对方王经理一连串说了很多话。刘女士静静地听着，她哪里会轻信这些话，因为她相信天底下巧合的事是有，但这样太巧合了，这家公司的火灾怎么来的那么是时候，于是，刘女士说：“王总，您看这样行不行，这事我一时半会儿也敲不定，我先跟我的几个董事们商量一下，会尽快给您回复的。”听到刘女士这么说，对方也自然会答应下来。

其实，刘女士这么做，是为自己赢取时间做调差，果然，不出刘女士所料，所谓的外地某皮具公司失火的事，只是对方编造出来的一个幌子而已，为的是杀价，在得知这一消息后，刘女士很快给这家公司回应：“真对不起啊，几个董事们商量了一下，还是觉得这个价格已经很公正了，如果您觉得不能接受的话，那么，我们也很抱歉。”对方的答复果然也如刘女士所料——他们答应以刘女士开出的价格收购这家公司。

案例中，我们不得不佩服刘女士的分析能力，在对方使出了一点小伎俩以企图杀价时，她并没有自乱阵脚，而是先采取拖延战术，为自己赢得时间，以调查对方所说是否属实，最终又赢回了谈判的主动权。

很多时候，我们与谈判对手的较量，就是心理的较量，谁先缴械投降，谁就输了。然而，我们不得不说，任何人都是有情绪的，但无论如何，我们都不能因为自己的急躁情绪而暴露自己，让对手有机可乘。

心理智慧

任何一场较量，双方都希望结果能有利于己，谁暴露得越多，谁就越容易被打败，所以，这一复杂的较量才变得真真假假，真假相参，难以识别。对此，我们可以运用暗度陈仓的方法掩护自己，迷惑对手，取得胜利。

旁敲侧击，窥探他人真心

“明修栈道，暗度陈仓”是军事谋略家们经常使用的计策，却也蕴含了深刻的处世之道：它教人们做人有时要善于制造假象，当局势不利于自己或者从正面无法达到自己的日的时，要做好表面功夫，借此迷惑对方；而在暗地里则要精心策划、周密布置，在对方毫不察觉的情况下，从侧面或背面采取攻势，从而一举达到自己的目的。

同样，在人际交往中，我也可以运用此计来探求他人真心。的确，出于多种可能的原因，他人未必会对我们坦露心胸，此时，我们不妨“明修

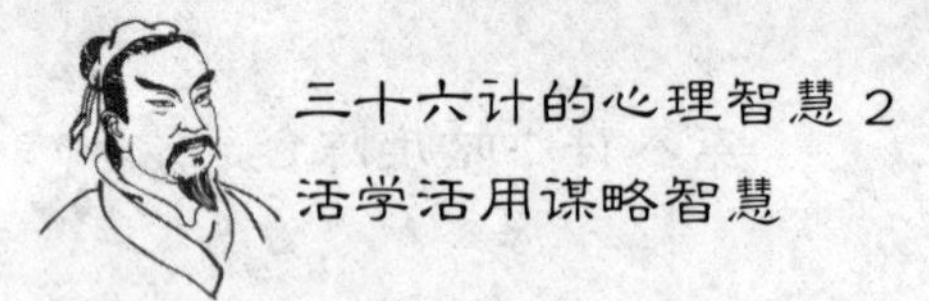

栈道，暗度陈仓”——正面询问无效果，我们不妨就从侧面试探。比如，举个很简单的例子，生活中，一对谈恋爱的男女，男孩子要想知道女孩是否真心喜欢他，可以故意试探女孩：“我给你介绍个男孩认识吧。”如果女孩喜欢他，会很坚决地告诉他：“不用了。”这样的场景恐怕生活中很多恋爱男女都运用过。我们再来看下面一个故事：

莉莉与小齐初中毕业后就一起来到城里的一家餐馆打工，她们关系很好，可谓是无话不谈的朋友。但两人的做人、行事作风却有点差异。

一次，莉莉在收拾餐桌的时候，发现了一个手机，肯定是客人落下的，莉莉早就渴望有一部手机，于是，她想悄悄据为己有。可不巧，偏被小齐看见了，让她上交，但莉莉却说：“什么呀，我没拿什么手机啊。”

小齐说：“莉莉，你知道什么叫‘不劳而获’吗？”

“不知道！”莉莉嘟着嘴回答。

小齐说：“你看，‘不劳而获’是不经过劳动而占有劳动果实。说得确切点是占有别人的劳动果实！”

“我可不懂那么多。”莉莉有点不耐烦了。

小齐耐心地问：“你说，抢别人的东西是不是‘不劳而获’”

“是的。”

“你说，偷别人的东西是不是‘不劳而获’”

“当然是的。”

“那么，拾到别人的东西据为己有是不是‘不劳而获’呢”

“这，这……当然……”莉莉这时不知道说什么好了，吞吞吐吐地回答着。

看到莉莉已经同意了自己的观点，小齐顺势说：“其实，拾到别人的东西据为己有和偷、抢得来的东西，在‘不劳而获’这一点上是相通的，除了国家法律，我们还应有一定的社会公德，再说我们来的时候，老板都让我们了解了店里工作守则的，其中就有一项：拾到顾客遗失的物品要交还，我们还想在这家店长干下去呢，可不能因为这点蝇头小利丢了工作啊！咱自己想要手机，就要靠自己的能力挣钱买，那样才能用得理直气壮哩！”

在这样的一番劝导后，莉莉主动把手机上交了。

案例中的小齐就是个会说话的人，在她发现好朋友莉莉准备将捡来的手机据为己有的时候，并没有直接追问，让对方承认这是一种错误的行为，而是采用“敲边鼓”的方法，先提出一个看似与“捡手机事件”无关的“不劳而获”的概念，让莉莉明白什么是不劳而获，从而逐渐由大及小，步步推进，最后才切入实质性问题：拾到东西据为己有，同偷、抢一样是“不劳而获”。最后，聪明的小齐又把问题归结到莉莉想把手机据为己有的想法是不正确的，并劝说莉莉可以自己努力工作去买一部手机。小齐的说服可谓是有理有据，莉莉自然也能接受。

可能现实生活中，很多人遇到这种情况，会站出来告诉对方：“你怎么偷人家东西呢？”这样说，虽然出于好意，但无异于打人脸，对方必定不会接受，甚至还会找借口否认。其实，无论是出于什么目的，在探测对方真心的时候，一定要要绕开关键点，因为那个点恰恰是双方冲突的焦点。如果你直奔主题，告诉对方要诚实，这样很容易引起对方的逆反心理，不仅让对方难以接受，还会和你对抗到底，那么，你的劝导工作将会加大难度，甚至根本无法成功，而如果你从侧面引导，一步步地回到你想要了解的关键点上，若是理由充分，别人一般都能接受。

心理智慧

无论你是求人办事还是想结识他人，从正面进攻都无法实现自己的目的时，就不妨用一用“明修栈道，暗度陈仓”的计策，通过另一条途径引起对方注意。当对方的注意力完全被你吸引过来时，你就可以在对方不知不觉之间实现你的最初目标了。

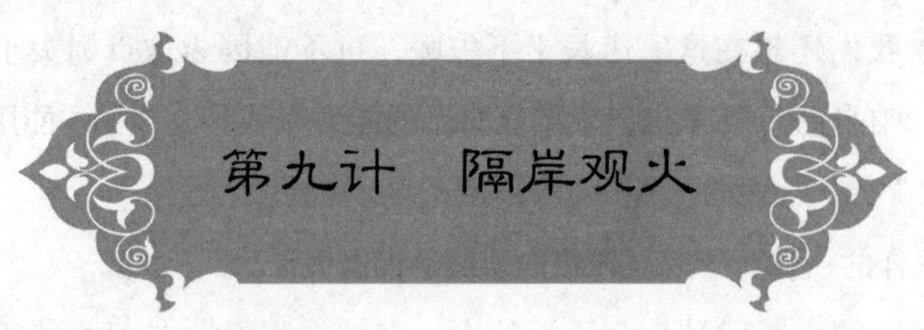

第九计　隔岸观火

计策详解：冷眼旁观，坐收渔利

《三十六计》中的第九计为“隔岸观火”。“隔岸观火”之计，是指根据敌方正在发展着的矛盾冲突，采取静观其变的态度。当敌方矛盾突出，相互倾轧越来越暴露出来的时候，可不急于去“趁火打劫”。操之过急常常会促使他们达成暂时的联合，而增强他们的还击力量。故意让开一步，坐待敌方矛盾继续向对抗性发展，以致出现自相残杀的趋势，就会达到削弱敌人、壮大自己的目的。

本计名最初见于唐代僧人乾康的诗：“隔岸红尘忙似火，当轩青嶂冷如冰。”而其思想，则早见于《战国策·燕策二》“鹬蚌相争，渔翁得利”的故事：蚌张开壳晒太阳时，长嘴鸟去啄它的肉，被蚌夹住了嘴，互相争持不下，结果一起被渔翁捉住了。此计的特点是：以静观变，随变而动，使敌人内部互相残杀，自相削弱。当两股敌对势力相争时，既不援助，也不鲁莽干涉，静观其变化，直到事情发展到有利于自己的地步，才伺机而动，及时出击，坐收渔利。

自古以来，“隔岸观火”成为兵家常用之计。

263年，蜀国被曹魏灭除，这样，三国鼎立的局势瓦解，而成了魏、吴对战的局面。

不久，魏国大将司马炎去魏称帝，改国号为晋。司马炎继续推行统一中国的战略，一方面，他下令在蜀地江岸大造战船、日夜训练水军，为日后同吴国决战做好充分准备；另一方面，他发现，即便现今的晋国已经很强大，但吴国势力依然不可小觑，不可硬碰硬，于是，他决定从长计议，先行观望，再伺机寻找机会。

吴国虽然富足，但在统治集团内部，矛盾逐渐激化、纷争激烈，朝廷大臣各树派系，各拥储君。孙权只得废太子孙和，新立太子孙亮，致使两派的怨恨加深。孙权死后，孙亮即位，孙林派系发动政变，废除了孙亮，孙林即位。孙林死后，经过一番激烈的争斗，孙皓即位。孙皓上任后，大加报复，不惜采用“剥面皮、挖眼睛、灭三族”的残暴手段，铲除过去的反对仇敌，随后又动用大量的人、财、物力，迁都于武昌。最后引起江南民众的起义，又被迫还都。在经历了这一番的内部纷争后，吴国的国力已经大大削弱，士气低落，百姓怨声载道，于是，晋国发现时机一到，遂大举进犯吴国，三个多月后，吴国灭亡，西晋统一了全国，中国又开始了一个新的王朝。

西晋司马炎就是采取“隔岸观火”的计策，分化和削弱了吴国的实力，最终实现统一。

当然，我们还需要明确的是，“隔岸观火”与“趁火打劫”不同。“趁火打劫”是指趁敌人遭遇灾祸、内忧外患之际，趁虚而入，给予打击，因而从中获益。这种方法虽然也是投机取巧，但是若遇上敌人的内部力量还没有消耗殆尽便盲目出击的话，就有可能引火烧身，以致自焚。而“隔岸观火”则是一种更为理智的方法，当敌人遭遇内忧外患之时，并不急着进攻他们，而是先袖手旁观，静待局势发展。等到火势蔓延，敌人的有生力量被消耗得差不多时，再突然发动袭击。这时，即便敌人有心反抗，也已经无力回天了。

实战应用

坐山观虎斗，最后出手

“隔岸观火”这一计策告诉我们，与敌军交战，待到敌军士气弱的时候再进攻。所以，高明的方法不是与强者硬碰硬，而是静观其变。为此，战术上有个“坐山观虎斗”的策略，也就是让高手先进行对决，当他们两败俱伤时，自然就能捡到“现成的便宜”，成为最后的赢家。可以说，这一策略是对“隔岸观火”的极好运用，成语“鹬蚌相争，渔翁得利”，说的就是这个道理。

从前有两个人，他们好打猎，这天，他们还和往常一样来到森林中，却看见两只老虎在吃人肉，其中一个人很是气愤，他迫不及待地要去杀了这两只老虎，而另外一个人则上前制止，并说：“人肉是老虎最爱吃的，现在两只老虎都抢着吃人肉，一定会争得你死我活，力气比较小的那只肯定会被比较强的那只打死。最后，比较强的那只也一定会伤痕累累。等到那时候，我们不用花什么力气就可以把两只老虎都打死，这不是做了一件事就能获得双倍的好处吗？”果然，两个人很轻松地就把两只老虎抓住了。

自古以来，人们就知道“坐山观虎斗”的道理，并且，他们还善于运用这个道理来谋取自己的利益。

在混乱的环境中，置身事外是保护自己的最佳策略。我们都有这样的感悟，在激烈的冲突中，那些没受到波及的，往往是那些置身事外的人。然而，置身事外看似简单，实际上却是高深的智慧。我们若学会了这样的博弈技巧，那么，我们也就学会了从宏观的角度看待事物。事实上，人际较量中，无论你是强势的一方，还是弱势的一方，学会静观其变都是出力最少、获利最大的策略。

当然，我们还要学会的一点是团队协作，绝不可钩心斗角，只有相互信任、一致对外，才能克敌制胜，保存自己。

不得不承认，当今这个时代，每个角落里都散发着竞争带来的紧张气氛。诚然，在你追我赶的现代社会，竞争对于提升自我价值与空间有很重要的作用，人们可以从中发现自己的不足，并以此作为一种前进、努力争取的动力来鞭策自己。然而，这一效果是在良性竞争中才会产生的，恶意的斗争只会两败俱伤。

那么，为什么当人们置身于事件之中时，却还非要与对方争个你死我活呢？事实上，除了那些原则性的问题之外，是没有必要非得争个高下和输赢的。即使你赢了，你也可能失去更多，比如友谊、健康、快乐等。明白了这个道理，面对利益、观点、意见的分歧，我们也就能做到淡定处之，不与人争斗了。

的确，在这样一个竞争激烈的社会中，对于钱财、权威，淡定一点是最明智的生存之法。少说话、多做事、充实内在，你自然能脱颖而出。

可能你会发出这样的疑问，万一对方有意与自己较量又该如何？此时，你不妨装装傻，选择沉默！很简单的一个道理，如果你装聋作哑，别人是不会与你计较的，也就不会产生争斗，因为斗了也是白斗。对方如果还一再挑衅，只会凸显他的好斗与无理取闹，因此面对你的沉默，这种人多半会在几句话之后就仓皇地且骂且退，离开现场，如果你还装出一副听不懂的样子，那么更能让对方败走！

心理智慧

从“隔岸观火”中，我们应该得出两点启示，一方面，我们要善于坐山观虎斗，可以轻轻松松地坐收渔翁之利。对于弱者来说，假如能够制造矛盾，削弱强者的实力，无疑是一种最佳的生存策略。另一方面，我们应该减少与他人的恶性竞争，只有团结协作，才能一致对外。

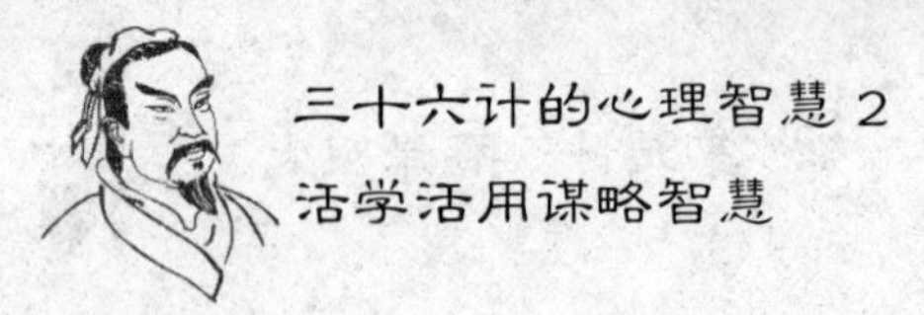

“二桃”为什么能杀“三士”

我们都知道，在人际竞争中，人们都希望自己能获得最大利益，为了获得均等的利益，人们有些时候也愿意求得合作。但事实上，在有限的资源下，大多数情况下是很难存在均衡的资源分配的，此时，人们很可能因为利益的划分等不均而产生矛盾、分歧。相信我们每个人都听说过“二桃杀三士”的故事，三勇士之所以被晏子陷害，从某个角度上来说，就是因为这个原因。

晏子是春秋后期一位重要的政治家、思想家、外交家，晏婴身材不高，其貌不扬，但颇具智慧。

景公时，有三个勇士，名叫公孙捷、田开疆、古冶子。他们都为齐国立有很大的功劳，不把晏子这样的小矮人放在眼里。晏子便去见齐景公说：“我听说贤明的君主收养有勇力的武士，对上讲究君臣的礼仪，对下讲究长幼的人伦道理，对内可以防止强暴，对外可以威慑敌国，君主得益于他的功劳，百姓佩服他的英勇，所以使他们地位尊贵，奉禄优厚。现在君主所养的勇士，对上没有君臣的礼仪，对下不讲长幼的人伦道理，对内不能够禁止强暴，对外不能够威服敌国，这三个人是危害国家的祸害啊，不如除掉他们。”景公说：“这三个人武艺高强，要擒擒不了，要刺刺不中，如何是好？”晏子说：“这三个人都是凭自己的力量攻击强敌的，不懂长幼的礼仪。”于是请求景公派人给他们三人送去两只桃子，让他们论功而食。景公使人馈二桃，因三人分食缺一便说：“三位为什么不计算各自的功劳而吃桃子呢？”

公孙捷仰天长叹道：“晏子，真是个聪明的人！他让景公用这种办法来比量我们的功劳大小。不接受桃子是没有勇气，接受吧，人多桃少，我何不说说自己的功劳来吃桃子呢？我曾有一次空手击杀一只大野猪，一次徒手打死一只母老虎，像我这样的功劳，完全可以独吃一只桃子了。”说完拿过桃子站了起来。

田开疆说："我手持武器曾两次打败敌人三军，像我这样的功劳，也可以独吃一只桃子。"说完也拿过桃子站了起来。

古冶子说："我曾随从国君渡黄河，一头大鼋叼走左骖潜入砥柱山下的激流中。我就一头潜入水底，逆水潜行百步，又顺流而行九里，终于捉住大鼋，把它杀死了。我左手握住马的尾巴，右手提着鼋头，像鹤一样跃出水面，船夫们都说：'这是河神！像这样的功劳，也可以独吃一只桃子吧！二位何不把桃子还回来。"抽出宝剑就站立起来。公孙捷、田开疆一齐说道："我们的功劳不及您，拿走桃子而不谦让，这是贪心；既然这样而又不敢一死，这是没有勇气。"二人都还回手中的桃子，自刎而死。古冶子说："二位都死了，我独自活着，这是不仁；拿话羞辱别人，而夸耀自己的功劳，这是不义。行为违背了仁义，不死，就是怕死鬼。"说完也把桃子交了回来，自刎而死。

孔子在评价晏子这一具体行为时就毫不留情地说："晏子，小人也！"晏婴"二桃杀三士"的故事更是说明晏婴其人不光喜欢作秀，而且还很阴险毒辣。但从另一方面，我们也不得不佩服晏子的智慧，他知道这三位勇士关系深厚，不宜攻破，故而采取用二桃来离间他们之间的关系。

在我们的生活中，也有一些人效仿晏子的手段，他们收买联盟中的一部分人，而冷落另一部分人，把矛盾转移到对方阵营的内部。虽然这是一种玩弄人际平衡、以术代道的小人手段，但确实也体现了纳什均衡的思想。从另一个方面看，一个精密的合作的完成，也是需要有人做出牺牲的，需要我们放下暂时的利益争端，凡事让一步。

心理智慧

如果我们希望避免"三勇士被杀"的悲剧，就应该学会妥协和退让，斤斤计较、太过精明，最终是无法获得人际合作的。

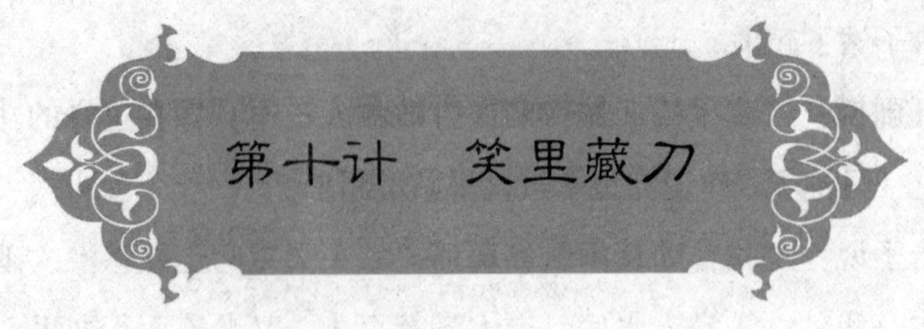

第十计　笑里藏刀

计策详解：别把喜怒哀乐都挂在脸上

《三十六计》的第十计为“笑里藏刀”，比喻外表和气而内心阴险。此计用在军事上，是运用政治外交上的伪装手段，欺骗麻痹对方，来掩盖己方的军事行动。这是一种表面友善而暗藏杀机的谋略。

常言道，害人之心不可有，防人之心不可无。所谓笑里藏刀，在现代社会来说，是要求我们学会掩饰自己的心意，不要轻易被别人识破，这样我们才能更好地保护自己，更好地面对这个社会。

曾经有一名政党的领袖正在指导一位准备参加参议员竞选的候选人，教他如何去获得多数人的选票。这位领袖和那人约定：“如果你违反我教给你的规则，得罚款你十元。”

“行，没问题，什么时候开始？”那人答应。

“现在就开始。我教给你的第一条规则是：无论别人怎么损你、骂你、指责你、批评你，你都不允许发怒，无论人家说你什么坏话，你都得忍受。”

“这个容易，人家批评我，说我坏话，正好给我敲个警钟，我不会记在心上。”

“好的，我希望你能记住这个戒条，这是我教给你的规则当中最重要的一条。不过，像你这种呆头呆脑的人，不知道什么时候能记住。”

“什么！你居然说我……”那个候选人气急败坏。

“拿来，十块钱！”

“哎呀，我刚才破坏了你教给我的戒条吗？”

“当然，这条规则最重要，其余的规则也差不多。”

“你这个骗子……”

“对不起，又是十块钱。”领袖摊开双手道。

“赚这二十块也太容易了。”

“就是啊，你赶快拿出来，这是你自己答应的。如果你不拿出来，我就让你臭名远扬。”

“你这只狡猾的狐狸！”

“对不起，再拿十块钱。”

“呀，又是一次，好了，我以后再也不发脾气了！”

“算了吧，我并不是真的要你的钱，你出身贫寒，你父亲的声誉也坏透了！”

“你居然敢侮辱我的父亲！你这个恶棍！”

“看到了吧，又是十块钱，这回可不让你抵赖了。”

这一次，那位候选人心服口服了。那位领袖郑重地对他说：“现在你总该知道了吧，克制自己的愤怒并不容易，你要随时留心，时时在意，十块钱倒是小事，要是你每发一次脾气就丢掉一张选票，那损失可就大了。”那位候选人彻底服了。

从这个故事中，年轻人应该有所感悟，控制自己的情绪，才会让自己赢得人生的“选票”。戴尔·卡耐基说，“学会控制情绪是我们成功和快乐的要诀。”世界上没有任何东西比我们的情绪更能影响我们的生活了。

如果你不管遇到什么事，都能藏好自己的情绪，然后冷静地处理，定然会为你减少很多不必要的麻烦。

实战应用

为人当喜则喜，要保持率真的心态

生活中，可能我们每个人都被告知，年轻不可气盛，要低调，要懂得隐藏自己，才能保护自己，这也是《三十六计》中“笑里藏刀”一计给我们的启示。诚然，这是我们应该遵循的处世原则，但这并不意味着我们要压抑自己的喜怒哀乐。哈佛大学一位教授曾说过：“我每次都很紧张，因为我害怕被发现一些内心的感受，却被自己搞得很累，学生们也很累，我极力想表现自己完美的一面，争取做个‘完人’，但每次都适得其反。其实，打开自己，袒露真实的人性，会唤起学生真实的人性。在学生面前做一个自然的人，反而会更受尊重。”的确，人无完人，追求完美固然是一种积极的人生态度，但如果过分追求完美，而又达不到完美，就必然会产生浮躁。过分追求完美往往不但得不偿失，反而会变得毫无完美可言。

从心理学上来讲，任何人都喜欢听好话，没人愿意听假话。事实证明，现实生活中，人们更愿意与那些做人做事光明磊落、真性情的人交往。而对于那些苛求完美、从不显露自己的脾气和秉性的人，人们则敬而远之。因为人们都知道，“金无足赤，人无完人”，那些“趋于完美”“毫无瑕疵”的人虽然在为人处世上并未有多少过错，但未免显得不够真诚；他们虽然优秀，但不可爱。为此，现实生活中，与人打交道，我们一定要做到真情流露，说真话、做真事，有情绪也不要刻意压抑。我们不妨先来看看下面的职场故事：

萧红是一名广告公司的职员，这家广告公司在业界享有盛誉。其实，当初萧红和众多职场新人一起挤破了脑袋进了这家公司，也并不是因为薪水高，而是因为她觉得自己需要磨炼，需要一个地方增长自己的能力，而这家实力雄厚的公司就成了她的首选。

但实际上，和任何员工一样，萧红对高薪水也是充满向往的。她知道，公司每个人的薪水都是不同的，而她是一名刚走出校门的学生，又没有工作经验，在这里的薪水自然是最低的。但萧红相信，总有一天她会一点点将自己的薪水提高，于是，她一直埋头工作着，并未显示出自己对薪水的不满。

有一天，当她正在食堂和同事们一起吃饭的时候，一个五十岁左右的老人端着饭坐在了萧红的旁边，萧红也觉得奇怪，她并没有见过这个老人。

老人主动找萧红说话："小姑娘，在这上班没多久吧，习惯吗？"

一看老人这么和蔼，萧红也不好拒绝，就聊了起来："挺好的，同事之间也都相处的很好。只是……"

"只是什么？"老人好奇地问。

"工资太低了，都不够我一个月生活费！"萧红见是个陌生人，领导又不在，也就脱口而出了。

"是吗？"

"是啊，不过其实也没什么，大家的标准都是一样的，我目前还没有资历拿高工资，因为在这里，都是为工作而来的，我们不能一味为工资而工作，而是为了要提升自己的能力，提升工作的质量。"萧红一口气说完了这些。

老人听完笑了笑。等老人走后，有个主管跑过来对她说，那个老人是集团的董事长，萧红觉得自己惹麻烦了，急得像热锅上的蚂蚁，但是急也没用了，只能等待"死讯"的来临。

但奇怪的是，萧红并没有收到解雇的通知，反而第二天，经理召开了会议，公司大大小小员工都参加了。会上，萧红又看见了那个老人，老人说："直到昨天，我才知道，原来这些年来公司员工的薪资水准还停留在五年前，这明显是不合理的嘛，怎么一直没人跟我说？幸亏昨天有个年轻人跟我说了这些。"萧红当时很害怕，以为董事长要在会上当面批评自己，结果原来是夸奖自己，后来，董事长宣布大家都提升一个工资水准，就这样，萧红成了公司的大功臣。

故事中的新员工萧红可以说是歪打正着，本来在公司谈薪水是很忌讳的事，但她一番无心的话却让自己涨了工资，还成为同事眼中的"功臣"。但我们发现，虽然讲的是一些脱口而出的话，并未进行深入思考，但是却深得人心，领导听了也能欣慰地接受。

心理智慧

每个人在生活中都有自己的位置，每个人都扮演着不同的角色，在自己的世界里，我们是主角，在别人的世界里也许只是龙套。当喜则喜，活出真正的自己，坦然面对生活给予的一切，不要让苛求完美的心，使生活失去原本的真实。

身处职场，远离笑里藏刀的小人

现代社会，人际间的竞争越来越激烈，在这样的大环境下，并不是每个人都愿意采取公平竞争的方式方法。职场中，也就是有那么一些人，在与人交往的时候，心怀鬼胎、作风不正、行事诡诈，冷不防就会对那些有损他们利益的人要点手段，让人防不胜防，对于这样的人，我们做不到处处提防，但可以退避三舍。

职场中的人们，你要记住，无论在工作中还是生活中，你可以保证自己做人做事光明磊落，但不能保证别人也是如此。因此，你唯一可以做的就是绷紧防范的弦，才能让自己有效地减少危险。

可能很多刚踏入职场的新手们都会遇到这样的问题：那些前辈们一个个都对自己礼貌有加，为了能加深与前辈们的关系，你会主动将自己的一些小秘密与他们分享，你满以为自己已经在职场交到了真正的朋友，可是，似乎升职、加薪都与你无缘；你满以为自己努力不够或者是运气不好，于是，即使你心存疑虑，但还是一直努力地工作着……但事实上，你根本没想到，是那些你所谓的"朋友"和"前辈"绊了你一脚。大多数在职场栽跟头的人都是因为没有避开这些"小人"的暗算。

我们来看看琳琳的职场心酸经历：

琳琳是一个单纯漂亮的女孩子，曾就读于一所比较出名的美术学校，毕业后，她被一家艺术设计公司聘用，具体工作是给舞台礼服设计花样图案。但她的老板却是个抠门的人，每天都会看着办公室的员工们干活，看见谁偷懒，就会苛扣工资，而他给琳琳的工资每月只有1700元，除掉房租勉强只够吃饭。因此，琳琳并不能像其他女孩一样可以大手大脚地花钱，即使想约朋友，也是把他们带回家里来，然后亲自下厨弄菜招待。

琳琳刚来公司的时候，认识了一个比她稍长一点的姐姐，因为在同一个学校毕业，而那位同事比她资深，算是个小领导，平时在公司也算对琳琳照顾，所以琳琳就死心塌地对人家好。

有一天，那位女同事因为和男友分手，心情不好，看到琳琳在工作，便不分青红皂白地把琳琳骂了一通，琳琳虽然也生气，但知道原因后，从那位同事的角度想想后，也就原谅了她。次日，她还是满脸微笑地和那位同事打招呼，就当作什么也没发生过。

而那位女同事压根儿就是个小人，看见琳琳没有生气，反倒觉得奇怪："我这么对她，她居然没有一点记恨的表现，肯定是装的！"于是，这个女同事就心生恨意，准备先下手为强，将琳琳赶出公司。终于，她等到了机会。

不久两人去外地出差，客户选中了琳琳设计的几个方案，却没有挑中那位同事的任何一个。琳琳还好心把样稿让一部分给那位同事做，没想到对方压根不念好，更对琳琳记恨在心。

第三天，琳琳被公司一个电话提前召回，等待她的是放在桌子上的辞退通知信。她流着眼泪读信，感觉自己是不明不白地被辞退的。后来，有个心眼好的同事告诉她，原来是那位女同事在老板那儿说了坏话，说琳琳在外出差不好好干活，设计的图案一幅没被选中，还抽空溜出去玩。老板当场大怒，下令把琳琳立刻开除，其他人怎么劝也没用。

这时，琳琳才知道原来自己是被陷害了，还是被自己一直信任的人，她真是哭笑不得，她也不想解释太多，就收拾东西离开了公司。

琳琳的那位女同事，可以说简直是一个现代版的“以小人之心度君子之腹”的小人，这样的小人生活中自然不少。其实，琳琳落得如此悲惨的下场，也与她自己交友不慎有莫大的关系，她错就错在太善良，对人不留一手，把饿狼当知己，到头来还被饿狼咬了一口。在与那位同事共事的过程中，琳琳早该看出来她是个嫉贤妒能、心术不正的小人。这种人，无论你如何对她掏心掏肺，她都不会念你的好，反而认为你是假作好心。职场如战场，在面对竞争和利益的时候，你不懂得保护自己，不懂得趋利避害，你的路将会走得很辛苦，像琳琳那样，试图委曲求全、夹缝里求生存，依然会被人排挤。

心理智慧

笑里藏刀的小人一般都工于心计，和别人交往时，他们往往把自己真实的一面隐藏起来。交往中遇到这样的人，切记不要让他们知道你的秘密和底细，更不要为他们所利用，或一不小心陷入他们的圈套之中。

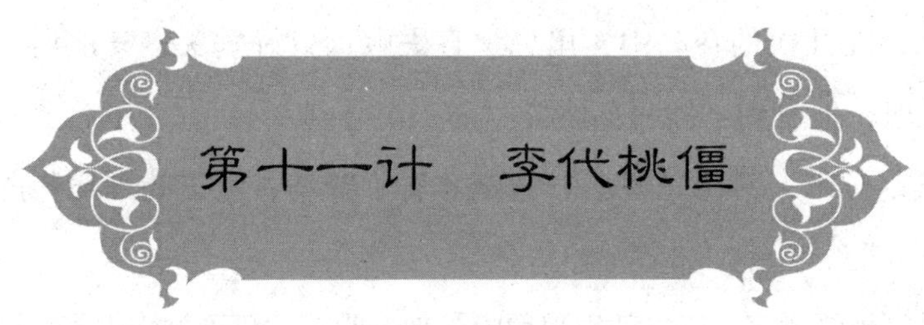

第十一计　李代桃僵

计策详解：眼光长远，用小的代价换取大的胜利

《三十六计》中的第十一计为“李代桃僵”。所谓李代桃僵，意思是用李树代替桃树而死。僵，就是枯死的意思。这个词语的本意是用来比喻兄弟之间彼此爱护，互相帮助。后来，用以比喻互相顶替或者代替别人受过。南宋郭茂倩《乐府诗集·鸡鸣》记载：“桃在露井上，李树在桃旁，虫来啮桃根，李树代桃僵。树木身相代，兄弟还相忘！”后人们把这个计谋用在军事上，指在敌人处于优势、我方处于劣势的情况下，或者是在敌我双方势均力敌的情况下，为了换取大的胜利而付出小的代价。会下象棋的人都知道“舍车保帅”战术，李代桃僵与之有很大的相似之处。

后来，人们把这种计谋运用于生活和军事之中，取得了很多令人啧啧称奇的结果。

齐国的大将田忌有个爱好——赛马。

一天，他与齐威王相约，要来一场比赛。按照约定好的，他们各自的马，要被分成上、中、下三等。比赛的时候，要上马对上马，中马对中马，下马对下马。由于齐威王每个等级的马都比田忌的马强一些，所以比赛了几次，田忌都失败了。

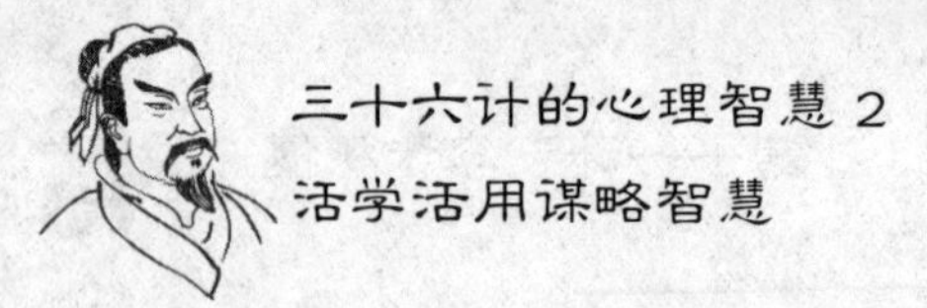

后来，在几次的赛马中，田忌一直失败，只好垂头丧气地离开马场。而就在此时，他看到了好朋友孙膑。

孙膑走过来，对田忌说："我刚才看了赛马，威王的马比你的马快不了多少呀。"

还没等孙膑说完，田忌就狠狠地瞪了他一眼："想不到你也来挖苦我！"

孙膑说："我不是挖苦你，我是说你再同他赛一次，我有办法让你赢了他。"

田忌疑惑地看着孙膑："你是说另换一匹马来？"

孙膑摇摇头说："一匹马也不需要更换。"

田忌毫无信心地说："那还不是照样得输！"

孙膑胸有成竹地说："你就按照我的安排办事吧。"

齐威王屡战屡胜，正在得意扬扬地夸耀自己马匹的时候，看见田忌陪着孙膑迎面走来，便站起来讥讽地说："怎么，莫非你还不服气？"

田忌说："当然不服气，咱们再赛一次！"说着，将一袋银子丢在齐威王面前，齐威王见状，知道田忌是要来真的了，然而，也心中窃喜，因为他认为自己是必胜无疑。接下来，他吩咐手下，把前几次赢得的银钱全部抬来，另外又加了一千两黄金，也放在桌子上。齐威王轻蔑地说："那就开始吧！"一声锣响，比赛开始了。

孙膑先以下等马对齐威王的上等马，第一局田忌输了。

齐威王站起来说："想不到赫赫有名的孙膑先生，竟然想出这样拙劣的对策。"孙膑不去理他。接着进行第二场比赛，孙膑拿上等马对齐威王的中等马，获胜了一局。齐威王有点慌乱了。

第三局比赛，孙膑拿中等马对齐威王的下等马，又战胜了一局。这下，齐威王目瞪口呆了。

可想而知，比赛的结果是三局两胜，田忌赢了齐威王。还是同样的马匹，由于调换一下比赛的出场顺序，就得到转败为胜的结果。

孙膑为田忌设计的赛马计谋之所以能够获得成功，是因为他虽然主动放弃了第一局的取胜机会，却发挥了田忌所保存的后两局的优势，战胜了齐威王后两局的劣势，最终赢取了胜利。和第一局失败的代价比起来，全局的胜利显然是更加重要的。

生活中，我们有很多时候都面临着选择，更无法获得全面的胜利，这个时候，在权衡比较之下选择以较小的代价获得全局的胜利，无疑是非常高明的计策。

实战应用

鱼与熊掌不可兼得，学会舍弃

通过前面的分析，我们了解到，“李代桃僵”告诉我们，要懂得舍弃眼前小的利益，付出小的代价，以此获得更长远的胜利。同样，在我们的人生路上，面临选择，我们也要懂得取舍。

的确，很多时候，我们遇到的选择都是非常具有诱惑力的，但不能同时拥有。在鱼与熊掌的选择中，我们往往会斤斤计较，患得患失，优柔寡断。由于在矛盾中停留太久，什么都想得到，最终却什么都没得到。

生活的辩证法就是如此。我们知道，有得就有失，有失也有得，得与失是矛盾的统一体。在鱼和熊掌不可兼得时，你必须有取有舍。取就必须舍，舍了才能取。例如，要成功就必须放弃享乐；选择家庭的同时就得放弃单身生活的很多自由空间；选择内心平静的同时就得放弃对权力和金钱的角逐。

鱼和熊掌皆我之所爱，放弃鱼或放弃熊掌当然都会很痛苦，但只有果断地放弃其中之一，才会拥有其中之一。只有做出选择，才不致于什么都得不到。

当必须拿定主意的那一刻，你会犹豫彷徨、无所适从吗？关键处、紧要时，你能当机立断、正确选择吗？有这样两个很有趣的故事：

之一：一头驴子饥饿难耐之时，突然发现面前有两捆青草，这两捆青草简直一模一样，一样大小，一样鲜嫩。驴子想："吃右边的吧，可是会失去左边的，可是要是吃左边的，没准儿右边的又会被人拿走。"就这样，驴子哪边的也舍不掉，只好站在两捆青草中间进行着心理大战，直到眼睁睁地饿死在两捆青草中央。

之二：在仙雾缭绕的山中，有一位仙子，她有伟大的神力，可以决定什么花开成什么颜色、什么样子。

有一朵蓓蕾，它非常美丽，很受仙子喜爱，仙子给了它优先选择颜色的特权。然而，令仙子失望的是，蓓蕾因为选择太多，又一直拿不定主意。在花季过了之后，仙子在山谷中发现了她——一朵未及开放便枯死了的蓓蕾，只是因为她选择太多却始终无法作出选择。

人的一生中，总要面对各种选择。很多时候，还必须对遇到的多种可能做出单项选择。例如：未婚时遇到了两个以上令自己心动的异性；有了幸福家庭后却又发现了让自己更为心仪的目标；毕业生选择就业时遇到两份同样待遇丰厚、前景良好的工作；购物时，琳琅满目的商品哪样都令人爱不释手，等等。当遇到多个选项，鱼和熊掌又不可兼得的时候，你有能力和魄力作出明智正确的抉择吗？

选择是一门看似简单却十分有讲究的艺术。人的一生，就是一个不断进行选择的过程。选择的正误和效率，是一个人价值取向、思想水平、道德意识和判断能力的综合反映。

有选择就必须要放弃，而放弃对每一个人来说，都有一个痛苦的过程，因为放弃，意味着永远不再拥有。但是，不会放弃，想拥有一切，最终你将一无所有，这是生命的无奈之处。如果你不放弃眼前的热烈，就无法享受花前月下的温馨……生活给予我们每个人的都是一座丰富的宝库，但你必须学会放弃，选择适合你自己应该拥有的，否则，生命将难以承受！

生活中，每个人都有着不同的发展道路，面临着人生无数次的抉择。当机会接踵而来时，只有那些树立远大人生目标的人，才能作出正确的取舍，把握自己的命运。树立了远大目标，面对人生的重大选择就有了明确的衡量准绳。孟子曰：舍生取义。这是他的选择标准，也是他人生的追求目标。

有时候，我们选择的似乎只是如何处理问题的方式方法，实际却也是在对自己的人品、人格作出选择。选择必须考虑到社会效益，不能因一时之快或蝇头小利而失去做人的道德、良心和他人的信任。

总之，社会大舞台上，每个人都是自己生活和生存方式的编导兼演员，只有学会正确地进行选择，有所为，有所不为，才能演绎出精彩的人生喜剧。

心理智慧

在我们的一生中，最重要的是学会舍弃，因为和得到比起来，舍弃才是更为艰难的。只有学会舍弃，我们的人生才能在得失之间更加从容淡定，豁然开朗。

破釜沉舟，置之死地而后生

曾经在一篇文章中有着这样一段话：当面对一堵很难攀越的高墙时，不妨把你的帽子扔过去，然后你就不得不想尽一切办法翻过高墙到那边去了。“把自己的帽子扔过墙去”，这就意味着你别无选择，为了找回自己的帽子，你必须翻过这堵围墙，毫无退路可言，这就是绝不找借口，这就是给自己施加压力，让自己永远不要有退缩的念头，去战胜困难，争取成功。

同样，在人生路上，在追求目标的过程中，我们也应该有破釜沉舟的决心，摆脱借口，才能置之死地而后生。

有一个乡下人在山里打柴时，拾到一只很小的、样子怪怪的鸟，他就把这只怪鸟带回家和鸡一起养。后来人们发现那只怪鸟竟是一只鹰。时间久了，村里的人们对于这种鹰鸡同处的状况越来越害怕，人们一致强烈要求：要么杀了那只鹰，要么将它放生。这一家人自然舍不得杀它，他们决定将鹰放生，让它回归大自然。然而他们用了许多办法都无法奏效。后来村里的一位老人说：把鹰交给我吧，我会让它重返蓝天，永远不再回来。老人将鹰带到附近一个最陡峭的悬崖绝壁旁，然后将鹰狠狠向悬崖下的深涧扔去，如扔一块石头。那只鹰开始也如石头般向下坠去，然而快要到涧底时它终于展开双翅托住了身体，开始缓缓滑翔，然后轻轻拍了拍翅膀，飞向蔚蓝的天空，它越飞越自由舒展，越飞动作越漂亮，这才叫真正的翱翔，蓝天才是它真正的家园啊！

事实上，人在绝境或没有退路的时候，最容易产生爆发力，展示出非凡的潜能。任何一个成功者都具有非凡的毅力，如果你想在最恶劣、最不利的情况下取胜，最好把所有可能退却的道路切断，有意识地把自己逼入绝境，只有这样才能保持必胜的决心，用强烈的刺激唤起那敢于超越一切的潜能。

然而，无论在生活中还是工作中，我们总是能看到一些人在为自己找借口：

“因为我资源不足，所以我做不了。”

“我没有完成这些工作，是因为这段时间太忙，毕竟我是一个人，不是机器。”

“我做错了，但是大家不都是这么干的吗？”

“我没有去克服困难，因为我从来没有过这方面的培训。”

“如果其他人更好地配合我的话，我想我会做得好些。”

……

借口无所不在。借口变成了一面挡箭牌，事情一旦办砸了，他们就能找出一些冠冕堂皇的借口，以换得他人的理解和原谅。找到借口的好处是能把自己的过失掩盖掉，心理上得到暂时的平衡。但长此以往，因为有各种各样的借口可找，人就会疏于努力，不再想方设法地争取成功，而把大量的时间和精力放在如何寻找一个合适的借口上。

对此，你必须要明白，要做个成功的人，就必须要有成功的心态：不为自己找任何借口退缩，而是勇敢向前。

首先，我们要摆正态度，把责任心放在第一位。的确，没有人愿意主动失败或者出错，这也是很多人的借口。但一个对待工作不细心、不认真的人，又怎么能够把工作完成得圆满出色呢？也就是说，不管你做什么事，摆正态度，才能减少失败出现的可能。

另外，不要试图让别人为你承担失职的责任。有些不负责任的人在出现问题时，首先考虑的不是自身的原因，而是把问题归罪于外界或者他人。这样的做法，不仅会让你养成推脱责任而不是找解决问题的方法的习惯，还会影响你的人际关系。

总之，如果你有找借口的习惯，那么请彻底把借口从你人生的字典中永远剔除。不要再做只想“如果”的人，而是做一名只想“如何”的人。“如果”和“如何”虽只是一字之差，却代表两种迥然不同的态度，“如果”只会让你推脱责任，逃避困难；而“如何”是一种积极的思维方式，会让你从失败中找根源，会积极寻找更有效的办法和措施来解决问题。

心理智慧

有时候，过多地选择，可能会蒙蔽我们的双眼，让我们心存侥幸。而没有路，也许能帮助我们找到更好的出路，使我们的人生走出一片光明。当我们觉得没有更好的选择时，不如切断自己的一切后路，使自己勇敢地在荆棘中走出属于自己的人生之路。

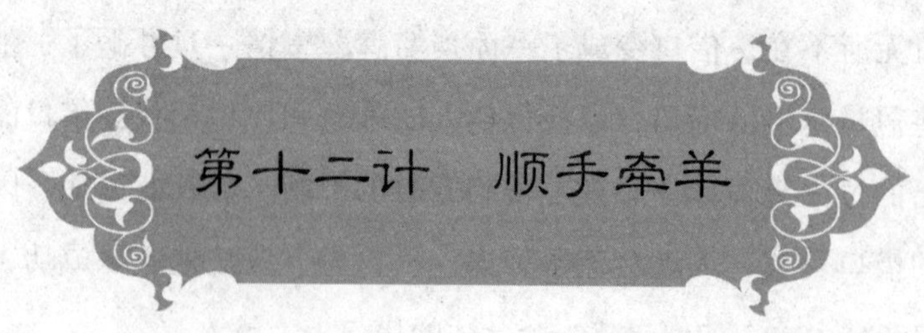

第十二计　顺手牵羊

计策详解：抓住对方的弱点，一招制敌

《三十六计》中第十二计为“顺手牵羊”。所谓顺手牵羊，意思是说要看准敌方在移动过程中出现的漏洞，抓住敌方无意间暴露出来的薄弱点，乘虚而入，最终获取胜利。古人云：“善战者，见利不失，遇时不疑。”这句话的意思是说要捕捉转瞬即逝的战机，趁着难得的机会为自己争取利益。可以说，顺手牵羊是击败敌人的最上等策略——不战而屈人之兵，在不伤一兵一卒的情况下获得战争的胜利。历史上著名的淝水之战就是孙子这一谋略的典型应用。

东晋时代，秦王苻坚控制了北部中国。公元383年，苻坚率领步兵、骑兵90万，攻打江南的晋朝。晋军大将谢石、谢玄领兵8万前去抵抗。苻坚得知晋军兵力不足，就想以多胜少，抓住机会，迅速出击。

谁料，苻坚的先锋部队25万在寿春一带被晋军出奇击败，损失惨重，大将被杀，士兵死伤万余。秦军的锐气大挫，军心动摇，士兵惊恐万状，纷纷逃跑。此时，苻坚在寿春城上望见晋军队伍严整，士气高昂，再北望八公山，只见山上一草一木都像晋军的士兵一样。苻坚回过头对弟弟说：

“这是多么强大的敌人啊！怎么能说晋军兵力不足呢？”他后悔自己过于轻敌了。

出师不利给苻坚心头蒙上了不祥的阴影，他令部队靠淝水北岸布阵，企图凭借地理优势扭转战局。这时晋军将领谢玄提出要求，要秦军稍往后退，让出一点地方，以便渡河作战。苻坚暗笑晋军将领不懂作战常识，想利用晋军忙于渡河难于作战之机，给它来个突然袭击，于是欣然接受了晋军的请求。

谁知，后退的军令一下，秦军如潮水一般溃不成军，而晋军则趁势渡河追击，把秦军杀得丢盔弃甲，尸横遍野，苻坚中箭而逃。这就是历史上以少胜多的著名战役——淝水之战。

淝水之战出自《晋书·苻坚载记》。在这场战役中，很明显，刚开始双方兵力悬殊，秦军实力突出，而晋军远不如秦军，但晋军大将谢石、谢玄却略施小计就让对方不战而逃，最后大获全胜。

其实，不仅仅是在战争中，即使在生活中，也有很多顺手牵羊的机会。当然，机会不是平白无故地从天上掉下来的，只有那些细心的、善于寻找和发现的人，才能得到更多的机会，不放弃任何微小的利益。在保证不会因小失大的情况下，小的利益也是利益，也是我们应该争取的，为什么要白白放弃呢？要知道，只有细小利益的累积，才能积聚起大的利益。

实战应用

要攻“城”先攻“心”

“顺手牵羊”这一计策告诉我们，当你面对劲敌时，硬攻不一定是最好的方法。要打败对手，就要找到其心理软肋，攻城先攻心，也就是给对手一个出其不意，对手必定毫无招架之力。

顺手牵羊的计策告诉我们这样一个道理：即使是再强大的英雄，也有致命的死穴或软肋，即使再理性的人，在较量中，也不可能做到绝对的理性，人不是机器，只要我们细心留意，就能发现蛛丝马迹。

第二次世界大战结束前夕，美军和日本的两支军队在太平洋的一个小岛上发生了一次争夺战。

日方的军队很精明，他们先在这座小岛上修建了很多地堡，而这些地堡大多建筑在熔岩之下，因此，坚固无比，美军根本无法攻进去，这让美军感到很无奈。

这时，一个工程技术员献计说："我相信，再坚固的地堡都是有弱点的，只要我们找到它们的弱点，我们就能想办法攻进去，那样，我们就成功了。"

第二天，美军一改以往的作战方法——他们不再进行炮击，而是把这些火力器械改为推土机，当这些推土机出现在地堡前的时候，日方军队都愣住了，他们完全以为美军研发出来了一种新型武器，而当他们回过神来的时候，美军的推土机已经将所有的地堡通道口堵死了。

原来，这位工程技术人员只是转换了一种思维方法，既然无法攻进去，那么，就让这些日本人出不来。于是，美军采纳了他的建议，用坦克把事先搅拌好了的快速凝结的水泥推向地堡的通道。很快，这些水泥在被倒入通道口之后就凝结住了，日军很快就失去了抵抗之力，美军终于夺得了该岛。

这里，我们不得不佩服这位工程技术人员的智慧，他就是从反方面考虑，找到了日军碉堡的弱点，然后乘其不备攻破对手。因为，对手的弱点就是取得胜利的突破口。其实，现实生活中，我们在与对手较量的过程中，也可以采用这一方法，因为即使再强大的人，也有其弱点。

中国人常说"以弱制强"。很多人输给对手，并不是因为对手比自己强大，而是败在自己的弱点上。当我们的软肋被对手掌握后，就意味着对方掌握了主动权。

当今社会，竞争之激烈早已毋庸置疑，我们若想打败我们的竞争对手，也要掌握一些心理技巧，找到对方的要害，乘胜出击，就能始终立于不败之地。

我们可以说，任何一场对手之间的较量，打的就是一场心理战。双方都不愿意充当傻瓜。为此，对手往往会隐瞒自己的真实意图和需求以求占据有利地位。而我们若要想顺利达到自己的目标，就要先摸清对方的底细，只有这样，在较量时我们才能胸有成竹。

那么，我们该运用怎样的心理策略呢？

第一，先收集资料，资料收集得越详细越好；

第二，仔细研究资料，找到对方的弱点和长处；

第三，掌握好时间，尽量在对手毫无察觉的情况下迅速出手，给对方一个措手不及。

总之，我们需要记住的是，我们生活的任何一个环境中，都是存在竞争的，要想打败别人，必须要多动脑筋，善于抓住他人的软肋，这才是制胜的良方。

心理智慧

每个人都会有弱点，利用敌人的弱点就能多一分胜算。为此，我们在较量之前，一定要做足准备，找到对方的弱点，并克服自己身上的弱点。

知己知彼，百战不殆

自古以来，所有的战斗中，成功者之所以成功，就是因为了解对手，

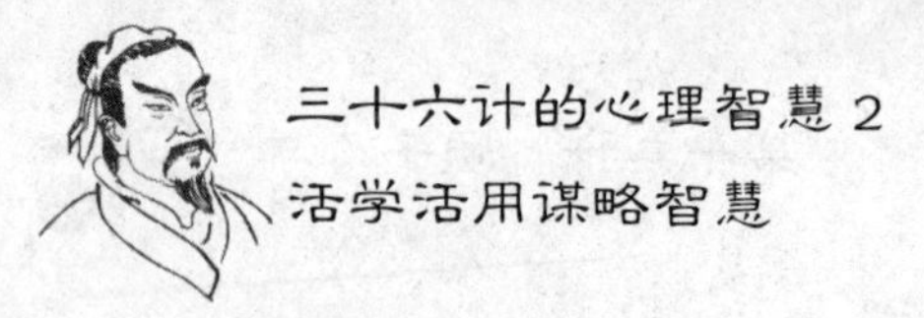

而失败者之所以失败，重要原因之一就是对对手的忽视和轻视。的确，在现代的交涉中，强中自有强中手。较量，打的就是一场心理战。我们只有洞悉对手的情况，找到对手的弱点，才能一出手就所向无敌。从下例印度画商与美国画商的较量中，我们可以得到很好的启示。

这天，在一间比利时的画廊里，发生了这样一件事，引来很多人观看。

买卖双方分别来自美国和印度，这位印度商人对于自己的其他画都开价在10美元左右，唯独对这个美国人看上的几幅画要价在250美元，这让这个美国人感到很苦恼。于是，他决定还价看看。

谁知道，就在美国人提到画太贵了时，印度商人突然来了气，将自己的一幅画当场烧掉了。这让美国人很心疼。于是，他好言相劝，希望接下来的几幅画能便宜些，但他哪里料到，印度人居然又烧掉了一幅。

最终，这个爱画如命的美国人再也沉不住气了，最后只好乞求画商不要烧掉这最后的一幅画，愿意将它买下来。

印度商人为什么会烧掉自己的画？难道他不觉得可惜？其实，他所做的这些，都是有备而来的，他早已看出了这个美国人爱画如命的心理弱点。果然，最终这个美国人还是乖乖地付了原来的价钱买下了画。

同样，现代社会，在与对手较量的过程中，我们也必须谨记这一点。以谈判为例，在这个商业社会的信息时代，我们时时刻刻都面临着形形色色的谈判。古人云："天外有天，山外有山。"等到真正谈判开始，就进入心理角力战。任何一个谈判者都不愿充当傻瓜，双方获胜谈判的出发点是在绝对不损害他人利益的基础上，取得自己的利益。只有这样，在谈判桌上，我们才能底气十足地说话，才能在谈判过程中有的放矢。

20世纪80年代，我国曾与突尼斯SIAP公司的商务代表、技术代表关于在我国兴办化肥厂的有关事项进行谈判。中突双方都非常重视这个建设项目，双方完成了可行性研究报告，经有关人员的反复论证，选择了具有优越港口条件的秦皇岛市作为建厂地点。可行性研究报告刚刚结束，科威特石油化学公司得此消息，便立即表态，愿参与此项目，与中方合资办厂，并派出了谈判代表。

可是，出乎意料，在谈判中一开始，对方听了我方介绍完该项目的前期工作，果断表示："厂址选在秦皇岛不合适，你们所做的一切工作都是毫无用处的，要从头开始！"这话无异于晴空霹雳，一时难以提出反驳意见，谈判陷入僵局。我方一代表却猛地起身发言："我们为了建设这个化肥厂，安置了……看来这事项要无限地拖延下去了，那我们也只好把这块地让出去！对不起，我还有别的事情需要料理，我宣布退出谈判，今天下午我等候你们最后的决定！"三十分钟后，情势急转直下，对方表态："快请代表先生回来，我们强烈要求迅速征用秦皇岛的厂地！"

谈判最终取得成功的秘诀在于，我方代表抓住了对方的"软肋"，他们不敢真正地舍弃秦皇岛这个占据优势的地理位置，当我方代表说"那我们只好把这块地让出去了"的时候，一下子击中了对方的要害，令其不得不降服于自己。

在人际交往中，我们要善于抓住对方的"弱点"，即软肋。在某些时候，只要抓住了对方的这些弱点，就会使他们不得不听命于你的安排。当然，当我们想办法抓住对方软肋的时候，还应该避免对方抓住自己的软肋。

心理智慧

知己知彼，百战百胜，与对手的较量更是如此，要想掌控整个局势，我们最好多做准备工作，多观察和了解对手，摸清对方的底细，我们再较量时才更有把握！

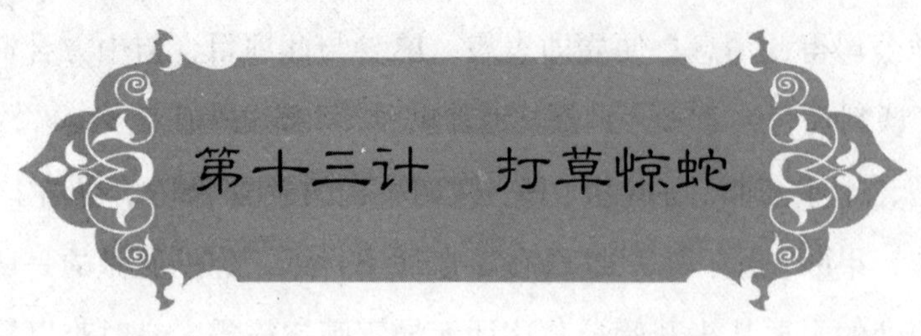

第十三计　打草惊蛇

计策详解：巧妙制造风吹草动，洞察世事识人心

所谓打草惊蛇，本意是说因为打草而惊动了隐藏在草丛里的蛇。作为《三十六计》之一，打草惊蛇是一种谋略，这一谋略告诫指挥者，进军的路旁，如果遇到险要地势，坑地水洼，芦苇密林，野草遍地，一定不能麻痹大意，稍有不慎，就会“打草惊蛇”而被埋伏之敌所歼。可是，战场情况变化多端，有时己方巧设伏兵，故意“打草惊蛇”，让敌军中计的战例也层出不穷。

详细来说，打草惊蛇这个计谋可以从两个方面理解，一方面指的是不要对隐蔽很深的敌人轻易采取措施，以免被敌方发现我军的意图，从而占据主动；另一方面指的是在战争中采取佯攻、助攻等方法“打草”，故意惊醒敌人，让敌人采取行动，而我方则事先埋伏，一举歼灭敌人。

关于打草惊蛇，历史上流传着一个典故，发人深省。

南唐时候，在当涂县（现安徽省马鞍山市下辖的一个县），有个县令叫王鲁。此人是个典型的贪官，可谓见钱眼开、财迷心窍，他认为有钱能使鬼推磨，只要有钱，他就能不顾是非曲直，颠倒黑白。在他做当涂县县令的时候，干了许多贪赃枉法的坏事。

在这个贪官的辖区内，几乎大大小小的官吏，个个也都贪赃枉法，一个个都明目张胆地干坏事，他们搜刮民脂民膏，让当地老百姓苦不堪言。无奈，天高皇帝远，谁也拿这些贪官污吏没有办法。

一次，适逢朝廷派员下来巡察地方官员情况，当涂县老百姓认为此时就是扳倒这些贪官的最好时机，于是，大家联名写了状纸，将官员的罪行一并列举了出来。

然而，状子首先递送到了县令王鲁手上。王鲁拿起状纸，大致浏览了一遍，这一看，他自己也吓得直打哆嗦，因为状纸上列举出来的这些罪行，他自己每一样都干过。

状子虽是告主簿几个人的，但王鲁觉得就跟告自己一样。他越想越感到事态严重，越想越觉得害怕，如果老百姓再继续控告下去，马上就会控告到自己头上了，这样一来，朝廷知道了实情，查清了自己在当涂县的胡作非为，自己岂不是要大祸临头？

王鲁想着想着，惊恐的心怎么也安静不下来，他不由自主地用颤抖的手拿笔在案卷上写下了他此刻内心的真实感受："汝虽打草，吾已惊蛇。"写罢，他手一松，瘫坐在椅子上，笔也掉到地上去了。

那些干了坏事的人常常是做贼心虚，当真正的惩罚还未到来之前，只要有一点什么声响，他们也会闻风丧胆。

同样，现代社会生活里充满阴谋诡计，像草丛中潜伏下来的毒蛇，时不时地有无辜者被伤害，正直者遭打击，只有阴谋被事先探明与揭露，才能保护无辜者与正直者。探明与揭露阴谋的最好方式，往往是打草惊蛇。大多数搞阴谋的人，和做贼一样，心是虚的，只要我方一方面虚张声势，另一方面谨慎防范，就可以使其终止阴谋，或者暴露阴谋，并打击阴谋者。

实战应用

心明眼亮，了解他人的真实意图

我们都知道，人都是善于伪装的动物，每个人都生活在一个伪装的世界里。无论我们接受与否，这一点都是客观存在的。在现实生活中，每个人都扮演着不同的角色，随着对象的不同，其角色与言行也是不同的。如何才能揭开对方的真面目？这就需要一定的洞察力，看透其表面的面具，洞悉对方的真实意图。通过其不经意表露出来的言行、神态，窥探其真面目。识人心最关键的一点就是你能够看出对方是如何掩饰自己的，所谓透过现象看本质，只要你具备一定的洞察力，就能够从对方的言行中窥出端倪、看出破绽了。

第二次世界大战期间，法国某谍报机关抓获了一个自称是农民的人。为了搞清楚他的身份，谍报机关派出一名军官对其审问。

这位军官是聪明的，可能是职业敏感，他总是觉得这个农民就是德国间谍，但一时间找不到证据，为此，他准备采取一些方式激怒这个农民。

审讯开始时，军官首先让农民数数，农民用法语流利地数着，没有露出丝毫的破绽。过了一会儿，这名军官派人在屋外当场击毙了一个德国间谍，并用德语大声喊："他罪有应得。"面对这种情况，如果农民听得懂德语，那么，他必定会愤怒，因为他的同党已经被杀害了，果然如这位军官所想，农民的鼻孔外翻了，尽管他克制住了自己的情绪。

这个间谍的表情出卖了他。

的确，人心是无法从肤浅的表面了解的，但我们可以采取主动措施，正如故事中的这位军官一样，激怒他，他的鼻孔会外翻，那么就能证明他的猜想。

俗话说：“人心隔肚皮。”对方心里在想什么，对自己到底是真情还是虚伪，我们都无从得知。那么，如何才能分辨出对方的真伪呢？这就需要我们从日常言行、外貌下手了，仔细揣摩对方的言行，观察其貌相，从中窥探对方的真实面目。这样，我们才能真正地识破人心，辨清真伪，从而牢牢地把握人际交往的主动权。

战国时期的韩昭侯为了试探人心，在剪指甲的时候，故意将一片剪下的指甲屑放在手中，然后命令近侍：“我刚剪下的指甲屑不见了，心里毛毛的，很不舒服，快点帮我找出来。”众人手忙脚乱地找了一阵之后，谁也没找到。这时，有一位近侍偷偷剪下自己的指甲呈上，禀报说找到了。韩昭侯由此发现他是一个会说谎的人。

又有一次，韩昭侯命令属下四处巡视，察看是否有事发生。不一会儿，属下回报说：“南门之外，有牛进入旱田偷吃了谷苗。”韩昭侯听完之后，命令报告的人不准泄露这个消息，然后派遣其他的人出外巡视，并且告诉他们：“近来发现有违反禁令，让牛马牲畜践踏旱田的行为，你们速去探知，快来回报。”

不久之后，所有的调查报告都呈了上来，并没有一件是关于南门外事件的报告，韩昭侯于是大发雷霆，命令属下重新严加调查，终于查出了南门外发生的事件。从此，属下都畏惧韩昭侯料事如神的能力，再也不敢马虎从事了。

魏武侯曾问吴起大将军：“和敌军对阵之时，如果不明敌情，应该采取什么策略？”吴起回答说：“应该采取诱敌之策，当两军交锋的时候，我们先虚应一下，然后退下阵来，借机观察敌军反应。如果敌军依然阵容严整，不轻易追赶的话，表示敌军将领很有智慧；相反，如果他们毫无纪律地追赶的话，就显示出这个将领是愚笨无能的。”通常情况下，我们观察其行动和言语就可以了解其内情。不过，假如对方一直没有行为表现，我们就不能一直被动地等待下去，必须积极地采取行动，诱使对方有所行动之后，再加以观察，以明辨真伪或控制他人。

心理智慧

了解他人深层次心理以及相关信息，除了多角度的观察方法以外，还需要策略性的试探技巧，投其所好地进行测探，其人的内情自然就通过表相反映出来，这就是摩意之术。

以退为进，诱敌深入

当今社会，处处存在激烈的竞争。与对手较量，难免会产生利益的冲突，此时，那些以大局为重、聪明的人都绝不会逞一时之勇，与对手斗气，而是懂得以退为进，实现下一步的飞跃。

以谈判为例，一般来说，参与谈判的人都身兼重任，因此，很多时候，他们不太敢用退出来要挟对方，生怕谈崩了弄得鸡飞蛋打。而谈判老手都会“不择手段”地揣摩对方的真实意图，摸清了底牌，就掌握了谈判的主动权，这时再以某种合适的方式取胜，便是技术问题了。暂时离开谈判桌，也就是说，以退要挟达到进的目的，就是常用的一种。

巴拿马运河最初并不是由美国开凿的。19世纪末，法国有一家公司跟哥伦比亚签订了合同——在巴拿马境内开一条通往大西洋与太平洋的运河。主持该工程的总工程师是因开凿苏伊士运河而闻名世界的法国人雷赛布，他自以为对此驾轻就熟，然而巴拿马的环境与苏伊士有很大的差异，工程进度十分缓慢，资金也开始短缺，公司陷入了窘境。

美国早在1880年就想开凿一条连贯两大洋的运河，由于法国抢先一步与哥伦比亚签订了条约，美国极其懊悔。在这种情形下，法国公司的代理人布里略访问了美国，以 1 亿美元的价码向美国政府兜售巴拿马运河公司。事实上，美国早已对此垂涎三尺，知道法国拟出售公司更是欣喜若狂。然而，美国却故作姿态，罗斯福指使美国海峡运河委员会提出报告，证明在尼加拉瓜开运河更省钱——在尼加拉瓜开凿运河费用不到 2 亿美元，在巴拿马运河的费用虽然只有1亿美元，但加上另外要支付收购法国公司的费用后，全部支出达2.5亿多美元。从支出费用上来看，当然是在尼加拉瓜开凿运河更划算。

布里略看到美国海峡运河委员会提供的这一报告后大吃一惊。如果美国在尼加拉瓜开凿运河，法国岂不是一分钱也收不回来了吗？于是他马上游说美国，表明法国公司愿意削价出售，只要4000万美元就行了。通过这种欲进先退的方法，美国就少花了6000万美元。

罗斯福又故技重施，他指使国会通过一个法案，规定美国如果能在适当时期与哥伦比亚政府达成协议，就选择巴拿马，否则美国就选择尼加拉瓜开凿运河。

这样一来，哥伦比亚也坐不住了，驻华盛顿大使马上找美国国务卿海约翰协商，签订了一项条约，同意以100万美元的价码长期租给美国运河两岸各宽 3 公里的“运河区”，美国需每年另付租金10万美元。

罗斯福成功地运用以退为进这一谋略，轻而易举地就截取了巴拿马运河的开凿和使用权。可见，离开谈判桌，交易筹码通常只多不少。可见，谈判中，我们不要画地为牢，误以为因为这是谈判，就非谈不可。其实，离开谈判桌，并不是你不想做成这笔交易，有时候，这反倒是成交的有效手段。

其实，以退为进不仅是一种高超的战争策略，更是人生的大智慧。其实，当今社会，与人交往亦是如此，高手如云，一些人凡事都争强好胜，让人觉得是个咄咄逼人的人。而实际上，真正的心机并不是冒尖，而是示弱，示弱并不意味着无能，而是一种以柔克刚的大智慧。承认“无知”，

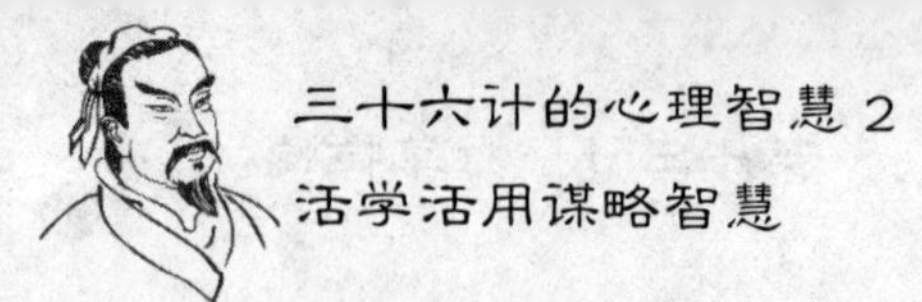

多学多问，是铺设走向成功之路的必备素质。学会了妥协，就能学会以屈求伸，以退为进，以静制动，以柔克刚，你才可能成为最后的胜利者。

不过，我们也不可能事事退让，妥协要看具体情况，要看你的大目标所在。也就是说，为了达到大目标，可以在次要的目标上做适当的让步。这种妥协并不是完全放弃原则，而是以退为进，以屈求伸。我们要有长远的眼光，以大目标为我们交际的根本动力，适当的时候妥协，才会离我们的大目标更近一步！

心理智慧

在利益冲突不能采取其他的方式协调时，聪明、恰当的运用让步策略是非常有效的工具。但无论如何，千万不能顺着对方思路走，一定要有自己的主线，让对方跟着你的思维。

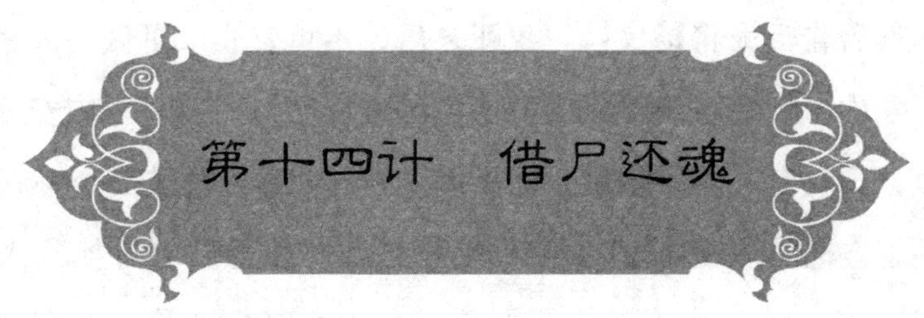

第十四计　借尸还魂

计策详解：变废为宝，起死回生

“借尸还魂”是《三十六计》之十四计，原意是说已经死亡的东西，又借助某种形式得以复活。用在军事上，是指利用、支配那些没有作为的势力来达到我方目的的策略。

历史上常有这种情况，在改朝换代的时候，都喜欢推出亡国之君的后代，打着他们的旗号来号召天下。用这种“借尸还魂”的方法，达到夺取天下的目的。在军事上，指挥官一定要善于分析战争中各种力量的变化，要善于利用一切可以利用的力量。有时，我方即使受挫，处于被动局面，如果善于利用敌方矛盾，利用一切可以利用的力量，也能够转被动为主动，改变战争形势，达到取胜的目的。三国时期的诸葛孔明将“借尸还魂”这一计运用得惟妙惟肖。

三国鼎立时期，刘备因为有诸葛亮的协助而成就了霸王之业。而后来，诸葛亮又辅佐刘禅统兵北伐，但六出祁山却一直未能成功，这是因为诸葛亮此次的对手是司马懿，而在这之后，诸葛亮积劳成疾，终于倒下了，他知道自己将不久于人世，所以将平生所学传给了姜维。

这一天，诸葛亮强支病体，最后一次出寨遍观各营，随后回到帐中安排后事。然后告诉大将杨仪："我死之后，不可发丧。可做一大龛，将我尸体坐于龛中，以七粒米，放我口中，脚下放明灯一盏。军中安静如常，切勿举哀，司马懿才不会生疑，而不敢劫营。可令后军先退，然后一营一营缓缓而退。若司马懿来追，可布成阵势，回旗返鼓。等他到来，将我先时所雕木像，安于车上，推至军前，令大小将士，分列左右。司马懿见之，必然大惊而走。"杨仪领诺。此是诸葛亮安排的最后一计："借尸还魂"。

建兴十二年秋八月二十三日，诸葛亮死于军中。因按照诸葛亮生前的最后一次嘱托，对于诸葛亮的后事秘不发丧，对外严密封锁消息。令魏延断后，各营缓缓而退。

司马懿亲自率兵引司马师和司马昭一起来追击蜀军。就在将要追上之时，忽然一声炮响，树影中飘出中军大旗，上书一行大字："汉丞相武乡侯诸葛亮"。又看见姜维等数十名大将，拥出一辆四轮车，车上端坐着孔明（与平时一样）。杨仪等将率领部分人马大张旗鼓，向魏军发动进攻。魏军远望蜀军，军容整齐，旗鼓大张，又见诸葛亮稳坐车中，指挥若定，不知蜀军又要什么花招，不敢轻举妄动。司马懿一向知道诸葛亮"诡计多端"，又怀疑此次退兵乃是诱敌之计，于是命令部队后撤，观察蜀军动向。姜维趁司马懿退兵的大好时机，马上指挥主力部队，迅速安全转移，撤回汉中。等司马懿得知诸葛亮已死，再进兵追击，为时已晚。司马懿最后叹道："我能料其生，不能料其死。"

诸葛亮用借尸还魂之计吓退了司马懿，使蜀军全身而退。

事实上，任何东西都有自己的用途，很多时候，我们之所以觉得一件东西没有用处，只是因为我们没有发现它的价值，抑或是我们没有给它合适的用武之地。在生活中，每个人都要有这样变废为宝的创新思维。只有这样，在陷入困境的时候，我们才能以全新的眼光看待问题。

实战应用

积极寻找方法，就能将每一次的不幸转化为机会

从“借尸还魂”这一作战谋略中，我们认识到，思维是改变一切的力量。改变思维，积极寻找出路，就能起死回生，绝地反击。同样，自古以来，那些成功者，无不是身经百战，他们经受了无数磨难，练就了一身功夫，所以他们才能在关键的时候，不让自己走入山穷水尽的将死之路，而是慢慢地将死路走成活路。我们常告诫自己和他人要把握和抓住机遇，其实，我们更应该为自己创造机遇。做机遇的旁观者，你不可能让机遇驻足。你只有积极努力、做足准备，才能张开双臂，在机遇来临时扑个满怀。

罗蒂克·安妮塔是英国著名的女企业家，她是美容小店连锁集团董事长、家庭主妇创办公司的成功典范。

安妮塔出生于意大利，从当时为贫民子弟服务的牛顿学院毕业，很早就结婚了，但婚后的生活并不富裕。

随后，为了改变生活现状，安妮塔决定自己创业。结婚前，安妮塔曾到南太平洋旅行，对土著居民使用的以绿色植物为原料的化妆品产生了浓厚的兴趣，她采集了不少天然化妆品配方。她认为天然化妆品一定会比市场流行的化学化妆品更受消费者欢迎，当前的困难在于4000英镑的投入，唯一的办法只有向银行贷款。

一天，安妮塔带着两个女儿来到汉普顿的一家银行，向经理诉说她的困境，说她急需开一间小店养家糊口，希望银行出于人道主义考虑，向她提供资金支持。经理认为银行不是慈善机构，拒绝了安妮塔的贷款要求。

但是，安妮塔并没有退缩，而是在积极寻求办法。安妮塔研究了一

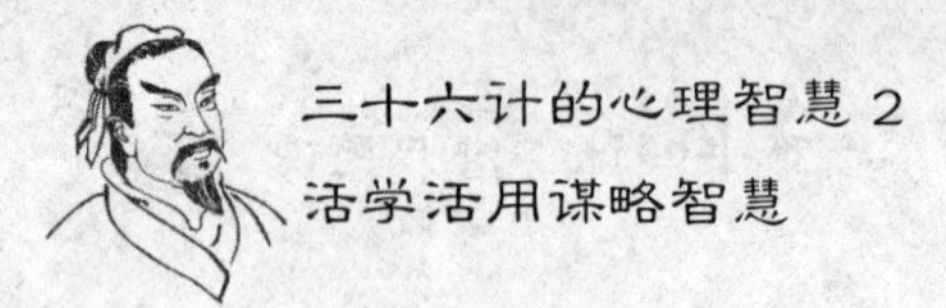

番，一周后她穿上特制的西服，俨然一副商界女士的打扮再次来到银行。她还准备了一大摞文件，包括可行性报告和房产凭据等。文件中把她筹划的小店吹捧成世界上最好的投资项目，把自己美化成具有丰富经验的化妆品专业的商界奇才。这次她改变了策略，用商业银行的游戏规则——越有钱的人越容易借贷，来与银行周旋。

在这之前的一周，虽然安妮塔来过这里，但是那位银行经理根本没有正眼看她，所以对安妮塔完全没有印象，而安妮塔这次改头换面再来时，竟没认出她来。安妮塔的资历通过了银行的审查，她很顺利地贷到了4000英镑，这笔钱成为她非常重要的启动资金。

1976年3月27日，安妮塔的美容小店正式开张。由于此前《观察家报》报道了她开店的情况，结果该店一炮打响，顾客盈门，第一天的收入就达到130英镑。

此后安妮塔不断开设分店，走上了连锁经营的道路，她的小店变成了遍布全球的大企业，许多当初抱有像她一样愿望的家庭主妇，加盟她的连锁集团后成为百万富婆。

这里，我们惊叹于安妮塔的成功，其实，她的成功就是我国古代军事家们常用的“借尸还魂”这一计策的绝妙应用。

当然，要想真正做到起死回生，不但需要我们运用智慧的头脑，还要有面对困难、积极努力的态度。

洛克菲勒曾说：“我总设法把每一桩不幸化为一次机会。”的确，任何一个人，任何一家企业，都有可能遇到危机，都有可能遇到不幸，我们如何看待不幸，如何处理危机，直接关系到我们能否寻找到出路。可以说，洛克菲勒的创业史处处充满了危机，他曾遭受资金危机、炼油厂失火、政府污蔑等境遇，但最终，他都凭强大的自信、强有力的危机处理能力让企业转危为安。

英特尔公司前CEO安德鲁在经过价值5亿美元的有缺陷的英特尔奔腾芯

片必须被召回并更换的灾难性事件后，在其自传《只有偏执狂才能生存》一书中说道，商业成功饱含自身毁灭的种子。因为商业环境变化不是一个连贯的过程，而是一系列“亮点”或者“战略转折点”，一个公司运营的基础突然发生变化并且没有预先的警告，这些点的出现可能意味着新的机会或者是终点的开始。

心理智慧

人们在做一件事情的时候经常会因为方法不当而走入死路，这时候，转换一下思路，就能让死路变成活路。有的人不知道如何转变，只是一味地按照原来的思路走，这样就容易让自己的路越走越窄，甚至出现无路可走的情况。

要善于利用一切可以利用的力量

古今中外，我们发现，在很多次战役刚开始时被我们所认为的实力强大的一方，却被弱者打败，这很明显是一个强者的悲剧。那么，面对这种实力悬殊的较量，作为弱者的一方，我们该怎么扭转局面呢？

从“借尸还魂”这一计策中，我们发现，有时候看起来毫不起眼的力量，只要我们善加运用，就能成为改变结果的中流砥柱。

俗语云：“三个臭皮匠，赛过一个诸葛亮”，这句话很明确地表明了团队合作对于弱者的意义：团队行动可以达到个人无法独立完成的目的。也就是说，只要团队中的每个人都能充分发挥个人的才智，就能将团队的力量发挥到最大。但这里的充分发挥，很明显，是要各取所长，把每个人的力量发挥到极致。我们先来看下面这样一个故事。

一天夜里，台风来袭，下了很大的雨，不到一会儿的工夫，河堤也决口了，村子很快被洪水淹没了。第二天一大早，人们站在村庄的高处，看着已经被淹没的家园，倍加伤感。

正在这时候，有人看见水面上漂了个东西，于是，他大喊：“快看，好像有个人！”于是村长让村里会游泳的人下水去看看，但过了一会儿，此人就游回来了，他对村长说：“是一个蚁球！”

就在他说话时，人们发现，那个黑点又漂了过来，越来越近，人们看清了：这个蚁球居然有足球那么大！这些黑乎乎的蚂蚁们紧紧地抱在一起，洪水迅猛，很多外层的蚂蚁如同被剥去的洋葱皮一样被剥离开，掉进水里，最后漂浮在水上，它们牺牲了。

慢慢地，这个蚁球终于漂到岸上了。此时，蚁球上的蚂蚁很有秩序地逐渐散开，像极了一艘打开的救生艇。随后，它们列成队，逐渐离开了岸堤。在岸边，人们看到了很多牺牲的蚂蚁，但它们仍然紧紧地抱在一起。

面对死亡，蚂蚁仍能团结地抱在一起，彼此依靠，互相信任，冷静地抗击灾难。团结就是力量，如果人心所向，众志成城，就能以最小的代价获取最大的成功。

当然，在利用其他力量争取胜利的过程中，首先需要我们消除心理成见，或许可能你会认为，这样做岂不是很功利？可是，哪一段关系能完全摒弃功利呢？生活中，我们经常听到一些人抱怨朋友不讲交情，不够哥们儿。其实，引起抱怨的主要原因就是自己的某种需求没有得到满足，而这种需求何尝不是功利性的呢？人们常常说的那种没有功利性色彩的友谊，几乎是不存在的。比如，当你发现某个人对你有利用价值，而主动与之建立关系的时候，如果发现你不过是个腹中空空的草包，那么想必他对同你做朋友也不会有多大兴趣。

再者，我们要学会为人所用，体现自己的价值，即“被利用”的价值。这个词听起来好像过于功利了，而人际关系心理学家认为，互利是人际交往的一个基本原则。虽然我们的社会提倡奉献和利他精神，但这是一种最高层次的人际交往境界，很难要求所有人都做到这一点。

人之所以需要与人交往，多半时候，都是想从交往对象那里满足自己的某些需求，这种满足，既有精神上的，也有物质上的。所以，按照人际交往的互利原则，人们实际上采取的策略是：既要讲感情，也要有功利。可以说，人际交往中的互惠互利合乎我们社会的道德规范。

心理智慧

竞争激烈的现代社会，无论是个人还是企业，单打独斗的个人英雄主义已经行不通。尤其是与强者抗敌，更不要指望你一个人能做到。

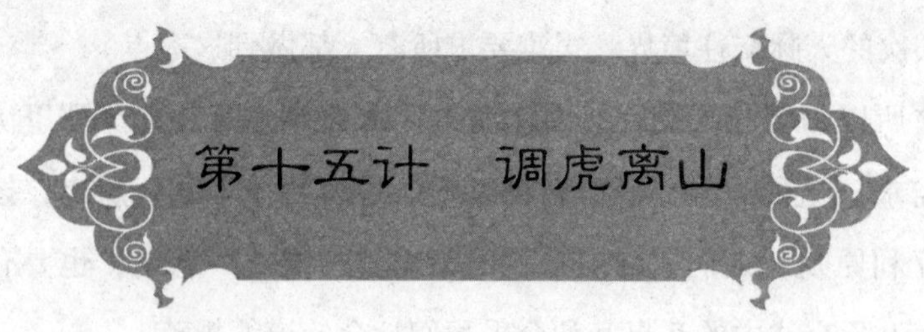

第十五计　调虎离山

计策详解：直路走不通，不如走弯路

“调虎离山”是《三十六计》中的第十五计，原意是设法使老虎离开原来的山冈，比喻用计谋调动对方离开原来的有利地位。此计的目的在于削弱对方的抵抗力，减少自己的危险。在军事上指，如果敌方占据了有利的地势，并且兵力众多，这时我方应把敌人引出坚固的据点，或者把敌人引入对我方有利的地区，才可以取胜。在政治斗争中，这一计用得最多，且亦渐神化。从其应用中可见，此计是一个阴险的谋略。

调虎离山计，用在军事上，是一种调动敌人的谋略。它的核心在一个“调”字。“虎”和“山”都是形象化的表达方式。“虎”指敌方；“山”指敌方占据的有利地势，如坚固的城池等。如果敌方占据了有利地势，并且兵力众多，防范严密，强攻是下策，调虎离山，设计把敌人调出坚固的据点，引入对我军有利的地区，然后消灭它们，才是最佳策略。

其实，生活中我们常常会遇到这样的情况，即直接做一件事情遇到阻挠，必须从其他的切入点下手，使对方放松警惕或者削弱对方的力量。由此一来，我们才能最终达成自己的目的，这个在古代的战争中经常被将军们使用。

三国魏少帝时，皇族曹爽为大将军，司马懿为太尉，从能力和资历上来看，司马懿都略胜一筹，而二人虽然表面上相安无事，实则明争暗斗。曹爽担心的是司马懿迟早会篡夺曹氏江山，就让魏少帝提升司马懿为太傅，实际上是剥夺了他的兵权。

司马懿对于曹爽走的这一步棋太清楚了，为了保全自己的性命，他故意装病不上朝，曹爽又派亲信李胜去探听虚实，司马懿故意装疯卖傻：仆人侍候他喝粥，他不能用手接，而是直接把嘴放到碗边喝，只见粥顺着碗边流下来，把他的衣物全打湿了。李胜见此情景，觉得司马懿病得不轻，便回去告诉了曹爽，曹爽大松了一口气。

249年1月，装病的司马懿借机派人前去提醒魏少帝祭祖，少帝随后便领着他的王族及亲信全部出城去祭祖。

魏少帝刚出城，司马懿立即披甲带枪，同他的两个儿子，率领兵马抢占了城门和兵库，并假传丘太后的诏令，撤了曹爽的军职。曹爽一行得知城里情况，一时慌了阵脚，同时，这些平时游手好闲之辈，经不住司马懿的一点威逼利诱，就都缴械投降了。

后来，司马懿给曹爽定了一个“谋反罪”，将其处死，而司马懿便夺得了魏国的军政大权。

生活中，并非每件事情我们都能够得心应手，也并非每个对手都不如我们。当做事情遭遇阻碍的时候，当遭遇的对手比我们强大的时候，为了保存实力，为了削弱对手的力量，我们不妨也像孙悟空对待如意金箍棒一样采取调虎离山之计。虽然我们如今生活在和平年代，没有战争的困扰，但是生活中依然有很多事情是我们无法直接解决的。每当这个时候，我们不如想一想三十六计中的调虎离山之计，这个计谋既避免了我们与他人正面冲突，又能够曲折地实现我们的目的，无疑是上上策。

实战应用

以退为进，聪明人的不二选择

古往今来，人与人之间都存在竞争，只有竞争，才能取胜，才能脱颖而出，为自己赢得一席之地。当今社会，竞争更是尤为明显，因为人际间的竞争结果往往与人们的生存质量息息相关。因而，人们再也不能固守着自己的一片天地高枕无忧了。但我们还应该看到，太过看重竞争而导致杀机四伏，着实会使人草木皆兵，给人际交往带来重重障碍。这时候，我们需要以退为进，学会妥协，这也是一种舍得的智慧，表面上看，我们舍掉的是继续往前的机会，但后退几步，我们得到的可能是更大的成功。

赵先生在一家外资医药企业供职，有着十几年的工作经验，先后做过部门经理和总经理助理。在外企工作的十几年里，赵先生遭受过不少白眼，但他总是保持谦虚的态度，只希望自己终有一天能出头。就在今年，赵先生却打算跳槽了，去了一家民营企业做副总裁，他说："自己年近40岁了，虽说有一些资历和工作经验，但与外企里30岁左右的年轻人相比，不管是知识结构还是工作精力，都远远比不过他们，与其等着自己被年轻人挤走，不如换个更适合自己的工作环境。"说到这里，赵先生开玩笑地说："我这也是谦卑的智慧，以退为进的策略。"

果不其然，由于民营企业比较缺乏人才，而赵先生所掌握的是外企管理理念，完全可以作为新鲜血液注入企业。而且，民营企业支付给赵先生的薪水是外企的两倍，赋予其更大的权力。现在，赵先生再也不是那个遭人白眼的普通外企员工了，而是率领着近百名员工，做着之前在外企想做却不敢做的事情，自己非常有成就感。

忍耐、退让并不是意味着失败，相对于"前进"，"退一步"更是一种生存智慧和处世哲学。我们都知道，在动物世界里，狮虎的藏露进退之功主要是为了捕获猎物或者保护自己。同样的道理在生活中也可以运用，许多人只知道乘胜追击，却不知道退一步的前行。殊不知，拼尽全力向前冲，不仅会让自己身心疲惫，而且也难以获得成功。以退为进，看似退让，看似是一种舍弃，其实是为日后的成功做好准备。无论是生活还是工作，凡事都不要那么强出头，收敛一点，暗中使劲，将来定能出人头地，而且也不会遭人嫉妒和排挤。

可见，懂得减速和停止，是人生的一种境界。有时候，一味地追求高速度并不能达到目标，因为用了多大的冲劲，就能招致多大的损伤。这是必然的，或许就是因为有了喘息的机会，才有足够的体力进行下一步的飞跃。

心理智慧

争强好胜，锋芒毕露，给人造成了咄咄逼人的感觉，其结果往往适得其反。其实学着用点心机，适当“示弱”，并不是表示你无能，有时反而起到化解矛盾、以柔克刚的作用，常常会取得意想不到的妙效。

与人为善，适度退让

人生在世，无论谁都希望得到他人的肯定和认可，谁也不愿被漠视或遗忘。很多时候，我们的价值是通过人际关系来体现的，一个人际关系好的人，往往能赢得别人的赞同和认可。然而，与人交往的过程中，很多时候，我们会遇到一些交际障碍，硬碰硬必然两败俱伤。这时候，我们需要适时退一步，学会妥协，山谷前面是峰顶，退一步才能进两步，沿着螺旋式轨迹才能稳步上升。以退为进和妥协是一种交际策略，是从整个大局考虑的智慧抉择。六尺巷的故事就说明了这个道理。

在安徽桐城有个景点叫六尺巷，这条巷子的由来是这样的。清朝的一名宰相张英的老家要修一所房子，结果和邻居发生了争执，寸土不让，张家人修书给张英，让他动用权力摆平此事。张英修书一封，只有四句诗："一纸书来只为墙，让他三尺又何妨。长城万里今犹在，不见当年秦始皇。"

张家人看后惭愧不已，于是后退三尺，打地基。邻居见了也是很羞愧，同样后退三尺。于是两家之间就有了这条巷子，称为六尺巷。

《孙子兵法》有云："先知迂直之计者胜"，曲中有直，直中有曲，这是辩证法的真谛。宰相张英正是深知这一道理，才留下了"六尺巷"的佳话。

战场上，勇于杀敌、勇往直前的人我们称为英雄，但生活中，懂得取舍和进退的人才是真正的智者。然而，现实生活中，似乎总有一些人，他们并不懂得这个道理，他们处处争强好胜、咄咄逼人，其结果往往适得其反。其实适当"示弱"，并不是表明你真的软弱无能，而是一种与人为善、化解矛盾的智慧。承认"无知"，多学多问，是铺设走向成功之路的必备素质。学会了妥协，就能学会以屈求伸，以退为进，以静制动，以柔克刚，你才可能成为最后的胜利者。

善于妥协有时是一种智慧。能够妥协，意味着对对方的尊重，意味着将对方的利益看得和自身利益同样重要。在个人权利日趋平等的现代生活中，人与人之间的尊重是相互的。只有尊重他人，才能获得他人的尊重。因此，善于妥协就会更多地赢得别人的尊重，成为交际中的智者和强者。

妥协并不等于怠惰、麻木、迂腐和世俗，毫无忧患意识和危机感。妥协是自我意识的校正，自我心态的调整；是退一步海阔天空时想得开；是绝处重生后的喜悦；是一种战术，也是战略，更是成大事的智慧。

心理智慧

很多时候，我们没有必要为了一时的高下与对方争执，和争得面红耳赤、伤了和气比起来，退让也许是更聪明的做法。因为有的时候，表面上看是退，实际上却是进。对于任何人而言，和气地解决问题，不都是一种更好的选择吗？

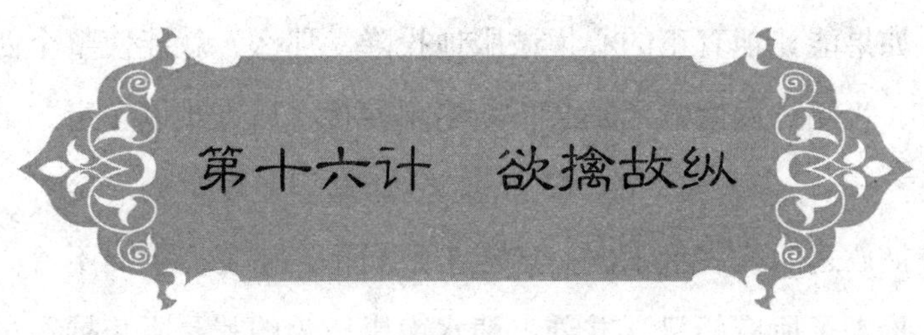

第十六计　欲擒故纵

计策详解：诸葛亮七擒孟获

我们都知道，任何一场战役，要想掌握主动权并非易事，要达到“以迂为直，以患为利”的效果，方法有很多，其中《三十六计》中有一计——欲擒故纵，意思是，要捉住他，故意先放开他。比喻为了进一步地控制，先故意放松一步。追击时，跟踪敌人不要过于逼迫它，以消耗它的体力，瓦解它的斗志，待敌人士气沮丧、溃不成军，再捕捉它，就可以避免流血。三十六计是我国古代兵家计谋的总结和军事谋略学的宝贵遗产。诸葛亮七擒孟获，也是军事史上一个“欲擒故纵”的绝妙战例。

在诸葛亮的帮助下，刘备历经千辛万苦，终于建立了蜀汉政权。随后，他们定下北伐大计。但在北伐之前，西南夷酋长孟获却率十万大军侵犯蜀国。为了解决北伐的后顾之忧，诸葛亮认为必先解决这一问题。

于是，诸葛亮决定亲自带兵。蜀军事先已埋伏在泸水一带，然后采取诱敌深入的方法，给孟获所带军队一个瓮中捉鳖，而孟获也被诸葛亮生擒。

在擒住孟获以后，蜀军军心大振，他们对北伐充满了信心，但就在这种情况下，诸葛亮却采取了令大家很震惊的一个举措，他竟然将孟获放了。原来，诸葛亮是这样考虑的：孟获虽然已被擒，但他在西南夷中的威

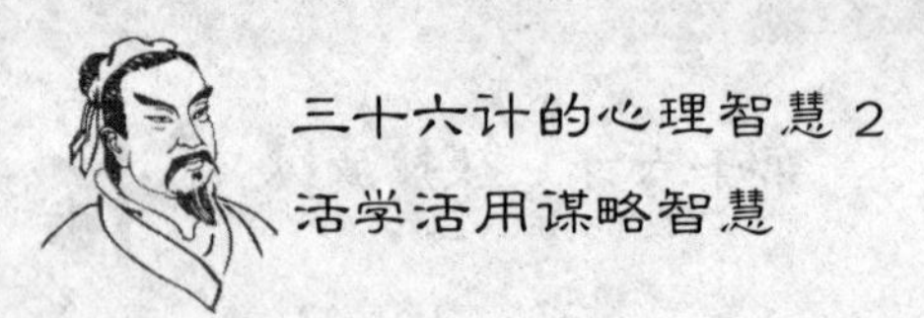

望很高，如果能让他真正的心悦诚服地投降，那么，就能使整个西南方都稳定下来，否则，西南方还是会不断出现侵扰，后方难以安定，又怎能安心北伐呢?

孟获被放之后，表示下次一定能击败蜀军，诸葛亮笑而不答。孟获回营之后，抢走了所有船只，并霸占泸水南岸，为的就是阻止蜀军过河，但他没有料到的是，诸葛亮的军队却从河流下游悄悄渡河，并袭击了孟获的粮仓，孟获暴怒，就拿将士出气，这些将士心中也是一肚子火，就一起相邀投降，并顺便将孟获擒住，交给诸葛亮。

此时的孟获还是不服，诸葛亮见状，便再次将他放了。此后，孟获为了与诸葛亮一较高下，使了很多计谋，但都被诸葛亮识破，四次被擒，四次被释放。

最后一次，诸葛亮火烧孟获的藤甲兵，第七次生擒孟获。终于让孟获心悦诚服，他真诚地感谢诸葛亮七次不杀之恩，誓不再反。

从此，蜀国西南安定，诸葛亮才得以举兵北伐。

欲擒故纵，这就是诸葛亮七擒孟获使用的手法。表面上看，这样做是与原本目的相悖的，实际上却达到了更为积极的效果。我们常说的“欲将取之，必先予之”也有这层意思。

欲擒故纵中的“擒”和“纵”，是一对矛盾。军事上，“擒”是目的，“纵”是方法。古人有“穷寇莫追”的说法。实际上，不是不追，而是看怎样去追。把敌人逼急了，它只得集中全力，拼命反扑。不如暂时放松一步，使敌人丧失警惕，斗志松懈，然后再伺机而动，歼灭敌人。

实战应用

欲擒故纵，才能掌握主动

我们发现，生活中，可能很多恋爱高手都会使用这样的一招：想要抓住你，却故意装出一副不理睬的样子，这样更加吸引了你的注意，这使用的就是心理学上的欲擒故纵术。

欲擒故纵，也就是为了要擒住对方，先故意放开它，使其不加戒备，然后再一举歼灭。当然，这个策略与三十六计中的欲擒故纵有异曲同工之妙。当我们想要逼迫对方无路可走，对方就会想要反击，而让对方逃跑则可以减弱其气势。我们需要等待，等待对方心理上完全失败而信服自己，那就能赢得整个结局。

在20世纪80年代，北京全聚德在一段时间里经常会丢失烤鸭。为了调查事实，领导们秘密买了监控器，悄悄地安装在仓库门前，结果真相很快就清楚了，原来偷烤鸭的竟是一位在全聚德勤勤恳恳工作20多年的大厨师。

对大厨师偷窃烤鸭的行为，有的人建议报案，将他交给公安机关处理，有的人觉得其中必有隐情，应该了解清楚原因再作决定。当然，贤明的领导采取了后面一种建议，立即安排人手对大厨师展开了秘密调查。

经过调查，发现大厨师的妻子不久前下岗了，家中的两个孩子又在读书，生活因而陷入困境。大厨师一念之差，通过偷窃烤鸭来换钱维持生活，因此犯下错误。公司的领导们了解到这一情况之后，决定实施欲擒故纵之计，给大厨师一个改过自新的机会。

一天晚上，这位大厨师再一次偷拿两只烤鸭准备回家的时候，几个事先埋伏在仓库周围的领导一起出动，大喊抓贼。大厨师一时之间吓呆了，

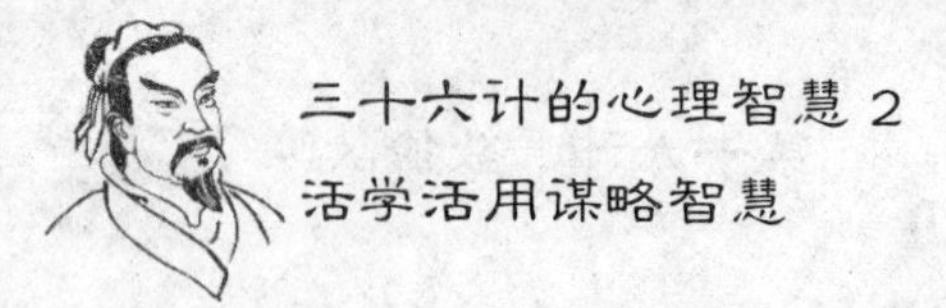

手里拎着两只烤鸭呆呆地站在那里。这时，其中一位领导快速跑到大厨师身边，一把夺下他手里的烤鸭，高高地举起说："大厨师刚刚赶跑小偷，夺回了两只烤鸭，明天早上一定开会颁奖表扬他。"

果然，第二天公司授予大厨师"爱护国家财产优秀员工"的称号，后来，又组织员工去大厨师家里，给予他适当的生活困难补助。从此，大厨师工作起来更卖力了，也再也没有发生类似偷窃的行为了。

在这个故事中，领导们明明知道窃贼就是大厨师，却故意装作不知，而且还给大厨师授以"爱护国家财产优秀员工"的称号，一下子融化了大厨师的戒备之心，促其自感羞愧，从而促使其更加卖力地工作。而且，领导在处理这件事的时候，还免去了大厨师的后顾之忧，那就是给正陷在困境生活的大厨师一家送去及时的帮助。这一计策，无疑是高人一筹的智慧。

这一心理操纵术还可以运用到谈判中。的确，每一个谈判者，尤其是那些优秀的谈判者，大都有自己谈判的基本态度和谈判特点。这种态度和特点在谈判者面对谈判局势时，会有意无意地支配他的行为。但无一例外，谨慎提防都是他们的共同谈判态度。而这，也成为很多领导干部谈判时头疼的问题，似乎不管你如何引导对手，对方似乎都不妥协。其实，既然如此，何不唱唱反调，欲擒故纵呢？欲擒故纵策略，即对于志在必得的交易谈判，故意通过各种措施，让对方感到自己是满不在乎的态度，从而压制对手开价的胃口，确保己方在预想条件下成交的做法。

心理智慧

欲擒故纵之计，具有心理攻势的作用。当我们巧妙地运用欲擒故纵的战术时，就是先让对方放松警惕，消除其戒备心理，采用迂回的心理战术，进而达成目的。

人情投资要放长线钓大鱼

我们知道，中国是个关系型社会，人与人之间的关系多是以“情”为纽带联系在一起的，求人办事，如果有人脉，那么，就会顺利得多。俗话说：“在家靠父母，出门靠朋友。”多一个朋友多一条路。但我们若要想得到别人的回报，就必须先储蓄人脉，他日，才可以让人脉为己所用。要想人爱己，己须先爱人。只有时刻存有乐善好施、成人之美的心思，才能为自己多储存些人脉的债权。生活中，我们都明白人们为什么购买保险和基金，这也是一种投资。

因此，要学会用长远的眼光看问题，交友处世也是如此。友谊之花，须经年累月培养；做人做事，不可急功近利。万事求人难，其实，用人脉打通关系不是一针就能见效的方法，这需要有预见性的感情投资，并耐心等待，办事时才会有成功的喜讯来临。

犹太人罗斯柴尔德是一个头脑精明的商人，在长时间的生意场上，他逐渐意识到一点，要想让犹太人保住性命、站住脚跟并发达起来，就必须要接近那些手握大权的政治人物。

实际上，与当地的领主结交关系非常不容易，而且还费了很大的功夫。罗斯柴尔德认为被领主接见是个难得的机会，一定要把握。

为此，他不但把花了很多心血和高价收集的古钱币以低得离奇的价格卖给公爵，同时还极力帮助公爵收集古币，经常为他介绍一些能够使其获得数倍利润的顾客，不遗余力地帮公爵赚钱。

就这样，公爵不但从买卖中尝到了很多甜头，而且对古钱币的兴趣也越来越浓厚。罗斯柴尔德和他的关系逐渐演变为带伙伴意味的长期关系，远非只是普通的几笔买卖关系。

为了长远的生意，罗斯柴尔德是个舍得下血本的人。他为了实现长期战略，宁可舍弃眼前的小利。这种把金钱、心血和精力彻底投注于某个特定人物的做法，日后便成为罗斯柴尔德家庭的一种基本战略。如若遇到了诸如贵族、领主、大金融家等具有巨大潜在利益的人物，就甘愿做出巨大的牺牲与之打交道，为之提供情报，献上热忱的服务。等到双方建立起无法动摇的深厚关系之后，再从这类强权者身上获得更大的收益。如果说一两次的“舍本大减价”一般人也可能做得到，罗斯柴尔德这种一直“舍本”帮助别人赚钱的做法不能不说是难能可贵的。虽然他得以在宫廷出出进进，但自己在经济上仍然相当拮据。

在罗斯柴尔德25岁那年，他获得了“宫廷御用商人”的头衔。罗斯柴尔德的策略奏效了。

放长线钓大鱼，舍小利获大利，这就是成功的犹太商人的生意经，也是罗斯柴尔德获得成功的心得。交际中，也是如此，要得到长期的利益，必须在开始的时候让对方尝到他一辈子也忘不掉的甜头。

可见，放长线钓大鱼实在是我们应该学习的感情投资方式，这也揭示：求人交友要有长远眼光。放长线钓大鱼，看到大鱼上钩之后，不要急着收线扬竿，把鱼甩到岸上，你要按捺住心中的喜悦，静静等待，才能钓到真正的大鱼。可见，慧眼识英雄，你需要慢慢观察，才不至于将心血枉费在那些中看不中用的庸才身上。

心理智慧

人脉需要投资，需要储蓄，还有一个含义，那就是这应该是一个循序渐进的过程，而不是一次性的。不要把好处一次性给尽，要有长远的眼光，要做到一点一滴地给，做到不露痕迹，让对方感受到你的好，才会有感激之心。

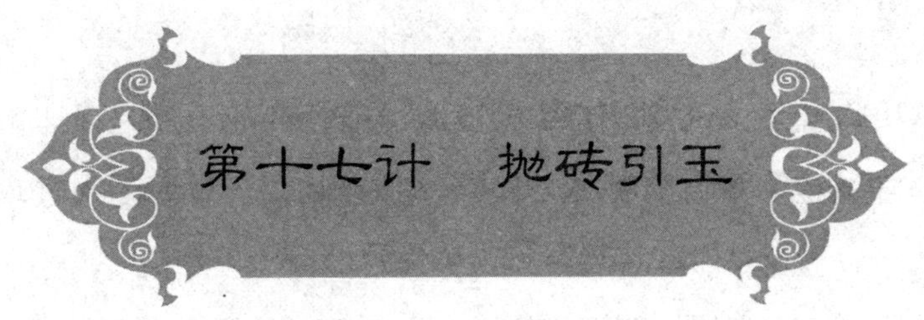

第十七计　抛砖引玉

计策详解：抛砖引玉，一本万利

所谓抛砖引玉，从字面上来理解，就是把砖抛出去，把玉引回来。比喻用自己不成熟的意见或作品引出别人更好的意见或好作品。在《三十六计》中，“抛砖引玉”为其第十七计。

当然，这里的“砖”并非指的是真正的砖头，而是泛指小利，抑或是引人上钩的诱饵。这里的“玉”也并非指无瑕的美玉，而是泛指人们真正想要达到的目的，抑或是大的胜利。

从战略的角度来说，抛砖只是一种手段，而并非真正的目的，就像钓鱼的诱饵一样，引玉才是真正的目的，是实施这个计谋的人真正想要达到的目标。通常情况下，使用抛砖引玉这个计谋的人，目的就在于用自己粗浅的、不成熟的作品或者是意见，引导别人拿出更好的作品，或者是提出更好的意见，也可以说是用没有价值或者是价值比较小的事物引出有价值的事物。通常，抛砖引玉是一种自谦的说法。这就像钓鱼一样，先给鱼儿一个小的诱饵，才能诱使鱼儿上钩，使钓鱼的人有所收获。

公元前700年，楚国用“抛砖引玉”的策略，轻取绞国。

公元前700年楚国发兵攻打绞国（今湖北郧阳区西北），大军行动迅速。

楚军兵临城下，气势旺盛，绞国明白强行迎战不过是以卵击石，于是决定坚守城池。好在绞国地势险要，易守难攻。楚军多次进攻，均被击退。

就这样，短兵相接，两军相持了一个多月。楚国大夫莫傲屈居瑕仔细分析了敌我双方的情况，认为对于绞国这样的地势和当时的情形，只能智取，不能硬攻，而施以“以鱼饵钓大鱼”的计谋或许能一举得胜。

他说：“攻城不下，不如利而诱之。”接下来，他详解了这一计策：趁绞国被围月余，城中缺少薪柴之时，派些士兵装扮成樵夫上山打柴运回来，敌军一定会出城劫夺柴草。头几天，让他们先得一些小利，等他们麻痹大意，大批士兵出城劫夺柴草之时，先设伏兵断其后路，然后聚而歼之，乘势夺城。

楚王提出自己的担心：绞国万一没有上当呢？莫傲屈居瑕说：“大王放心，绞国虽小而轻躁，轻躁则少谋略。有这样香甜的钓饵，不愁它不上钩。”楚王于是依计而行，命一些士兵装扮成樵夫上山打柴。

果然，绞侯的探子报告了有樵夫进山的情况，绞侯果然谨慎，便问这些樵夫有无楚军保护。探子说，他们三三两两进出，并无兵士跟随。绞侯马上布置人马，待“樵夫”背着柴禾出山之机，突然袭击，果然顺利得手，抓了三十多个“樵夫”，夺得不少柴草。一连几天，果然收获不小。见有利可图，绞国士兵出城劫夺柴草的越来越多。

楚王见敌人已经上当，便交代继续用计。第六天，绞国士兵像前几天一样出城劫掠，“樵夫”们见绞军又来劫掠，吓得没命地逃奔，绞国士兵紧紧追赶，不知不觉被引入楚军的埋伏圈内。只见伏兵四起，杀声震天，绞国士兵哪里抵挡得住，慌忙败退，又遇伏兵断了归路，死伤无数。楚王此时趁机攻城，绞侯才知道自己中了楚国的计谋，无奈，为时已晚，只得投降。

能用土块换来金子，想必每个人都愿意做这种一本万利的事情。尤其是在如今资讯发达的时代，谁抢先得到信息，谁就能抢占先机。因此，在人际交往的过程中，我们更应该学会抛砖引玉，学会用自己的浅见来诱导别人说出自己的真知灼见，这样，我们的信息才能更加丰富，我们才能得到更新的资讯。可以说，在现代社会的人际交往中，抛砖引玉是每个人都应该掌握的人际交往技巧。

实战应用

求人办事时先提出一个容易达到的小要求

前面，我们提及到“抛砖引玉”在人际交往中的应用，在求人办事时，我们也可以利用这一计策来达成目的。的确，一般情况下，人们都不愿接受较高、较难的要求，因为它费时费力又难以成功。相反，人们却乐于接受较小的、较易完成的要求，在实现了较小的要求后，人们才慢慢地接受较大的要求。

一次，一个旅游团不经意地走进了一家糖果店。他们在参观一番后，并没有购买糖果的打算。临走的时候，服务员将一盘精美的糖果捧到了他们面前，并且柔声慢语：“这是我们店刚进的新品种，清香可口，甜而不腻，请您随便品尝，千万不要客气。”如此盛情难却，恭敬不如从命。旅游团成员觉得既然免费尝到了甜头，不买点什么，确实有点过意不去，于是每人买了一大包，在服务员“欢迎再来”的送别声中离去。

实际上，这就是“抛砖引玉”的应用。根据这一点，在人际交往中，当我们要求某人做某件较大的事情又担心他不愿意做时，可以先向他提出做一件类似的、较小的事情。当他接受了我们这一小要求时，我们就有可

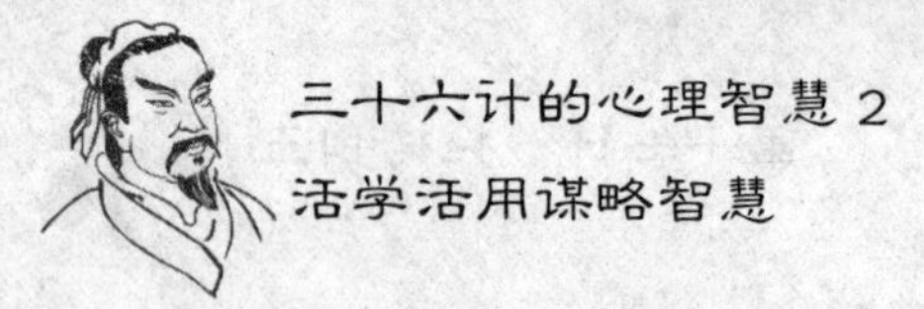

能让他答应更大的请求，也就是想“进尺”，不妨先“得寸”。

在生活中，这样的例子非常的多。比如，男性追求女性，直截了当地求爱，可能会吓跑女方，但如果从朋友做起，则更易达成目标。再比如，有个小孩在做功课，半小时能完成的作业，拖延到两个小时。父母想办法帮助孩子克服这个毛病。他们先让孩子整理干净桌面，拿掉不相关的东西，争取在一个半小时内完成功课，这是比较容易做到的。接着他们和孩子商量，做作业当中不能玩橡皮，在1小时之内完成作业。待孩子做到这点以后，他们提出半个小时之内完成作业的要求。可见，在劝说别人的时候，不妨利用“抛砖引玉”的计策，一步一步地提出要求，让对方心服口服。

当然，我们在运用这一计策求人办事时，首先注意的是，我们最先提出的小要求不能太大，一般情况下，人们不会拒绝那些举手之劳的事。因此，我们在提出正式要求之前，要做足充分的准备，将对方的实力调查清楚，否则，可能你所谓的小要求，对于对方来说也许都很难达成。比如，你是个管理者，你高估了某位下属的能力，你交给他一件你认为的小事，他也没有办好，这主要是因为你没有事先了解清楚他自身的实力。相反，当你了解他的做事习惯、办事能力后，你不妨先提出一个只要比过去稍有进步的小要求，当他达到这个要求后，再通过鼓励，逐步向其提出更高的要求，这样他容易接受，预期目标也容易实现。

另外，我们还不能急功近利，否则只会事倍功半。比如，生活中，发现我们经常会将那些进门之后，直接向我们推销产品的推销员拒之于千里之外，就是这个道理。当销售员向我们获得特许，便“得意忘形”，将销售议程提上案。事实上，此时我们的内心世界还并没有消除对销售员的戒备状态，可想而知，我们是不会买他账的。

心理智慧

在求人办事的过程中，我们可以采用“抛砖引玉”的迂回措施，当“引诱”对方先同意我们的小要求后，对方答应我们的大要求的成功性也就更大！

舍小利求大利是成功人士的生意经

生活中，我们常说：“有舍就有得”。这与前面我们谈到的“抛砖引玉”有异曲同工之效，体现的都是舍得的智慧。《易经·损》中有这样一段话：“损：有孚，元吉，无咎，可贞，利有攸往。”这句话的大致意思是，“损，益”，不可截然划分，二者相辅相成，充满辩证思想。说到底，这就是取舍之道，有舍才会有得。中国古话说的好：吃小亏，赚大便宜。同样，在赚钱之道上，我们也应该要懂得舍小得大的道理。

丹麦人在钓鱼的时候，会做出一些与众不同的行为，倘若他们钓上来的是一些尺寸很小的鱼，他们会把这些鱼重新放回到河中，可能你很奇怪他们为什么要这样做。但其实，这却是丹麦人智慧的做法，让小鱼继续生长，日后才钓得到更多的大鱼。

这就是“舍小利以谋远”的体现。不局限于眼前的“所得”而是思虑日后的保障，这才能得到日后的丰收。就像孟子说的“数罟不入洿池，鱼鳖不可胜食也。”一味去捕捉小鱼，往后就无鱼可求。唯有暂释眼前的小利方能成就日后的满载。

事实上，除了经营财脉，这种“舍小利以谋远”的态度也适用于方方面面，不失为一条良好的人生准则。在人际交往中，我们发现，那些在小利小益上斤斤计较，丝毫不愿让步的人，虽然暂时获得了某种好处，但他也在别人心中留下了自私自利的印象。而那些凡是不争不抢、偶有小利也让给别人的人，总是能获得别人的好评，人际交往中也自然事事顺心。

经济大萧条时期，有一家工厂，因为曾经的客户产品滞销，而导致工厂的货也卖不出去，即将面临倒闭的危险。

这家工厂的老板是个聪明绝顶的商人，他很快想到了一个能改变局面的办法：他让伙计去种植园买了一批尚未成熟的苹果，他们就自己制作一些小标签贴在苹果上面。当这些苹果成熟之前，他们才揭下那些标签，这个时候，原来苹果上贴过标签的部分就会变成一片空白。

接下来，他联系到了那些本来已经退单的客户，然后在这些标签上写下客户的名字和暖心的话语，然后连同这些苹果一起送给客户。

当他们收到这些写上自己名字和温馨话语的苹果之后，都会很惊讶而且感动。因为他们感受到这位工厂老板都在用心跟自己做生意，那么又有什么理由拒绝呢？所以，这些客户在收到苹果后，都接二连三地给这位工厂老板打电话，主动提出订货。

在经济大萧条期间，很多企业都倒闭了，但是这一家工厂不但没有倒闭，反而生意越来越好。

这则销售故事中，工厂老板之所以能改变现状，把滞销的产品推销给那些已经退单的客户，主要原因是由于他为这些客户送上了自己亲手制作的苹果，让客户深受感动，一个小小的苹果就换来了客户的真心，这就是舍小得大，何乐而不为呢？

而更多的时候，我们舍不得放弃手头实实在在的利益，心里想的也是怎样保证眼前的利益不受损失。殊不知，这样做只会任机会溜走，不但不会有所得，严重的甚至会失去更多。舍小利以谋远，关键在一个“舍”字，只有舍得，才能获得。那么，在经营财脉的过程中，我们该怎样做到舍小利呢？

1.送些小礼

俗话说：“先做朋友后做生意。”做生意前先与对方沟通好，偶尔送一些小礼物。比如，你可以在你的客户生日那天，送上祝福，通过赠送一些小礼物来表达我们真诚的谢意和良好的祝愿，就能进一步增进与客户间的感情，建立更加亲密的关系。

2.感情付出

如果当对方需要帮忙时，你主动帮其解决，提供一些交易以外的帮忙常常会让对方感动。

心理智慧

现今社会，人际关系的重要性早已日益凸显，一个人要想让自己财源滚滚，只有懂得进行人情投资，从大局出发，懂得舍小利，才能真正有所成就。

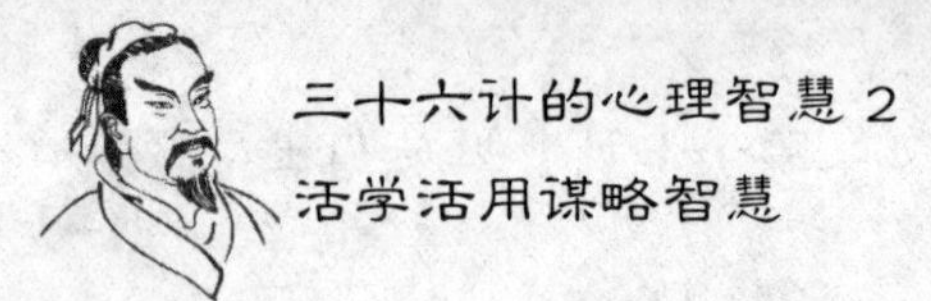

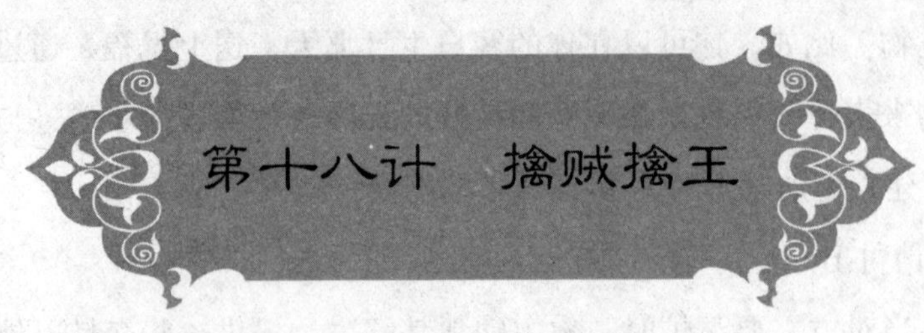

第十八计　擒贼擒王

计策详解：射人先射马，擒贼先擒王

我们都知道，任何一个组织、团队，都有领导和带头人，军队中更是如此，假如群龙无首的话，就会陷入一片混乱。为此，在战争中，有了“擒贼先擒王”的计谋。这一计为《三十六计》的第十八计。

此计认为攻打敌军主力，捉住敌人首领，这样就能瓦解敌人的整体力量。敌军一旦失去指挥，就会不战而溃。挽弓当自强，用箭当用长，射人先射马，擒贼先擒王。作战时要先把敌方的主力摧毁，先俘虏其领导人，就可以瓦解敌人的战力。

擒贼擒王最早见于唐代杜甫所写的五言律诗《前出塞》，内容如下：“挽弓当挽强，用箭当用长。射人先射马，擒贼先擒王。杀人亦有限，列国亦有疆。苟能制侵陵，岂在多杀伤？” 杜甫之所以写作这首诗，是为时局叹惋和感伤。

唐玄宗开元十八年，唐朝的军队几次打败吐蕃，为此，吐蕃派遣使者向唐朝求和。玄宗李隆基勉强答应和谈，吐蕃人撤走了边境的驻兵，双方恢复了友好往来。七年过去了，玄宗看到吐蕃人已经完全放松戒备了，就派兵深入吐蕃境内2000公里，重创吐蕃。到唐玄宗开元二十七年的时候，奉命与吐蕃赞普弃隶缩赞联姻的金城公主去世，吐蕃派遣使者去唐朝报丧，并且再次趁机求和。这一次，唐玄宗没有答应。一年之后，吐蕃军攻占了唐朝的边境重镇石堡。由此，唐朝展开了与吐蕃的激战，最终收回了石堡，但是，在这场战役中，足足有上万名唐朝军人死去了。看着在收复石堡的过程中付出的惨重代价，杜甫深感痛心，因此写了《前出塞》一诗，在诗中说道，只要制服敌国的首领，保住本国的疆土，禁止异国的入侵就行了，没有必要死伤无数。尽管杜甫只是诗人，却在诗中以“射人先射马，擒贼先擒王”等诗句表现出了自己对中国古代某种军事经验的概况了解以及自己的军事眼光。随着后世的流传，这两句诗脍炙人口，被众多的军事家和政治家所引用。在后世中的诸多战争中，很多将领都曾经使用过“擒贼擒王”这个谋略，而且都取得了很好的效果。

大家都知道，一个人即使能力再强，也无法凭借自己的能力赢得一场战争。在战争中，任何一方想要取胜，都必须有谋略，有胆识，而且要集合整个部队的力量。既然是一个整体，就必然需要一个冷静睿智的指挥官。因此，只要我们把这个指挥官制服了，就相当于戳瞎了一个人的眼睛，就能够使对方像没头的苍蝇一样四处乱撞。在这种情况下，取胜不就是轻而易举的事情了吗？尤其是在敌我双方实力悬殊的情况下，要想尽快取胜，最好的办法就是擒获或者杀死对方的首领，让对方群龙无首，陷入混乱之中。

实战应用

化繁为简，避重就轻

《三十六计》中的“擒贼擒王”的寓意是指在两军对战中，如果把敌

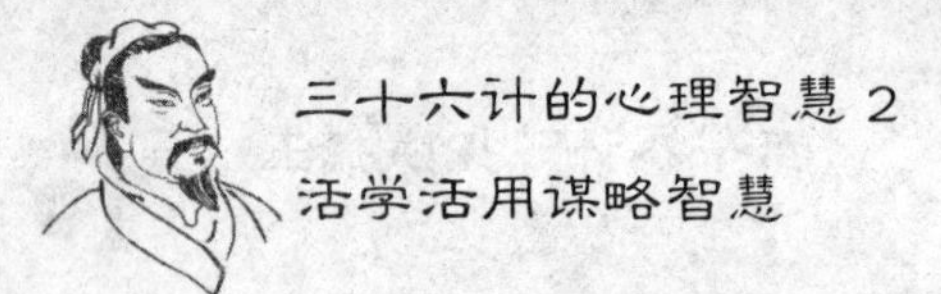

人的主帅擒获或者击毙，其余的兵马则不战自败。比喻在解决事情上抓住关键，解决主要矛盾，其他的细节便可以迎刃而解。同样，在我们的现实生活中，我们也可以将其运用到思维活动中，很多时候，只要我们找到问题的关键点，就能做到化繁为简，避重就轻，取得意想不到的结果。

的确，我们也被长辈们教育："做人做事都不能投机取巧、避重就轻。"的确，在人们眼里，避重就轻就是避开重的责任，只挑选轻的来承担。然而，在思维活动中，避重就轻却是平面思维的一个重要方面，找到思维的捷径往往能帮助人们节省时间和精力，那些能打破传统思维、根据自己的思维行动的人，往往也能走出一条不寻常的道路来。

现代社会，人与人之间的竞争可以归结为头脑的竞争，也就是思维竞争。因为它不仅会催生出创意，指导实践，更会在根本上决定成功。而更让我们没有意识到的是，思维决定行动，我们做事的效能如何，也决定于我们的思维活动。

任何一个人，无论做什么事，要想改变或优化结果，首先就要从改变你的思维开始。而我们在寻找解决事情的途径时，往往倾向于把事情考虑得过于复杂化，其实事情本质是很单纯的。表面看上去很复杂的事情，其实也是由若干简单因素组合而成。

卡曾斯说："把时间用在思考上是最能节省时间的。"这是一句非常有哲理的话。通俗的说法就是做事要动脑子，对一件事情认识分析得不透彻，就很难找到正确的解决方法，不能对症下药，自然就无法以最短的时间达到目的，可以说思考是提高效能唯一的捷径。为此，在我们的工作和生活中，我们每个人都应该养成多动脑的习惯，从而以最快的速度解决问题。

有这样一个有奖征答活动，题目是：一次，三个人一起坐热气球旅行，这三个人都是关系人类命运的科学家。第一位是核子专家，他有能力防止全球性的核子战争，使地球免于遭受灭亡的绝境。第二位是环保专家，他可以拯救人类免于因环境污染而面临死亡的厄运。第三位是粮食专家，他能在不毛之地种植粮食，使几千万人脱离因饥荒而亡的命运。但旅行到一半旅程时，却发现热气球充气不足。此刻热气球即将坠毁，必须丢出一个人以减轻载重，使其余的两人得以存活，请问该丢下哪一位科学家？

因为奖金数额庞大，征答的回信如雪片飞来。每个人都竭尽所能地阐述他们认为必须丢下哪位科学家的见解。最后，结果揭晓，巨额奖金的得主是一个小男孩。他的答案是：将最重的那位丢出去。

我们在赞叹小男孩的答案时，也不难得出这样一个结论：任何复杂的现象，复杂的也只是表面，其实都有它一般性的规律，都可以找到简单的分析和处理的方式。这就是化繁为简的过程，这个过程需要的简单就是找寻规律，把握关键。

事实上，生活中，很多人之所以在某些事情上失败，就是因为他们一直在做无用功。如果你也是个不爱动脑的人，那么你不妨试着学会思考，你就会发现积极思考的惊人力量，任何困难和失败均能通过它来解决，即使是那些杂乱无章的事情，只要你运用思考的力量，就会将他们一一捋顺。思考不是“无用功”的代名词，而是“节能、省力”的法宝，因为能以积极的思维去摆脱困境，化解难题。

心理智慧

面对看似杂乱无章的事情，只要你能开动大脑，跳出习惯的思维框框，就能抓住问题的实质，就会得出异乎寻常的答案。

抓住主要矛盾，把大事和要事放在第一位

我们都知道，现代社会，很多人都关心一点：做事效率。因为时间已成为一种有限的资源，时间就是金钱，时间就是生命。然而，我们发现，

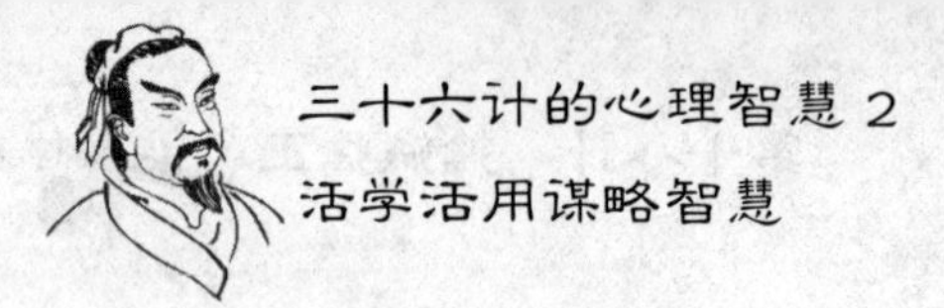

人们似乎总是觉得时间不够用，总是觉得效率不高，最重要的是，一些在他们看来重要的事似乎总是被落下，这是为什么呢？其实，这主要是因为人们总是把那些最重要的事情放到最后处理，而人的精力总是有限的，当我们工作一段时间后，势必会觉得疲乏，那些最重要的事也就无心处理了。

其实，在中国古代，人们对于做事就提出了一些具体的要求。比如曾国藩，我们都知道，他是个惜才爱才的人，但他对部下也提出了很多的要求，其中重要的一点就是办事有条理。这也是他挑选官吏的重要原则。

同样，现代社会的人，如果我们在做事之前先静下心来，理清思绪，合理安排，列出事务处理的先后顺序并将重要的事优先处理，那么事情往往会达到事半功倍的效果。

这天，伯利恒钢铁公司总裁查理斯·舒瓦普曾会见效率专家艾维·利。见面不久，利就称他能帮助舒瓦普把他的钢铁公司管理得更好。而舒瓦普却说自己很擅长管理，不过事实上，他的管理确实不怎么令人满意。他告诉利，他已经不需要那些书本上的管理知识了，他需要的是实际行动，他需要的是如何更好地执行计划。

接下来，利说可以在10分钟内给舒瓦普一样东西，这样东西能使他的公司的业绩提高至少50%。然后他递给舒瓦普一张空白纸，说："在这张纸上写下你明天要做的最重要的六件事。"过了一会儿又说："现在用数字标明每件事情对于你和你的公司的重要性次序。"这花了大约5分钟。他接着说："现在把这张纸放进口袋。明天早上第一件事情就是把这张纸条拿出来，做第一项。不要看其他的，只看第一项，着手办第一件事，直至完成为止。然后用同样方法对待第二件事、第三件事……直到你下班为止。如果你只做完第一件事情，那不要紧，你总是做着最重要的事情。"

利又说："记住，以后每天你都要这样做，如果你觉得这种方法奏效，那么，请你的职员们也这样做。这个实验你爱做多久就做多久，然后给我寄张支票来，你认为值多少就给我多少。”

这场见面会才不到半个小时，但就在几个星期后，效率专家艾维·利就收到了一张25万美元的支票，还有一封信。信上说从钱的观点看，那是他一生中最有价值的一课。后来有人说，五年之后，这个当年不为人知的小钢铁厂一跃成为世界上最大的独立钢铁厂，而其中，艾维·利提出的方法功不可没。除此之外，这个方法还为舒瓦普赚得了一亿美元。

的确，生活中很多人都感到时间不够用，觉得自己太忙，但却总是把那些重要的事一拖再拖，以至于总是忙不出头绪来。

总之，无论是工作还是生活，是要有章法的，不能眉毛胡子一把抓，要分轻重缓急！这样才能一步一步地把事情做得有节奏、有条理，达到良好结果。这正如法国哲学家布莱斯·巴斯卡所说：“把什么放在第一位，是人们最难懂得的。”

心理智慧

在工作和生活中每天都有干不完的事，唯一能够做的就是分清轻重缓急。要理解急事不等于重要的事情。只要我们合理安排时间，大可以不慌不乱，甚至有一些充裕的时间享受生活。

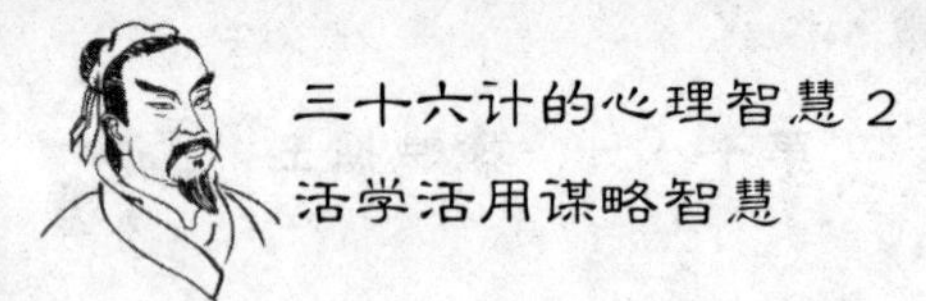

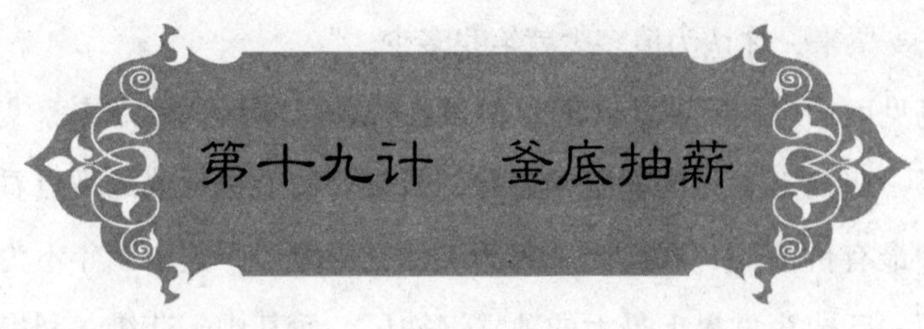

第十九计　釜底抽薪

计策详解：瓦解敌人的根基，一招制敌

“釜底抽薪”乃《三十六计》中的第十九计。“釜底抽薪”一计是指从根本上解决问题的计策，是一种治本的方法。在战场上，它又被称为“兜底战术”，即面对实力强大的敌人，不正面交锋，而是想办法绕到他的背后，暗地里下功夫，拆除其后台、损毁其根基，使之不知不觉变成一个泄气的皮球，再也无回天之术。

古今中外，妙用“釜底抽薪”一计取胜的战例有很多，其中就有著名的官渡之战。

当时，今天河北一带在袁绍的控制之下。袁绍依仗自己兵精粮足，想一举歼灭曹操。200年，袁绍率领大军南下官渡。曹操用计烧毁了袁军的粮草，击败袁绍，取得了“官渡之战”的胜利。

东汉末年轰轰烈烈的黄巾农民大起义虽然被镇压下去了，但它却沉重地动摇了汉朝地主阶级的统治，使早已腐朽不堪的东汉政权分崩离析，名存实亡。在镇压黄巾起义的过程中，各地州郡大吏独揽军政大权，地主豪强也纷纷组织“部曲”（私人武装），占据地盘，形成大大小小的割据势力，转入争权夺利、互相兼并的长期战争，造成中原地区“白骨露于野，千里无鸡鸣”的凄惨景象。当时的割据势力，主要有河北的袁绍、河内的张杨、兖豫的曹操、徐州的吕布、扬州的袁术、江东的孙策、荆州的刘表、幽州的公孙瓒、南阳的张绣等。形成群雄并起的局面。在这些割据势力的连年征战中，袁绍起兵攻曹，袁绍、曹操两大集团逐步壮大起来。

196年（建安元年），曹操迎献帝，迁都许县，自始挟天子以令诸侯（“奉天子而征四方”），威势大增。他先后击败吕布、袁术，占据了兖州、徐州以及部分豫州、司隶。199年（建安四年），袁绍最终战胜公孙瓒，据幽州、冀州、青州、并州，尽有河北之地，意欲南下以争天下。这样，华北最重要的两个政治军事集团，决战在所难免。起初形势袁强曹弱。袁绍已无后顾之忧，地广人众，可动员的兵力在10万以上。曹操则是四面受敌，除了北方的袁绍，关中诸将尚在观望，南边刘表、张绣不肯降服，东南孙策蠢蠢欲动，暂时依附的刘备也是貌合神离。尽管如此，当时的一些有识之士，包括曹操的谋士荀彧、郭嘉，还有在张绣麾下的贾诩，以及凉州从事杨阜，在综合分析了曹、袁的优劣后，认为袁绍外宽内忌，好谋无决，他们都看好曹操，认为局势会向着有利于曹的方向变化。198年（建安三年）11月，吕布被曹操消灭，建安四年（199年）6月，袁术病死，11月张绣投降曹操。刘表中立，孙策保守江东。局势变得更加明朗。

建安五年（200年）1月，袁绍率精兵10万南下。在此之前，曹操为避免腹背受敌，已先击溃与袁绍联合的刘备，并进驻易守难攻的官渡。4月，曹操以声东击西之计，于白马（今河南滑县境）击斩袁将颜良，败袁军。袁绍初战失利，锐气受挫，改分兵进击为结营紧逼。两军对垒于官渡，相持数月。其间曹操因兵疲粮缺，一度欲回守许都（今河南许昌东）。谋士荀彧认为，曹军以弱敌强，此时退兵必为所乘；反之，袁军轻敌，内部不和，相持既久必将有变，正可出奇制胜。曹操纳其言，派兵袭烧袁军粮车；又亲率精锐5000奔袭袁军乌巢（今河南境）粮屯，全歼袁军，烧毁全部囤粮。消息传来，袁绍所部军心动摇，纷纷溃散投降。曹操乘机全线出击，歼敌7万余，袁绍父子仅率800余骑北逃。官渡之战，奠定了曹操统一北方的基础，袁绍则从此一蹶不振。

官渡之战是中国古代战争史上以少胜多的有名战例。

实战应用

解决问题，先要抓住事情的本质

古今中外，无论是在战场、情场还是商场，抑或是在政治舞台上，都会用到以“釜底抽薪”之法来解围取胜。当敌强我弱之时，消灭敌人有生力量最好的方法便是铲除其赖以生存或产生的根源，从根本上削弱其战斗力，为我方赢取有利战机。这不但可以避免正面交锋所造成的巨大伤亡，还可以以柔克刚，用最小的代价获取最大的成果。

同样，我们在解决问题的过程中，也可以用“釜底抽薪”这一计，人们常说：“要透过现象看本质。”解决问题则更是如此。无论解决什么问题，只要能找出事物的最基本的原因，并从中着手，便能从根本上解决问题。

日常生活中，我们接触到事物的第一器官通常是眼睛，人们常说“耳听为虚，眼见为实”，但事实上，眼睛看到的也未必就是事实的全部。因为事物的表象往往具有迷惑作用，要想拨开迷雾，你就要善于思考、运用逻辑思维。因为逻辑思维既不同于以动作为支柱的动作思维，也不同于以表象为凭借的形象思维，它已摆脱了对感性材料的依赖。

有这样一则故事：

1870年，哈佛大学的校长是查理斯·艾略特，他找到当时著名的史学家亨利·亚当斯，希望亨利能出任哈佛的中世纪历史的教授。

开始，艾略特不管怎样苦苦劝说，亨利·亚当斯都不愿意。后来，亨利·亚当斯谦虚地说："校长先生，我真的一点儿都不懂中世纪的历史。"听到他的回答，艾略特校长则客气地说："好吧，如果你能为我推荐一位比您懂得更多的学者，我就聘请他。"

结果亚当斯只好接受了聘请。

艾略特以自己灵活机智的思维，展现了哈佛校长的个人魅力，他的一句"如果你能够为我举荐出一位比您懂得更多的学者，我就聘请他。"让亚当斯无从拒绝。的确，在多加劝说没有效果的情况下，不妨直接点，直击问题要害。从这个故事中，年轻人，你也应当懂得将思维转个弯，很多事情都能迎刃而解。

可见，我们任何一个人，要想练就看清事物本质的能力，就不能做思想上的懒汉；不要自己还没有动脑筋想一想，就肯定某某是负责同志讲的话不会错，某某是有名的专家或学者写的文章一定好；也不要遇事不经过自己的脑筋考虑，就把人家的意见或书本上的东西拿来当作理论根据，或者当结论。

曾经有两个人，他们一起出差。这天，工作任务完成的他们来到大街上闲逛，其中一个人看见路边一个老妇在卖一只黑色的铁猫。细心的他发现，这只铁猫的眼睛很特别，应该是宝石做的，于是，他询问老妇能不能用一整只铁猫的价钱来买一双眼睛，老妇虽然不大高兴，但最终还是同意了，然后把这只铁猫的眼珠子取出来卖给了他。

回到宾馆以后，他迫不及待地把自己的经历告诉了同伴。同伴听完后，问清楚了事情的前因后果，然后问他老妇在哪里，说自己想买剩下的那只铁猫。

于是，他便把地点告诉了同伴，同伴拿了钱立即就去寻老妇去了，一会儿，他把铁猫抱了回来。他说，既然这只铁猫的眼睛都是宝石做成的，那么，这只铁猫的猫身肯定也价值不菲，于是，他拿起铁锤往铁猫身上

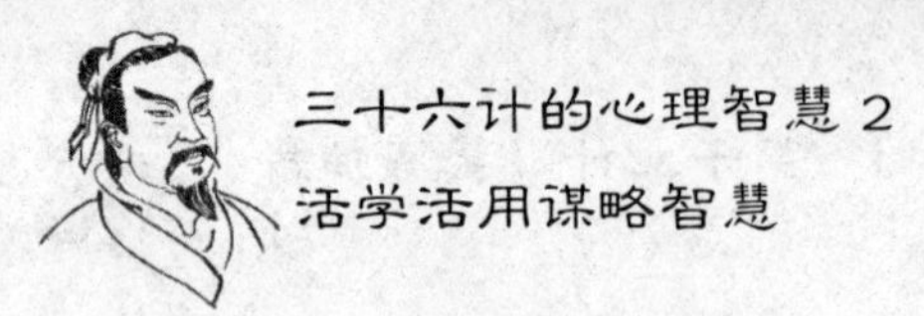

敲，铁屑掉落后发现铁猫的内质竟然是用黄金铸成的。

这里，我们不得不佩服这个最后买走缺了眼睛的铁猫的人，他的思维是独特的。的确，既然猫的眼睛是宝石做的，那么它的身体肯定不会是铁。这种思维方法正是逆向思维，使同伴摒弃了铁猫的表象，发现了铁猫的黄金内质。

心理智慧

在日常的生活和工作中，我们养成凡事不要看表象的习惯，有问题时就要有寻根究源的愿望，然后运用各种思维方法找到答案。

开拓思维，思维一变天地宽

曾有人说，头脑是一切竞争的核心，因为它不仅会催生出创意，指导实践，更会在根本上决定成功。它意味着改变外界事物的原动力，如果你希望改变自己的状况，获得进步，那么首先要从改变思维开始。而我们在寻找解决问题的方式时往往倾向于把事情考虑得过于复杂化，其实事情本质是很单纯的。表面看上去很复杂的事情，其实也是由若干简单因素组合而成的。

然而，要实现思维的简单化却绝非易事，我们需要进行一次彻头彻尾的心理革命，尤其是要培养自己一针见血的捕捉问题实质的能力。

同样，运用灵活的思维模式，你会发现，在第三产业逐渐发达的今天，只要有敏锐的感觉，并能有的放矢地解决问题，那么即使你没有足够的物质后盾，也能成功，也能获得财富。

日本有一家SB公司，生产的产品是咖喱粉。一段时间以来，这家公司的产品滞销，公司的经理一个个都“下了课”，连续换了三任经理。受命于危难之中的第四任经理田中走马上任。他意识到公司的产品卖不出去的原因是顾客对SB公司的牌子很陌生，很难注意到有这种产品。由于没有足够的资金，大量做广告是不现实的，但是如果不拼死一搏去做广告，那也无异于坐以待毙。

经理田中终于想出了一个巧妙的方法……

几天之后，日本的几家大报，如《读卖新闻》《朝日新闻》等刊登出了这样一条广告：

SB公司专门生产优质的咖喱粉，为了提高产品的知名度，今决定雇数架直升飞机到白雪皑皑的富士山顶，然后把咖喱粉撒在山上。从此以后，我们看到的将不是白色的富士山，而只能看到咖喱粉的颜色了……

在日本，富士山是一大名胜，不仅在日本人的心目中，就是在世界人的心目中，富士山都是日本的象征。在这样神圣的地方，居然有公司胆敢撒咖喱粉？真是岂有此理！

SB公司的广告刚刚刊出，国内舆论一片哗然。很多人都知道这是SB公司故弄玄虚，但是对如此的言辞也是难以忍受，纷纷指责SB公司。本来名不见经传的SB公司，连续好多天在报纸、电视、电台等各种新闻媒体上成为大家攻击的对象。

在一片舆论的声讨声中，SB公司的名声大振。临近SB公司广告中所说的在富士山撒咖喱粉的日子前一天，原先发表过SB公司广告的报纸都刊登出了SB公司的郑重声明：鉴于社会各界的强烈反应，本公司决定取消原来在富士山顶撒咖喱粉的计划。

反对的人们欢庆自己的胜利，田中和SB公司的员工们也在欢庆他们的胜利。这样一番折腾，全日本的人都知道有一家生产咖喱粉的公司叫SB公司，并且错误地认为这家公司是一家实力超群、财大气粗的公司。很多小商小贩都纷纷投到SB公司的门下，大力推销SB公司的咖喱粉，SB公司的咖喱粉一时间成了畅销产品。

这里，我们不得不佩服这位经理的智谋，在接手这家公司后，他很快认识到问题的实质在于公司知名度不高上。在广告费不充足的情况下，他一反正常思维——在富士山上撒咖喱粉，为此，这家公司名声大振。很多时候，一个金点子，花费不多，却拥有点石成金的力量。只有看到别人看不到的东西的人，才能做到别人做不到的事。灵活的头脑和卓越的思维为我们提供了这种本领，深入地洞察每一个对象，就能在有限的空间，成就一番可观的事业。

心理智慧

我们任何人，无论做什么，都要有灵光的头脑，善于创造性地思考问题，不能钻牛角尖。这条路走不通，不妨转换一下思维，何不尝试下反过来思考，先找问题的本质？思维一变天地宽，勤思考，善于逆向、转向和多向思维的人，总能找出解决问题的方法，总能以最少的力气，做出最满意的效果。

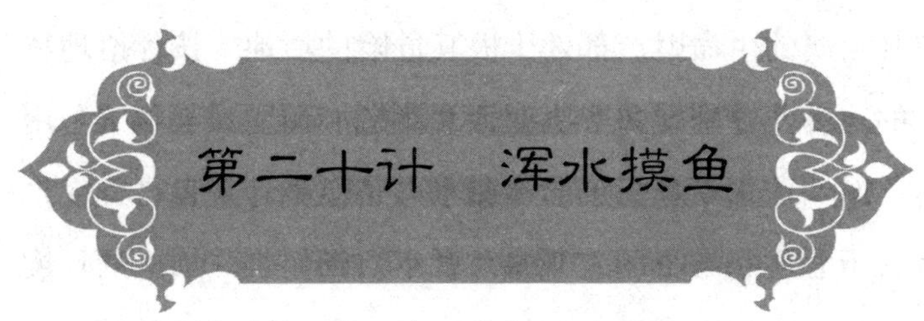

计策详解：制造事端，然后趁乱捞取好处

浑水摸鱼，中国古代兵法策略《三十六计》中的第二十计。此计用于军事，是指当敌人混乱无主时，乘机夺取胜利的谋略。在混浊的水中，鱼儿辨不清方向，在复杂的战争中，弱小的一方经常会动摇不定，这里就有可乘之机。

“浑水摸鱼”一词，起初可能是渔民们从捕鱼实践中摸索、总结出来的一句经验性俗语。

公元前6世纪希腊寓言家中讲的是浑水摸鱼的故事：一位渔夫在河里捕鱼时，先拦河张网，然后用绳子拴上石块，面向鱼网击打水底，鱼吓得到处乱游，有些撞进网里。当地有人见渔夫这样做，责怪他把水搅浑了，使人不能喝到清水。渔夫说：“若不是把水搅浑，我就捕不到鱼，捕不到鱼，我就得饿死。”

有人把它作为“浑水摸鱼”的来源。寓言译介到中国来的时间与《三十六计》成书时间的先后关系有待进一步考证。

第二十计“浑水摸鱼”和第五计“趁火打劫”似乎很相像，但它们之间又有区别。“趁火打劫”的中计者直接受到生死存亡灾难抑或不幸的打

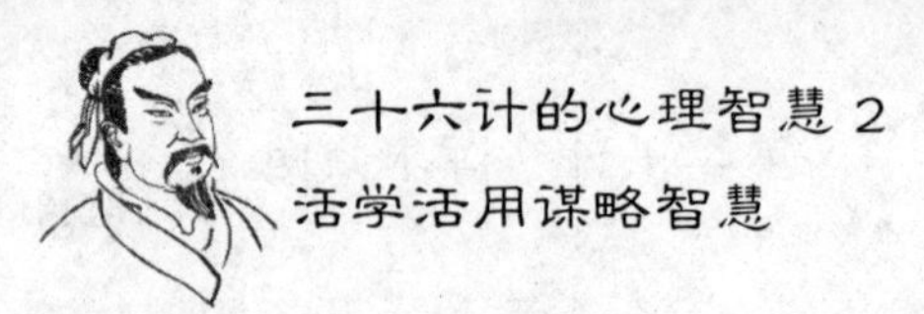

击，他或其亲属的生命财产都处于极其危险的境地。按计语理解，“趁火打劫”中的这种生存困境并非由施计者所造成的，只是他“利用”了这种生存困境。而“浑水摸鱼”中的“浑水”是由施计者自己抑或第三者造成的，而且处于恶劣状态下的并非中计者本人，而是其周围的环境。中计者在其直接的生存中起初并没有被打扰，只是在周围环境受到干扰的情况下才处于窘境。“浑水摸鱼”和“趁火打劫”之间的区别首先在于中计者所面临威胁危险的强度和直接的程度。但是中国文本所举例证中也将精神状态浑浊，亦即直接的损害纳入“浑水摸鱼”的范畴，然而“精神浑浊”的状态不是以“火”的形态出现，在这里还是达不到“趁火打劫”的强度。在辨别第五计“趁火打劫”和第二十计“浑水摸鱼”时还有一个虽然不算太重要，但还是值得注意的是，“火”所触及的是某一具体的对方，而“浑水”所触及的则是偶尔聚合在一起的无名的集体。

“浑水摸鱼”这一计的运用要分为两步走：第一步，要设法把水搅浑；第二步要设法趁机捞鱼。“浑水摸鱼”一计要比“趁火打劫”一计具有更深的谋略性，在实施的过程中，要求指挥员发挥较大的主动性。在社会动荡不安或军队心不稳之时，各种力量就会互相冲撞，而弱小的一方屈从和反对还没有确定，此时应将弱小的一方争取过来，以扩充力量，夺取胜利，或者趁乱取利。

中国古代的军事家在运用“浑水摸鱼”这一计谋时，大都采取主动把水搅浑，然后再利用敌人互相混战之机，一个个消灭掉。

在错综复杂的市场竞争中也是一样的道理。慧眼独具、手腕灵活的经营者常趁着竞争对手内部或市场混乱之际，乘机兼并那些力量弱小而动摇不定的势力，以扩充自己的力量甚至形成企业集团，使自己的经营更加便利，更加有效，有的甚至还会制造混乱，从中渔利。

实战应用

为自己充电，不做职场“浑水摸鱼”者

我们都知道，现代职场，竞争激烈，任何人，只要稍微松懈，就有可能被竞争者击败，然而，一些人却精于钻营，他们似乎总是能游刃于职场——以最少的劳动，换得最高的报酬，他们工作，也只是为了工资，而缺乏对工作的激情和热爱，这就是职场“浑水摸鱼”。“浑水摸鱼”是一种缺乏激情和创造力的平庸化的工作态度，不光是对公司的不负责任，同时也是对自己的不负责任。关于这一点，有一项调查，调查结果显示：在8000余名参加调查的职场人员中，竟然有四成以上明确表示自己就是那个职场“闲人”，而更有九成以上的人表示，自己的周围就存在不少“浑水摸鱼”的职场“闲人”。

有一句话是千古不变的真理，那就是：“天下没有免费的午餐。”浑水摸鱼看起来好像暂时占了便宜，然而这“水”不可能永远浑浊，而你也不可能永远能趁乱“摸鱼”，等到“水”变清、工作环境改变时，黯然离开的或许正是那些“浑水摸鱼”者。

所以，任何一位职场人士，都不可“浑水摸鱼”，要提升职场竞争力，唯一的法则就是不断学习，为自己充电。我们来看下面的故事：

巴勒斯坦境内，有两个著名的湖泊，这两个湖泊各有各的特色。

其中一个叫加黎利海，是一个很大的湖泊，水质清澈见底、甘甜可口，周围的人以此为饮用水，站在湖边，能看到湖底自由自在游着的鱼儿，附近的居民和远道而来的游客经常徜徉在此，好不惬意。

另一个名为死海，也是一个湖泊，然而，正如其名，这个湖中的水是咸的而且有一种怪味道，不仅人们不敢来饮用，连鱼儿也无法在这个湖泊

中生存。在它的崖边，连株小草都无法生长，更别提人们选择在这里居住了。

后来，人们经过探究发现，这两个湖竟然是同一个源头。后来人们发现，它们会有这么大的不同，是因为一个有接收也有出；另一个则是接收后便存留起来。原来，在加黎利海里，有入口也有出口，当约旦河流入加黎利海之后，水会继续流出去，如此一来，水流不仅生生不息，也会不断地循环更换，水质自然清澈干净。至于死海则只有入口没有出口，当约旦河水流入之后，水就被完全封死在海里。于是，在这个只有进没有出的湖泊中，所有的污水或废水也全部汇聚在这里，因为只知自私地保留己用，最后的结果便如它的名字，成为没有人愿意亲近的死海。

唯有不断流动更替的水才会充满氧气，如此鱼儿们才会有舒适的生存空间，为湖泊增添生命活力。因为肯付出，加黎利海的收获，正是干净的湖水与热闹的人潮，因为它付出了，自然会得到应有的成果。至于一味地接收而没有付出的死海，结果则是贫瘠与足迹罕至。自然界这个特殊的现象再次告诉生活中的人们，有付出才有收获。追求成功的你们，只要不吝于付出，在付出的同时，你们便能腾出新的空间，容纳新的机会。

“活到老，学到老”这句话对于现代社会的人而言是必须有的意念。无论是拿出业余时间去深造，还是在工作中不断学习，我们都应该展开思索与行动，为自己量身打造一个充电计划。

心理智慧

职场的胜利也需要真本事，偷奸耍滑式的“浑水摸鱼”只能侥幸成功，但实际却带来长久的危害。最后的胜利属于那些经过艰苦奋斗的人们。只有一步一步脚踏实地干好自己的工作，让大家看到自己的能力和价值，成为老板心中不可或缺的人才，才能在职场上屡战屡胜，立于不败之地。因此，忙里偷闲式的“浑水摸鱼”，为自己充电，才是打破职场僵局、为自己谋取长远利益的最明智的做法。

借“浑水”壮大自己的实力

前面我们提及浑水摸鱼的意思是，先把水弄浑，然后去捉失去清晰视线并挣扎着吸气的鱼。引申为：人为制造一种模糊、混乱的形势，或者使局势复杂化，然后捞到好处，这是一种利用模糊、不安、无序、混乱而取得好处的计谋。

这一点，我们同样可以引用到现代生活中。的确，市场竞争存在错综复杂的关系，因此，在混乱与变化中善于发现时机，并牢牢抓住它，是帮助自己获得胜利的一大有效手段。在商业竞争中，一些独具慧眼、手腕灵活的商人们常会趁着竞争对手或者整个市场混乱的时机，因时制宜、“浑水摸鱼”，以达到自身的目的。这一手法在自身力量薄弱、无法与竞争对手抗衡时，尤为有效。因为一旦市场混乱，对手自顾不暇，自身便有了可乘之机，就可以趁着混乱大力发展自己的实力，当足以与对手抗衡时，再突然出击，往往可以达到出奇制胜的目的。

在晚清时代，许多商人对打仗唯恐避之不及，但胡雪岩却不这么看。在他看来，做大生意，最好的办法就是帮军官打胜仗。他说：“只要能帮军官打胜仗的生意，我都做，哪怕亏本也要做。要知道这不是亏本生意，是放资本下去。只要军官打了胜仗，时势一太平，什么生意不好做？到那时候，你是为朝廷打败太平军出过力的，公家自会报答你，做生意处处给你以方便。你想想看，这还能不发达？”做生意不必急于求成，而是等待时机，有了这样的看法，胡雪岩积极投入到帮助左宗棠军队的事业中，事实证明，最后他真的得到了丰厚的回报。

后来，在帮助军队筹集粮饷的时候。由于阜康钱庄资金有限，于是，胡雪岩打算寻找合作伙伴。出人意料之外，他选择了大源钱庄，在旁人看来，胡雪岩应该选择信和钱庄：一方面信和钱庄资本雄厚，做生意下来肯定会大赚；另一方面，于公于私，信和钱庄都与胡雪岩有着密

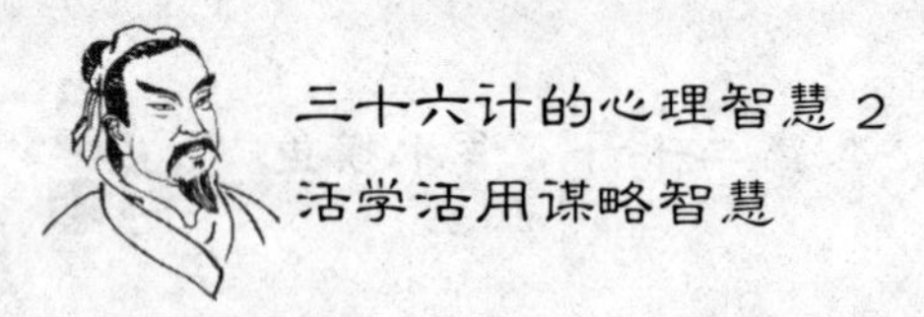

不可分的关系，之前早已经成了阜康的生意伙伴。对于胡雪岩如此的决定，旁人感到很疑惑，就连档手刘庆生也说：“阜康和信和关系非同一般，你为什么不选信和来做？而如果与毫无名气的大源钱庄合作，万一失利怎么办？”胡雪岩却有自己的小算盘，他希望将自己的生意做到最大，要做大生意，肯定是广结商界人士。借着这笔生意，且不论利益如何，这笔生意可以扩大自己的商业范围，无疑是在为自己的生意制造“机会”。

一个人要想成就一番大的事业，不仅需要乘“势”，更要造“势”，在时不逢机的时候，制造机会才是最好的选择。在那乱世年代，胡雪岩大力赞助左宗棠的军队，等到了太平天国运动被平息，他也就成为了有功之臣，从而才能取得更大的成就。

实际上，除了中国的战场和商场，西方杰出的政治家、军事家们也曾妙用这一计谋。

法国资产阶级革命结束后，借助“热月政变”获得统治地位的政府，并没有什么政治能力，在这一政府的统治下，整个社会物价飞涨、社会矛盾尖锐，人民生活水平不断下降。中、小资产阶级民主派积极活动，发誓要为被杀害的罗伯斯比尔等人复仇；保王党数次暴乱，企图恢复波旁王朝的统治；英、奥、俄三国反法盟军乘机进兵法国境界。

拿破仑·波拿巴是法国的没落贵族，他率军打败了反法盟军，被提升为将军。后来，他又平定了王党的叛乱。他在埃及听到了国内局势十分混乱，马上回到了法国，经过多方的秘密联络、串通，得到了军队上层和元老们的支持，于1799年11月9日发动政变，成功解散了五百人议院，元老院任命拿破仑为军队总司令兼国家第一执政官。

1799年12月，拿破仑成为了法兰西第一共和国执政官。

1804年11月，拿破仑加冕称帝，建立了法兰西第一帝国。

恩格斯说：“拿破仑这个科西嘉岛人，做了被战争弄得精疲力竭的法兰西共和国所需要的独裁者。”拿破仑就是运用了浑水摸鱼的计略，成功登上皇位。

心理智慧

“浑水摸鱼”是捞取意外好处的最佳方法之一，然而在更多的时候，这个可乘之机是要靠自己的智慧与勇气去主动创造的，而不是被动消极等着得来的。主动将水搅浑，并借机发展壮大自己的实力，这是“浑水摸鱼”的最高境界，也是谋取长久利益的最有效的方法。

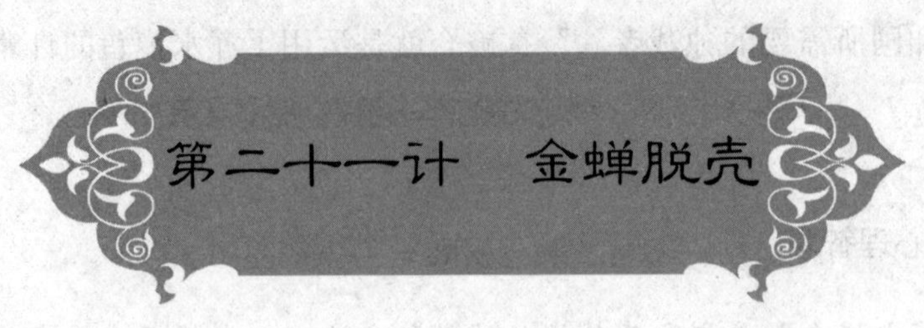

第二十一计　金蝉脱壳

计策详解：留其形，去其实

在日常生活中，人们常常可以看到这样一种现象：树枝上，挂着一个空壳的蝉衣，而里面的秋蝉早已脱壳而出，远遁而去了。这本是蝉类昆虫在其生命进程中发生蜕变的一种生物现象，然而却给人们带来了战略思想上的启示，那就是：留其形，去其实，留下一个空壳造成假象来迷惑敌人，而真正主力则悄然脱身而去。这就是《三十六计》中的第二十一计——“金蝉脱壳”。

“金蝉脱壳”尤其适用于敌我力量对比悬殊的情况之下，无法取胜也无法突围时，便可以采取这一计策，制造假象，用虚假的外形来迷惑敌人，而自己则趁机逃跑。这一计策最先出现于东汉时期仲长统的诗句“飞鸟遗迹，蝉蜕亡壳”中。

宋朝开禧年间，金兵屡犯中原，宋将毕再遇与金军对垒，打了几次胜仗。金兵又调集数万精锐骑兵，要与宋军决战，此时，宋军只有几千人马，如果与金军决战，必败无疑。毕再遇为了保存实力，准备暂时撤退，金军已经兵临城下，如果知道宋军撤退，肯定会追杀，那样宋军损失一定惨重，毕再遇苦苦思索如何蒙蔽金兵，转移部队，这时，只听帐外马蹄声响，毕再遇受到启发，计上心来。

他暗中作好撤退部署，当天半夜时分，下令兵士擂响战鼓，金军听见鼓响，以为宋军趁夜劫营，急忙集合部队，准备迎战，哪知只听见宋营战鼓隆隆，却不见一个宋兵出城，宋军连续不断地击鼓，搅得金兵整夜不得休息，金军的头领似有所悟：原来宋军采用疲兵之计，用战鼓搅得我们不得安宁。好吧，你擂你的鼓，我再也不会上你的当，宋营的鼓声连续响了两天两夜，金兵根本不予理会，到了第三天，金兵发现，宋营的鼓声逐渐微弱，金军首领断定宋军已经疲惫，就派军分几路包抄，小心翼翼靠近宋营，见宋营毫无反应，金军首领一声令下，金兵蜂拥而上，冲进宋营，这才发现宋军已经全部安全撤离了。

原来毕再遇用了“金蝉脱壳”之计，他命令兵士将数十只羊的后腿捆好绑在树上，使倒悬的羊的前腿拼命蹬踢，又在羊腿下放了几十面鼓，羊腿拼命蹬踢，鼓声隆隆不断，毕再遇用“悬羊击鼓”的计策迷惑了敌军，利用两天的时间安全转移了。

运用此计，关键在于“脱”。面对的敌人不同，“脱”的方法也不相同。运用此计一定要选好时机。一方面，“脱壳”不能过早。只要存在胜利的可能，就应继续下去，直至万不得已时才可“脱壳”而去；另一方面，“脱壳”也不能过迟，在败局已定的情况下，多停留一分钟，就会增加一分的危险，减少一分生还的希望。

金蝉脱壳是一种积极主动的撤退和转移，这种撤退和转移又是在十分危急的情况下进行的，稍有不慎，就会带来灭顶之灾。我们应该冷静地观察和分析形势，然后坚决果断地采取行动。

谋成于密，而败于泄。金蝉脱壳的整个过程要在敌人不知不觉中进行，绝不能露半点破绽。

本计的含义主要有两种：

（1）脱身。为了摆脱困境，先把“外壳”留给敌人，然后自己脱身而去。留给敌人的“外壳”是一个虚假的外形，对我方的实力影响不大，却能给敌人造成错觉。

（2）分身，在遇到两股敌人时，为避免腹背受敌，可以对原来的敌人虚张声势，使其不敢轻易来犯，而暗中抽掉主力去攻击后来之敌，待后来之敌被消灭后，再返回来进攻原来的敌人。

实战应用

重要商业机密不可泄露

从“金蝉脱壳”一计中，我们得出，谋成于密，而败于泄。金蝉脱壳的整个过程要在敌人不知不觉中进行，绝不能露半点破绽。所以，我们可以说，我们除了要掌握敌人的信息以外，还有重要的一点是要有防间意识，强化保密观念。

这一点，在现代商业社会尤为重要，美国可口可乐公司的经商信条是：“保住了秘密就保住了市场——防间必不可少。”“保住了秘密就保住了市场”，也是该公司百余年雄立市场的关键。同样，在市场竞争中，也应当隐机藏略，不能过早暴露自己的新工艺、新技术、产品经销和发展计划。

在犹太人的生意经上有这样一条规则，叫作“每次都是初交”。哪怕同最熟悉的人做生意，犹太人也决不会因上次的成功合作，而放松对这次生意的各项条件、要求的审视。这样做的目的，就是要防止由于原来的先入之见而掉以轻心，造成损失。

犹太人主张做生意要诚信，但他们同时也不会过度相信他人，而也正是这种谨慎的商业态度，让他们在经商的过程中总是能立于不败之地。

可能我们都知道，真诚待人是为人处世的第一原则，但你千万要明白的是，热情能换来热情，却不一定能换来别人同样的真诚，尤其是在商业活动中，如果你把所有人都当成朋友，把什么秘密都和盘托出，那么你很可能会给自己带来危险。

洛克菲勒曾经也说，没有不追逐利益的人，自从我们与人打交道的第一刻开始，人与人之间一场旷日持久的利益游戏就开始了。的确，商场如战场，我们必须学会与敌人战斗，与所有人真心交朋友的想法是幼稚的。

在他给儿子的38封信中，他向小约翰讲述了自己曾经被骗的一次经历：

在科利佛兰，那时候，很多商人都挤进石油行业，导致了炼油业生产过剩，这一行业几乎无利可图，那些炼油商也几乎到了破产的边缘。另外，科利佛兰这座城市远离油田，相对于那些工厂在油田的炼油商来说，这个城市的炼油行业毫无优势。对此，洛克菲勒决心站出来，将科利佛兰的炼油工厂集中起来，形成合力，这样才能抵御竞争。然而，那时候的洛克菲勒太年轻了。在他买下那些毫无价值的废旧工厂后，这些商人却见利忘义，甚至与洛克菲勒为敌，将自己变卖废铁得来的钱重新购置机器，重操旧业，甚至公开敲诈洛克菲勒。

那个时候的洛克菲勒心痛极了，他后悔自己太过相信别人。而最令他难过的是，在以利益为中心的商业社会中，没有永远的朋友，今天还在一起喝酒的朋友，明天就可能因为一点利益争端而成为敌人。他的两位教友就曾多次欺骗他，他震惊了，我不明白与我一同祷告、虔诚地发誓要摈弃骄傲、纵欲和贪婪之心的人，何以如此卑鄙！

在经历了种种欺骗与谎言后，洛克菲勒得出一个结论：不要太相信任何人，只有相信自己，才不会被蒙骗。这个世界有太多太多的欺骗，提防是我们不可或缺的生存技能。

“儿子，请不要误会我，我无意要将我们这个世界涂上一层令人压抑、窒息的灰色；事实上，我渴望友谊、真诚、善良和一切能滋润我心灵的美好情感，我也相信它们一定存在。然而，很遗憾，在追名逐利的商场中，我难以得到这种满足，却要经常遭遇被出卖和欺骗的打击。直到今天，我还能清晰地记得数次被骗的经历，那才叫刻骨铭心哪。”这是洛克菲勒告诫小约翰的话。

“林子大了，什么鸟都有”，这是人们常用来感叹社会复杂的一句话。年轻人，可能在你身边发生过这样一些事：你曾听到你的同事在领导面前中伤另外一个同事，而他们在人前是很好的朋友，其目的是减少竞争者；你可能看到一些人被钱财诱惑，不惜在利害关头出卖朋友……因此，你不要再天真地认为，这个世界上都是好人，也不要因为你的同事对你说了几句悦耳的话，就认为对方把你当知心朋友，然后对其和盘托出你所有的秘密，到最后被人利用了还蒙在鼓里。

心理智慧

人与人交往，尤其是在商业活动中，你一定要有防范之心，我国有句古话：“害人之心不可有，防人之心不可无。”对于那些伪善的人，我们一定要做好防守工作，切记不要让他们完全掌握你的秘密和底细，更不要为他们所利用，或一不小心陷入他们的圈套之中。

尴尬场合巧言相助，成功脱身

“金蝉脱壳”这一计中，目的在于“脱”，也就是“脱身”，这一计同样可以运用到现代人际交往中。生活中的人们，如果你是个细心的人，你也会发现，在交际场合，那些能左右逢源、赢得他人好感的人往往都具有一项本领，那就是他们具有一双慧眼，懂得见机行事，总是能在第一时间察觉到交际场上的不和谐因素，并在三言两语间就加以解决。这就如中国人常说的“刀切豆腐两面光”，几句巧言，往往起到化解尴尬场面的作用。这就是所谓的打圆场。打圆场，是指交际人双方争吵或处于尴尬处境时，由第三者出面进行调解的一种方法。打圆场运用得好，有利于打破僵局，解决问题，还可以融洽气氛、消除误会、缓和矛盾、平息争端、联络感情。

的确，可能你也遇到过这样的场景：因为个别人的一句话或者某个行为，交际各方都停止交谈，无论是谁也不肯打破沉寂，于是，场面逐渐冷下来。如果这种氛围不被解决，最终只会让交往各方都不欢而散，而只要你多想办法，给“肇事者”一个台阶：都要在窘境中及时调整思路，选择一个巧妙的角度，改变眼前的被动局面，想方设法争取主动。当然，能不能做到这一点，也考验了你的应变能力。

一位妻子过生日，丈夫请她吃饭，丈夫点了妻子爱吃的“蚂蚁上树”。可端来的菜盘里只有粉丝不见肉末。妻子很生气，但她还是故意问服务小姐：“服务员，这道菜叫什么？”服务小姐仔细一看，不好意思地回答：“蚂蚁上树。”“怪了，怎么只见树不见蚂蚁？”妻子有些得理不饶人。面对一声高过一声的诘问。服务小姐十分窘迫。丈夫见状，马上接过话来：“老婆，大概蚂蚁太累了，还没爬上来。服务员，麻烦你给老板说一声，赶紧给我们换一盘爬得快的蚂蚁。要知道时间就是生命呀。”服务小姐如释重负，赶紧为他们换了一盘名副其实的“蚂蚁上树”，妻子的表情也由阴转晴了。

这位丈夫除了能站在服务员的角度想也顾及到妻子的不满，他还是聪明机智的，他必定也是个睿智成熟的交际高手。

那么，我们在交际中，怎样才能不失时机地打好圆场呢？

1.找个借口，给对方台阶下

人们之所以会在交际场合陷入尴尬境地，是因为他们在某些场合做了不合时宜的事，说了不合情理的话等，而要打破这一情况，可以从人们不

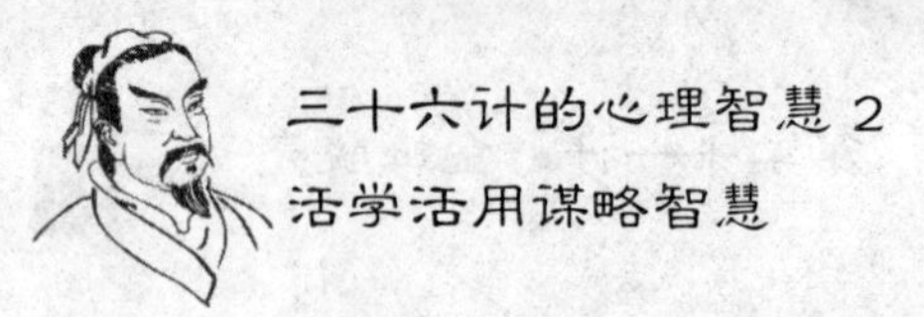

容易看到的方面就这些有悖常理的话和行为作出另一番解释，以证明他的行为和语言是合理的、无可厚非的，这样一来，对方的尴尬解除了，正常的人际关系也能得以继续下去了。而我们在无形中也多交了一个朋友。

2.转移话题，制造轻松气氛

当尴尬或僵局出现时，有些人由于情绪上的冲动，往往会在一些问题上互不相让。在打圆场时，不妨岔开他们的话题，转移他们的注意力。

如朋友之间为了某个问题争得面红耳赤，僵持不下时，可以适时说一句“要把这个问题争得明白，比国家足球队赢球还难”；或者说一个笑话，让双方的情绪平缓下来，在轻松的气氛中让尴尬化解，使交际活动得以顺利进行。

3.主动背黑锅，转嫁矛盾

如果冷场是由其他人造成的，那么，他必定成为众人紧盯的对象，而此时，如果你能主动站出来为其背黑锅，那么对方一定会感激你。

心理智慧

交际中遇到尴尬的场面时，做到审时度势，准确把握双方的心理，然后运用说话技巧，借助恰到好处的话语及时出面打圆场，化解尴尬，维护交际活动的正常进行，就显得十分重要和宝贵，也确实是十分必要和值得重视的。

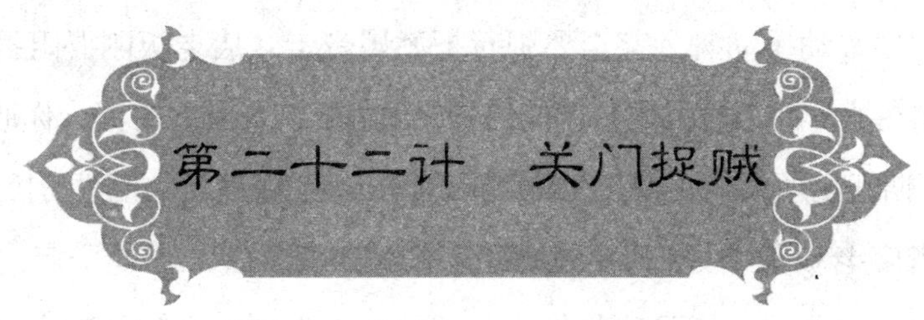

第二十二计　关门捉贼

计策详解：四面包围，瓮中捉鳖

人民群众的口语艺术是相当精彩的，“关门捉贼”一计大概就出自民间俗语。意义从字面上可以看出，是一种围困并歼灭敌人、特别是小股敌人的计谋。本计一般都还配合着其他计谋的使用。我国古代有相当多的军事家成功地运用过关门捉贼计，而且开、关都非常适时，非常的自如。

然而，这一计策绝不仅仅只用于捉拿小股部队，假如指挥官能通观全局、高瞻远瞩、精心布置也可以将敌人的主力部队来个“瓮中捉鳖”，令其无处遁逃，从而一举歼灭。

北宋末年，梁山泊好汉在山东起义，这些好汉纷纷推举宋江为起义首领。

在宋江的带领下，起义军纪律严明，杀富济贫，镇压土豪劣绅，屡屡挫败朝廷讨伐的军队，声震四海八方，老百姓拍手称快。

在梁山泊大寨不远的山下，有个杏花庄。此处有个小酒馆，老板家中只有他和18岁的女儿，名叫满堂娇，人如其名，这姑娘美艳动人，与老汉相依为命。父女俩虽不富裕，日子倒也还过得平静。

有一天，酒馆内来了两个地痞，酒足饭饱后，不但不付酒钱，还对年

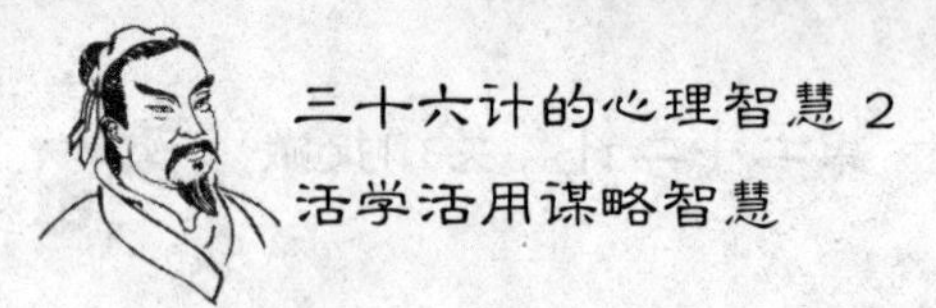

轻美貌的姑娘动手动脚，甚至要强行把姑娘带走，店老板刚要阻拦，就被一脚踢翻在地。两个流氓说："俺们是梁山好汉宋江和鲁智深，你敢不从？这小娘子陪我们两天就回来，你如声张出去，小心老命！"说罢扬长而去。

正当店老板无奈之时，梁山好汉李逵路过酒店，听说了店内发生的事——宋江和鲁智深干下这等伤天害理的事，生性耿直的他怒火中烧，决心上山找宋江和鲁智深算账。

李逵气急败坏地回到山寨，大闹忠义堂。当他知道错怪了宋江后，羞愧万分，命人将自己捆绑起来，向宋江赔罪。

这时，老汉来报告，说那两个恶汉又来了，被他灌醉后正在店里酣睡。李逵兴奋地说："来得正好，看老子瓮中捉鳖，收拾这两个坏蛋！"李逵手提板斧，火速下山，终于除掉了这两个冒充梁山好汉、败坏梁山名声的流氓。

"瓮中捉鳖"是指在大坛子里捉甲鱼。比喻想要得到的东西已在掌握之中。李逵瓮中捉鳖，从另一种意义上来说，是一种心理上的优势，虽然和对方的交涉是在未知的情况下，但提前来到的李逵已经大约掌握了整个交涉的局势。

当然，"狗急跳墙"，因此使用此计一定要注意敌人是否会垂死挣扎、负隅顽抗，要选择好时机与地点，不能让敌人有喘息和反扑的机会，一旦"大门"关上，便要集中优势兵力全力打击，才能一举全歼敌军。

实战应用

巧妙引导，让对方进入你设置的语言氛围中

前面，我们指出了"关门捉贼"在军事谋略上是如何被巧妙实施的。其实，这一计策的运用范围十分广泛，日常生活中，我们在与人沟通的过程中，对于一些不便直言的话，也可以通过这一计策来实现。

我们都知道，人与人之间的沟通是建立在了解的基础上的。刻意地隐藏自己的内心，有时候不一定能达到沟通的目的。因此，我们发现，那些真正口才好的人，总是懂得适时地“暴露”自己，让对方看出他的心理。当然，这里的“暴露”并不是指直截了当地说出我们的答案，而是要让对方根据我们“口中所说”，而达到“心中所想”，也就是采取逐步引导的方法，丝丝入扣，进而让对方进入我们设置的语言陷阱中。

一般来说，我们可以通过用以下方式来让对方了解我们的心理。

1.语言委婉暗示法

周女士是某单位的学术骨干，也是不少年轻人的前辈。最近，她又收了几个“徒弟”。这天晚饭后，这几个年轻人因为有个没有解决的问题，便敲开了周女士家的门，周女士也是个乐于看到年轻人进步的人，对于他们的问题，她很详细地进行讲解，但时间过得真快，转眼已到午夜了，孩子和丈夫都已经睡着了。而明天，她还有更重要的工作。于是，她赶紧接过其中某个年轻人的话题说：“你们提的这个问题很值得研究，明天我去上海参加一个研讨会，准备就这个问题找几位专家一块聊聊。”几位年轻人一听，知道自己打扰周女士太久了，就赶紧起身告辞：“很抱歉，周老师您明天还要出差，耽误您休息了。”周女士连忙说没关系。

故事中的周女士的暗示方法值得我们学习。在这种情况下，周女士若直接告诉他们自己要休息了，虽可以达到辞客的目的，但却显得是在“逐客”，这些年轻人也会陷入尴尬的境地。她隐晦地表达出来，不仅顾及到了自己的身份，也保住了对方的面子，可谓一举两得。

这里，周女士使用的就是语言暗示法。这种方法一般可用于批评、拒绝、提意见等沟通场景中，因为如果直言的话，可能会造成不必要的误会。

也就是说，生活中的人们，在某些情况下，如果你认为直接表达可能会伤害对方的自尊或面子，那么你不妨换个方法，曲线救国、委婉暗示，给彼此一个台阶，对方甚至还会感激你的贴心。

2.做选择题法

学生时代，相信我们都做过选择题。顾名思义，就是你的答案必须是题目中的某个选项。其实，这一方法同样可以运用到语言沟通中，这是一种误导策略，只要你善于运用，就能收到满意的效果。聪明的发问者总是预先埋下伏笔，让对方不知不觉中失误陷入语言的陷阱。

在某酒店里，来了一对尊贵的夫妇，酒店服务员想为客人推荐酒店的特色菜。于是，她这样问客人："您要不来点我们这儿的清蒸鲍鱼？"但似乎她的问话效果并不明显。于是，酒店经理亲自上去为客人点菜，准备推荐酒店的海鲜。她这样问客人："您今天是要一份海鲜还是两份？"客人的回答是两份。就这样，服务员们也掌握了经理的问话方式，于是，酒店的海鲜成了最畅销的菜。

面对酒店经理的这种问话方式，大多数顾客都会择一而答。可见，"误导策略"也是一种很有效的促销手段。同样，误导式的问话方式，在人际交往中也可以为我们所用。比如，有位朋友在你家做客，你不知道他是否要留下来吃饭，想明白地问一声又怕为难朋友，此时不妨问："今天想吃什么？是中餐还是西餐？"

当然，我们在用这种策略发问时，也有值得注意的地方。因为不是所有人都会掉进我们设置的"语言陷阱中"。你需要看人提问，要注意对方的年龄和身份以及文化修养与性格特征，有人热情爽快，有人性格内向，有人粗枝大叶，有人谨慎小心。每个人的性格不同气质必然相异，如果没有考虑这些条件而随便发问，便可能有意外的状况发生。

心理智慧

在人际沟通中，运用关门捉贼的技巧，能更好地传递你想要表达的信息，使对方立即获得情感上的满足。与此同时，沟通的效果就产生了——对方会以"礼"回敬！

不拘一格降人才

在“关门捉贼”这一计谋中，我们可以引申出来，凡是能给对方以退路或者可乘之机的，都可以被称为“门”，而“关门捉贼”最关键的便是要把守好“门”，不让对方趁机溜掉。因此将对手包围起来，断其后路是此计得以奏效的关键。当然，被关的不一定非得是“贼”，也可以是你求之若渴但又极难得到的人才与贤士。

的确，我们都知道，现代社会的竞争，其实质就是人才的竞争。一个国家如此，企业亦然。如何科学、合理、有效地唯才是用，是摆在企业各级领导面前的首要难题。然而，任何一家企业里没有无用的人才。对此，清末大将曾国藩说，用人才要量才为用，不拘一格。

曾国藩曾说：“世人聪明才力，不甚相悬，此暗则彼明，此长则彼短，在用人者审量其宜而已。山不能为大匠别生奇木，天亦不能为贤主更出异人。”在笔记《才用》篇中，曾国藩进一步指出：“虽有贤才，苟不适于用，不逮庸流，……当其时，当其事，则凡才亦才，亦奏神奇之效，否则龃龉而终无所成。故世不患无才，患用才者不能器使适宜也。”

因此，曾国藩不拘一格降人才，“凡于兵事、饷事、吏事、文事有一长者，无不优加奖借，量才录用。”长此以往，使得他帐下军事型的、谋划型的、经济型的、技术型的人才应有尽有，其势如日中天，前无古人，登峰造极。

英国管理学家E.特雷默也曾提出一点：每个人的才华虽然高低不同，但一定是各有长短，因此在选拔人才时要看重的是他的优点而不是缺点，利用个人特有的才能再委以相应责任，使各安其职，这样才会使诸方矛盾趋于平衡。否则，职位与才华不能适合，使应有的能力发挥不出，彼此之间互不信服，势必造成冲突的加剧。在一个团队中，每个人各有所长，但更重要的是领导者能将这些人依其专长运用到最适当的职位，使其能够发挥自己所长，进而让整个企业繁荣强盛。我们先来看这样一则故事。

大唐的文武百官中，有一个叫王珐的人，很受唐太宗重视。一次，宴会上，唐太宗一时兴起，便问了王珐这样一个问题：“大家都知道你王珐是个很善于鉴别人才的人，今天，你就不妨从房玄龄开始，对朕身边人才进行一番评论吧，看看他们有什么优点，又有哪些做得不足的地方。”

王珐回答说：“一心为国为民、国家人民之事无论大小都孜孜不倦地办理，在这方面我比不上房玄龄。常常直言进谏、认为皇上能力德行比不上尧舜很丢面子，这方面我比不上魏征。文武双全，既能进入朝廷担任一朝宰相，又能在外带兵打仗，在这方面，我比不上李靖。向皇上报告国家公务，详细明了，宣布皇上的命令或者转达下属官员的汇报，能坚持做到公平公正，在这方面我不如温彦博。处理繁重的事务，解决难题，办事井井有条，这方面我也比不上戴胄至于批评贪官污吏，表扬清正廉署，疾恶如仇，好善喜乐，这方面比起其他几位能人来说，我也有一日之长。”

唐太宗非常赞同他的话，而大臣们也认为王珐完全道出了他们的心声，都说这些评论是正确的。

从王珐的评论中，我们可以看出唐太宗的团队中，每个人各有所长。但更重要的是唐太宗能将这些人依其专长运用到最适当的职位，使其能够发挥自己所长，进而让整个国家繁荣强盛。

心理智慧

世上没有尽善尽美的人，每个人都有不足和优点，选用一个人，主要是使他发挥自己的优点，至于他的不足，只要不影响到工作，不影响到别人发挥积极性，就不要过严。企业管理人员的任务是寻找员工的优点，在使用过程中，要使人尽其所长。

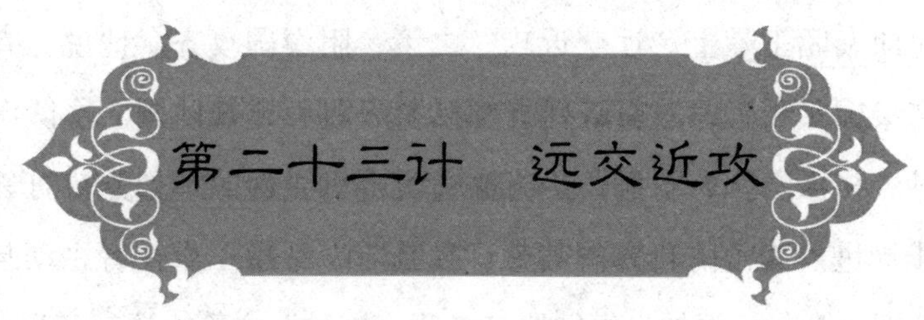

第二十三计　远交近攻

计策详解：用不同的计策对付不同的敌人

“远交近攻”是兵法《三十六计》的第二十三计。原按为：“混战之局，纵横捭阖之中，各自取利。远不可攻，而可以利相结；近者交之，反使变生肘腋。范雎之谋，为地理之定则，其理甚明。”原文为：“形禁势格，利从近取，害以远隔。上火下泽。”

远交近攻，语出《战国策·秦策》。范雎曰：“王不如远交而近攻，得寸，则王之寸；得尺，亦王之尺也。”这是范雎说服秦王的一句名言。远交近攻，是分化瓦解敌方联盟，各个击破，结交远离自己的国家而先攻打邻国的战略性谋略。

当实现军事目标的企图受到地理条件的限制难以达到时，应先攻取就近的敌人，而不能越过近敌去打远离自己的敌人。为了防止敌方结盟，要千方百计去分化敌人，各个击破。消灭了近敌之后，“远交”的国家又成为新的攻击对象了。“远交”的目的，实际上是为了避免树敌过多而采用的外交诱骗。

战国末期，七雄争霸。秦国经商鞅变法之后，势力发展最快。秦昭王开始图谋吞并六国，独霸中原。公元前270年，秦昭王准备兴兵伐齐。

范雎此时向秦昭王献上“远交近攻”之策，阻秦国攻齐。他说：齐国势力强大，离秦国又很远，攻打齐国，部队要经过韩、魏两国。军队派少了，难以取胜；多派军队，打胜了也无法占有齐国土地。不如先攻打邻国韩、魏，逐步推进。为了防止齐国与韩、魏结盟，秦昭王派使者主动与齐国结盟。其后四十余年，秦始皇继续坚持“远交近攻”之策，远交齐楚，首先攻下韩、魏，然后又从两翼进兵，攻破赵、燕，统一北方；攻破楚国，平定南方；最后把齐国也收拾了。秦始皇征战十年终于实现了统一中国的愿望。

远交近攻的道理非常明白了，就是：用不同的策略对待不同的敌人。就像《孙子兵法》中所说的那样：火苗向上冒，泽水向下流，同是敌方，对策可以不同。简而言之，它是一种优势策略，也就是怎么对自己有利，就怎么来，即攻打邻近的敌人；要竭力避免对自己不利的因素，即远方的敌人。当然，所谓“远交”，也不可能永远交好下去，一旦原先的近敌被消灭了，原本意义上的远方也就成了近郊，那么新一轮的征伐也就可以开始了。这比一开始就用兵力强行征服远方的敌国要好得多。因此，从这个意义上来说，“远交”不过是为了避免树敌过多而采取的一种外交诱骗手段而已。

实战应用

对症下药，到什么山唱什么歌

俗话说：“求神要看佛，说话要看人。”人上一百，形形色色，每个人都有自己的性情，每个人都有不同的心理。这时候，我们的语言表达方式也需要因人而异，需要迎合对方的性情、心理特点，才有可能影响对方心理。否则，一味地强势或一味地退却，只会使我们在交流中处于越来越被动的位置。所以，我们在与他人交流的时候，需要讲究看准人下“话药”，如此这般，才能使自己在人际交往中如鱼得水、应对自如。

两千多年前，孔子的学生仲由问：“听到了，就可以去干吗？”孔子回答：“不能。”这时，另一个学生冉求也问了同样的问题：“听到了，就可以去干吗？”孔子回答说：“那当然，去干吧！”公西华听了，对于老师孔子的回答感到很疑惑，就询问孔子：“这两个人问题相同，而你的回答却相反，我有点儿糊涂，想来请教。”孔子回答：“求也退，故进之；由也兼人，故退之。”

孔子的意思就是，冉求平时做事喜欢退缩，所以我要给他壮壮胆；仲由好胜，胆大勇为，所以我要劝阻他，做事要三思而后行。孔子诲人也不是千篇一律，更何况是说话呢？我们在面对不同的说话对象，需要看准人下“话药”，时而强势，时而退避三舍，这样才能达到游说的目的。

春秋时期，陈国国君灵公有一次在夏徵舒家里饮酒，几人一边喝酒一边闲聊。当时他看到孔宁、仪行父的时候，就想嘲弄他们。于是他对孔宁、仪行父两大夫说：“徵舒像你俩。”而两大夫也不客气地回敬说：“也像您。”不言而喻，其意是指三人均和夏徵舒的母亲“有染”。结果，陈灵公被夏徵舒用箭射死。

陈灵公在说话的时候非但没有“对症下药”，反而在谈话之间对别人嘲弄，于是，引来别人的嫉恨，最后连自己的命也搭进去了。所以，在平时谈话之间，如果你想获得别人的好感，获得别人的青睐，你就要学会在谈话中投其所好。

如果你不知道怎么来“对症下药”，那么你可以在与他交谈之前，通过他的朋友或是他身边的人来对他有一个大致的了解，比如他的性格、爱好、优点。这样，你就会在谈话中游刃有余地对他“下药”，或是针对他的优点赞赏一番，或是迎合着他的性格说些他爱听的话，或是把他所爱好的事物在他面前随便说说。这样就会无形中拉近你和他之间的距离，他就会对你充满好感，甚至愿意与你有下一次的交谈。

心理智慧

每个人，由于生活环境、接受的教育程度、性格、性别、社会地位等方面的不同，导致了他们所能接受的说话方式、语言习惯等方面的不同。因此，我们一定要看清对象，“见什么人说什么话，因人而异”是非常必要的，否则就会犯“对牛弹琴”的错误。

因人而异，采取不同的管理手段

我们都知道，生活中，我们做的每一件事、说的每一句话，都不能是盲目的，都要做到因人而异。利用心理策略来认识他人，掌握对方的性格、内心需求和期望，我们做事的效率才会提高。同样，作为企业的领导者，在管理下属的过程中，也要“因材施教”，针对不同性格的人采取不同的管理手段。

清末大将曾国藩是识人用人的高手，他选才有一套自己的方法。即“德为本质，才为功能；扩才识以待用；事须才而立；制胜之道，实在人而不在器，中兴在乎得人，不在乎得地。”曾国藩用人注重德才，不拘一格，因人而异，他的部下来自五湖四海，大才大用，小才小用。他礼贤下士，对于手下冗杂人员，也大胆裁汰。曾国藩用人也很讲究方式方法。他惯用的手段有四招，即“书信训饬，当面教诲；扬善于公庭，规过于私室；举天下之才会于一，乃可平天下；知人善任，陶熔造就。”

而在《曾文正公全集》中，有这样一段话：“今日所当讲求，尤在用人一端。人材有转移之道，有培养之方，有考察之法，不必拘定一格，要使人人各得显其所长，去其所短。人才以陶冶而成。不可眼孔太高，动谓无人可用。”

这段话的含义是："今天应当讲究的尤其是在用人。人才有潜移默化的方法，有培养之途，也有考察的方法。选用人才要不拘一格，用人要尽量发挥其所长，而抑其短处。人才是锻炼出来的，不要眼光太高，动不动就说没有可用的人才。"

历史翻过了一百多年，曾国藩的用人之道并未过时，现代企业中的管理者们也应该学会这些精髓，从中得到管理下属的启迪，从而做好企业管理工作。

的确，身处职场，管理下属，我们不仅要从大局着眼，还要心思细腻，与下属打好关系，具体来说，要求我们做到：培养自己的观察力，看透下属的性格。

工作中，我们与下属沟通，我们要具备一定的洞察力，一步到位看清对方的性格，比如，从难以伪装的习惯动作看出对方的心态，从被忽略的生活点滴推知对方的性格，这才能在最短的时间内，掌握下属的个性特征、知识和能力水平等。

当然，管理工作中，我们也不能戴有色眼镜看人，一个人的内心，只有他们自己最清楚，我们不需要妄加评论。

心理智慧

古人云："知己知彼，百战百胜。"管理下属，我们要想轻松地达到自己的目的，就要先了解对方，"远交近攻"的计谋能教会我们根据下属不同的性格、能力，实行不同的用人方法，从而帮助我们达到目的。

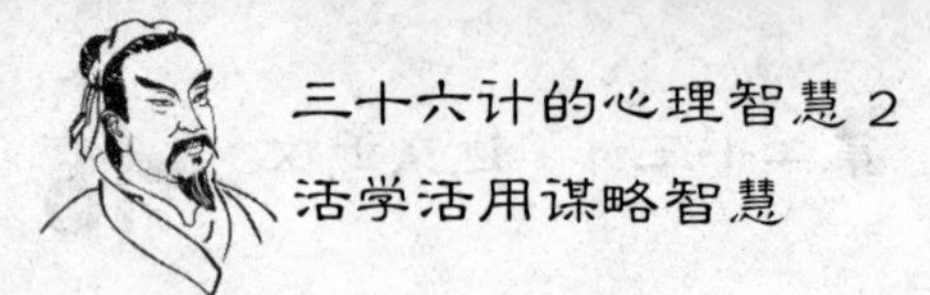

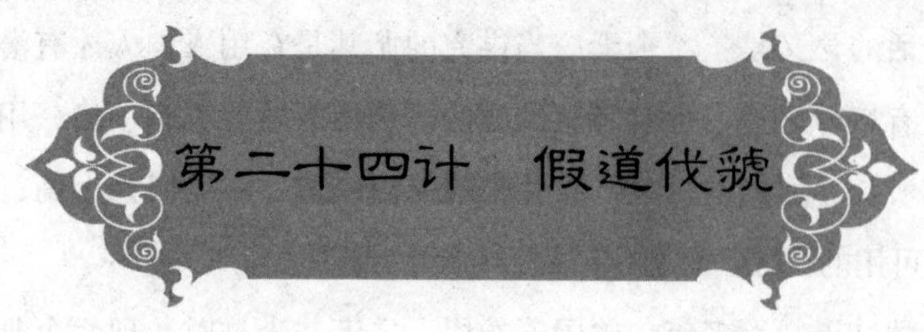

第二十四计　假道伐虢

计策详解：假施小恩小惠，趁机灭敌

“假道伐虢”是《三十六计》中的第二十四计。假道，是借路的意思；伐，是攻占的意思；虢，是春秋时的一个小国。用于军事上，其意在于先利用甲做跳板去消灭乙，达到目的后，回过头来连甲一起消灭，或者借口向对方借道为名，行消灭对方之实。“假道伐虢”源自春秋时期一个真实的战例。

春秋时期，晋国想吞并邻近的两个小国：虞和虢，这两个国家之间一直保持着良好的睦邻关系，无论晋国攻打其中哪一个，另一个势必会出兵帮忙。

那么，如何是好呢？

大臣荀息向晋献公献上一计。他的提议是，要想成功拿下这两个小国，首先就要离间他们的关系。他了解到，虞国的国君贪得无厌，为此，可以投其所好，拿出一两件宝物，就能收买他，荀息的意思是，可以送给他屈产良马和垂棘之璧。献公哪里舍得？荀息说：大王放心，只不过让他暂时保管罢了，等灭了虞国，一切不都又回到你的手中了吗！献公依计而行。虞公得到良马、美璧，高兴得嘴都合不拢。

之后，晋国又故意在晋、虢边境制造事端，找到了伐虢的借口。晋国要求虞国借道让晋国伐虢，虞公得了晋国的好处，欣欣然就答应了。虽然虞国大臣宫之奇再三阻挠，告诉虞公这其中的利害，但是虞公一点都没听进去。宫之奇说，虞虢两国，唇齿相依，虢国一亡，唇亡齿寒，晋国是不会放过虞国的。虞公却说，交一个弱朋友去得罪一个强有力的朋友，那才是傻瓜哩！

晋大军通过虞国道路，攻打虢国，仅仅用了四个月时间就拿下了这个国家，在回晋国的路上，晋国又将劫夺的财产分了许多送给虞公，虞公更是大喜过望。晋军大将里克，这时装病，称不能带兵回国，暂时把部队驻扎在虞国京城附近。虞公毫不怀疑。几天之后，晋献公亲率大军前去，虞公出城相迎。献公约虞公前去打猎，不一会儿，只见京城中起火，虞公赶到城外时，京城已被晋军里应外合强占了。就这样，晋国又轻而易举地灭了虞国。

“假道伐虢”是以借路渗透，扩展军事力量，从而不战而胜的谋略。其关键在于，对处于敌我两个大国中的小国，当敌人胁迫它屈服时，一方要立即出兵援救，借机把军事力量扩展出去。对处在窘迫状况下的国家，光空谈而不付诸行动，是不会被其信任的。应抓住其侥幸图存的心理，乘机渗透，以便控制局势，将其吞并。

另外，企业经营者应用此计，关键在于“假道”。当竞争对手的力量较强大时，依靠其他强者求得生存发展；当弱小的企业面临危机，可以通过技术援助控制或兼并他人的企业，也可以通过别的渠道，迂回发展，最后达到战胜对手、夺取市场的日的。

实战应用

笑到最后才是真正的赢家

在“假道伐虢”这一计策中，要想成功达到一石二鸟、一箭双雕的目的，我们必须要掩盖自己的真实意图，否则，很有可能导致两面夹击的窘境。为此，我们要明白一点，笑到最后的才是真正的赢家，在计策未达成之前，我们都要做到耐心等待。

日本的某家航空公司派出了三个代表来到美国，与美国的一家飞机制造公司进行谈判，希望能以合理的价格购买到一批材料。

这是一笔交易额很大的谈判，为此，美方也派了一批精英人才谈判。美方的聪明之处在于，谈判开始后，他们并不是采取常规交涉的方法，而是用产品说话，采取了一系列的产品攻势。

坐在美方提供的会议室，很明显，美方占据优势。在这间会议室，挂满了许多产品图像，还印刷了许多宣传资料和图片。他们用了两个半小时，三台幻灯放映机，放映了好莱坞式的公司介绍。他们很聪明，按照常规意义来说，他们这样做，一是要加强自己的谈判实力，二是想向三位日本代表作一次精妙绝伦的产品简报。可是，奇怪的是在整个放映过程中，那三个日本代表只是静静地坐在里面，全神贯注地观看。

一番介绍加上放映后，美方高级主管得意地站起来，转身向三位显得有些迟钝和麻木的日方代表说：“请问，你们的看法如何？”

不料一位日方代表说：“我们还不懂。”这句话大大伤害了美方代表，他的笑容随即消失了，一股莫名之火似乎正往上顶。他又问：“你们说不懂，这是什么意思？哪一点你们还不懂？”

另一位日方代表彬彬有礼地微笑着回答：“我们全部没弄懂。”美国的高级主管又压了压火气，再问对方：“从什么时候开始你们不懂？”

第三位代表严肃认真地回答：“从关掉电灯，开始幻灯简报的时候起，我们就不懂了。”这时，美国公司的主管感到严重的挫败感。

为了商业利益，美方主管又重放了一次幻灯片，而且明显放慢了速度，但日方代表还是一直摇头，美国的高级主管一下子泄气了，显得心灰意冷、无可奈何。他对日方代表说：“那么，那么……那么你们希望我们做些什么呢？既然我们所做的一切你们都不懂。”

这时，一位日方代表慢条斯理地将他们的条件说了出来，他说得如此慢，以至使美国高级主管像回答询问似的，毫无斗志地斜坐在那里，稀里糊涂地应答着，他的思维已经紊乱了，信念被摧毁了，根本未作什么有效反应。

结果，日本航空公司大获全胜，成果之大，连他们也感到意外。

这三名日本代表是聪明的，他们利用的就是美方不能坚持到底的这种心态，然后做了一点小小的“手脚”，让交涉对方自乱方阵，当得意的美方代表产生挫败感、显得心灰意冷的时候，他们的目的也就达到了。此时，他们提出自己的条件，对方已经毫无招架之力。日方代表在这样一个强势的美方制造商面前，并没有认输，而是耐心地等待，最终看到了曙光并取得了胜利。而从美方代表看，他们因为没有耐心，因而输了这场谈判。

心理智慧

任何事不到最后一刻都不可盖棺定论。要知道，成功总是“犹抱琵琶半遮面”姗姗来迟的。因此，我们一定要自制、努力加坚持！

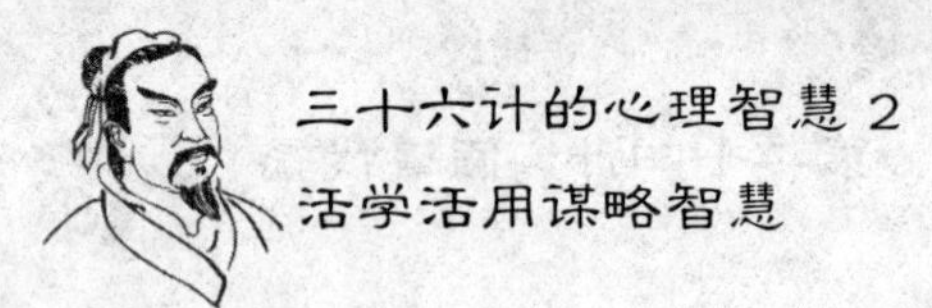

借人之威，成己之事

在“假道伐虢”这一计策中，军队所“借”的是“道”。而在现代社会，人们可以“借”的途径有很多，可以是他人的力量，也可以是借助他人的智慧、想法甚至是名声等。

在北京北海公园琼岛对面，有一家老饭店，这家饭店很有特色，一直沿袭的是清代宫廷菜的烹饪方法，但奇怪的是生意一直都不好。

后来，这家饭店的负责人决定找清楚原因，在一番调查后他发现，不少游客尤其是外国游客最为感兴趣的是中国古代皇帝的饮食起居。于是，找到这个突破口，他决定将饭店的饭菜以“皇帝吃过的饭菜”为宣传点，大肆进行宣传，并且对于店内的每一道菜，他都搜集出故事，并让服务员背下来，在服务员上菜、客人点菜的时候，服务员就会说出这道菜的由来。就这样，这家店的生意一下子火了起来。

一次，美国华盛顿黑人市长在这里举行答谢宴会。席间，服务员上来一盘点心，彬彬有礼地介绍说：“曾经慈禧太后夜里梦见吃肉末烧饼，而第二天早上，厨师给他准备的正是肉末烧饼，她很高兴，因为这不就是心想事成吗？今天大家吃的也就是这道心想事成的典型，愿大家也能事事如意，步步吉祥……”这一席话让在场的所有客人都变得心情大好，这位黑人市长高兴地敬了服务员一杯酒，说：“下次来北京，愿再来你们这里做客！”

一道小小的菜肴都能借助贵人之光拥有另类的文化意义，从而迅速走红。我们在交际中也是如此，与人交往的时候，要学会炒出自己的身价，然后有的放矢，发挥我们的交际能力，“攀上高枝儿”，我们就会少走很多人生奋斗的弯路。

事实上，古往今来，很多人之所以能功成名就，就是借助了他人之力。比如曾国藩，他年纪轻轻便官运亨通，成功的奥秘也在于能够借人之威，成己之事。同样，生活中，如果我们善于利用名人的影响力，那么在做事过程中会轻松很多。

在美国乡村，有个老人和他的儿子相依为命。

一天，一个人找到老人说要将他的儿子带去城里工作，老人愤怒地拒绝了这个人的要求。这个人又说："如果你答应我带他走，我就能让洛克菲勒的女儿成为你的儿媳，你看怎么样？"老人想了又想，终于被"让儿子能当洛克菲勒的女婿"这件事情说动了。这个人将这个老人的儿子精心打扮后，找到了美国首富、石油大王洛克菲勒，对他说："尊敬的洛克菲勒先生，我想给你的女儿找个对象。"洛克菲勒说："快滚出去吧！"这个人又说："如果我给你女儿找的对象是世界银行的副总裁呢？"于是洛克菲勒就同意了。最后，这个人找到了世界银行总裁，对他说："尊敬的总裁先生，你应该马上任命一个副总裁！"总裁先生摇着头说："不可能，这里这么多副总裁，我为什么还要任命一个副总裁呢，而且必须马上？"这个人说："如果你任命的这个副总裁是洛克菲勒的女婿呢？"总裁立刻答应了。

在这个人的努力下，那个乡下小子不但娶了洛克菲勒的女儿，也成为了世界银行的副总裁。

心理智慧

在竞争激烈的今天，那些实力弱小的人，如果仅凭自己的力量是很难获得成功的。一个深谙心理智慧的人，总是能发现有利于自身发展的有利资源，并为自己开拓更为广阔的天地。

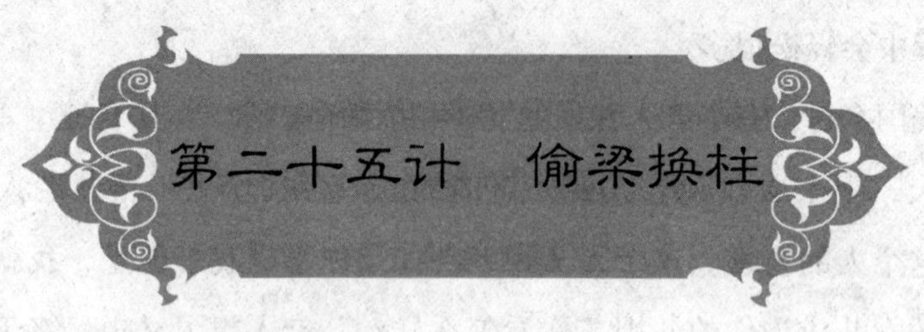

第二十五计　偷梁换柱

计策详解：玩弄手法，以假代真

“偷梁换柱”又可称为“偷天换日”“偷龙转凤”，或者索性就叫“调包计”。无论名称是什么，其本质都是一样的，就是通过暗地里改换内容，以达到蒙混过关、欺骗对手的目的。

“偷梁换柱”不但可以用于军事上，也常常用于政治谋略和外交谋略上。两千多年前，秦朝的赵高和李斯就上演了一幕“偷梁换柱”，换掉了一国之君，也断送了秦朝的前程。

公元前210年，秦始皇第五次东巡，到达平原津（今山东平原县附近），突然一病不起。此时，秦始皇也知道自己的大限将至。于是，连忙召丞相李斯，要李斯传达秘诏，立扶苏为太子。当时掌管玉玺和起草诏书的是宦官头儿赵高。赵高早有野心，看准了这是一次难得的机会，故意扣压秘诏，等待时机。

几天后，秦始皇在沙丘平召（今河北广宗县境）驾崩。李斯怕太子回来之前，政局动荡，所以秘不发丧。赵高特此去找李斯，告诉他，皇上赐给扶苏的信，还扣在我这里。现在，立谁为太子，我和你就可以决定。狡猾的赵高又对李斯讲明利害，说，如果扶苏做了皇帝，一定会重用蒙恬，到那个时候，宰相的位置你能坐得稳吗？一席话，果然说得李斯心动，二人合谋，制造假诏书，赐死扶苏，杀了蒙恬。

赵高未用一兵一卒，只用偷梁换柱的手段，就把昏庸无能的胡亥扶为秦二世，为自己今后的专权打下基础，也为秦朝的灭亡埋下了祸根。

且不论李斯与赵高的做法给秦朝的命运带来了怎样的祸端，单就“偷梁换柱”一法而言，他们深得此计的精要。首先，为何要偷换“梁柱”？因为梁柱的重要性决定了它在大局中的地位，就像一座房屋假如没有梁柱就必定会倒塌一样。所以，此计击垮敌人、令自己获利的关键是要换掉对方的主力或者最具有决定作用的人或物，太子扶苏就是这一计策的关键人物。其次，“偷梁换柱”要秘密进行，不能引起对方的怀疑。赵高与李斯是秦始皇最亲近和信任的人，他们所说的话具有绝对的权威性，太子扶苏因此对假的遗诏深信不疑。蒙恬当时劝他返回洛阳一看究竟，但扶苏却说：“父要子亡，子不得不亡。”然后便将药酒一饮而尽，倒地身亡。

“梁柱”已被换成朽木，大厦倾塌的命运自然也就不远了。偷换“梁柱”，最后吞掉对方的全部，这才是“偷梁换柱”的最终目的所在。

实战应用

移花接木，偷换概念

在人际交往中，我们深知严密的逻辑思维对于说话的重要性。在说话中，稍不注意，就有可能出现概念的转移，虽然在字面上这个概念并没有发生变化。但其实，自古以来，博大精深的中国文化中，为了制造出语言上的出奇制胜或幽默，人们却常常喜欢偷换概念，此处并不是逻辑上的错误，而是中国人的逻辑语言习惯，是故意为之。这其实是计策“偷梁换柱”在语言中的运用。

所谓偷换概念，也就是我们常说的歪解，顾名思义，也就是我们将对方说出的话给出另外一种解释，也就是曲解。从概念上讲，偷换概念犯了逻辑错误，有时候，有些人是故意犯这一错误，为的是重新塑造一个容易推翻的立场，然后再从这一角度进行分析和攻击。同样来说，偷换概念可以是修辞学的技巧，也可以用来对人们作出游说，但事实上，这只是误导了我们而已，对方的言论也并没有因为我们的误导而就被推翻了。

偷换概念所运用的技巧就是将概念中的中心含义悄悄地转移或者偷换了，这一概念被偷换得越隐蔽、越离谱，造成的概念差异就越大，产生的震惊效果就越强。反过来，偷换概念越是隐蔽，可接受的程度也就越高。表面上看，在概念被偷换之后是行得“通”的，但这种“通”并不是“常理”上的，而是另外一个角度上的，能表现出说话的幽默和智慧。

另外，一般来说人们在进行理性思维的时候，最基本的要求是概念的含义要稳定，也就是双方讨论的是同一件事，只是双方在理解和运用上不同罢了，因而产生不同的效果。

有一次，一位贵族夫人邀请帕格尼尼第二天到她家去喝茶。碍于情面，帕格尼尼接受了她的邀请。贵妇感到非常高兴，告别的时候，笑着叮嘱帕格尼尼说：“亲爱的艺术家，明天来的时候，请您一定要带上您的提琴。”“这是为什么呀？”帕格尼尼故意装作很惊讶的样子说，“夫人，您应该知道，我的提琴是从不会喝茶的。”帕格尼尼通过曲解对方语言的含义，来达到了自己拒绝为这位贵族夫人拉小提琴的目的。

这种故意歪解的方法，可以应用到对别人的话表示不明白，或者用你自己的“理解方式”去回答，用一些让别人哭笑不得的理解方式去解释原因，来达到你的目的。

转换一个角度看问题，看似漫不经心，其实乃是有备而来。我们常说，语言来源于生活，但往往并不就是生活本身，也就是说，生活是非常现实的，常规的，它不像语言那样充满着虚虚实实、夸张离奇的喜剧色彩。比如在正式的工作场合中，人与人之间最恰当的交际方式是尽量简要、明确地进行语言的表达和思想的沟通，这一点非常必要。而偷换概念则不同，明明要说甲事，却可以从与之看似无关的乙事说起。本来要表达一种意思，但却偷换了概念，表达的是另一回事，这就是我们经常采用的偷换概念式的语言技巧。需要指出的是现实生活中人们的偷换概念是无意中发生的，而当它成为一门语言技巧时则是有意设计的，并有相当强的针对性。

心理智慧

“偷换概念”之所以能造成幽默效果，是因为幽默的思维主要不是实用型的、理智型的，而是情感型的。因此，对于一般性逻辑思维来说是破坏性的东西，对于幽默来说则可能是建设性的。

巧挖墙脚，用人才充实自己

从军事上来说，“偷梁换柱”一计中的“梁柱”主要是从军事部署的角度而言的。古时候，两军对阵，阵势中前后呼应的部位称为“天横”，就是阵中的大梁；阵势的中央称为“地轴”，就是军阵中的支柱。大梁和支柱部位都是军队的主力和精兵位置所在，是部队的核心。战争是否能够取胜，关键就在于阵中的“梁”和“柱”是否能充分地发挥效用。人们常将商场比作战场，那么对于一个企业或商家来说，能够在激烈的竞争中大获全胜，最关键的是能否充分发挥人才的作用，因为在知识经济的今天，人才就是企业的“梁”和“柱”。现今社会，人才对于企业的作用不言而喻，所以企业的领导者无不把“如何用好人”当作头等大事来抓，以期企业的“风和日丽，歌舞升平”。但在事实上，企业管理者们都有各自的用人原则和方法。对此，美国苹果电脑公司老板史蒂夫·乔布斯有自己的心得，他指出，一位出色的人才能顶50名平庸的员工。这就是风靡西方管理界的“乔布斯法则”。

苹果创始人乔布斯说，他花了半辈子时间才充分意识到人才的价值。他在一次讲话中说：“我过去常常认为一位出色的人才能顶两名平庸的员工，现在我认为能顶50名。”在乔布斯看来，把四分之一的时间用来招募人才是合理的，因为苹果公司需要有创意的人才。同样，高级管理人员往往能更有效地向人才介绍本公司的远景目标。

同行企业中挖掘人才可以“一举三得”，我强敌弱的强烈反差可以令自己在竞争中占据最大的优势。知识在竞争中起决定因素，从其他企业挖掘过来的人才可以快速转化为资源、设备、管理和产值等各方面的优势，从而极大地提升竞争的综合能力。

心理智慧

很多企业管理者狭隘地认为，网罗人才的渠道就是招聘。实际上，从同行企业挖掘人才才是最佳方式，这不仅避免了过去招聘过程中的某些失误，简化了筛选过程，更重要的是，削弱了竞争者的实力，提升了自身优势。

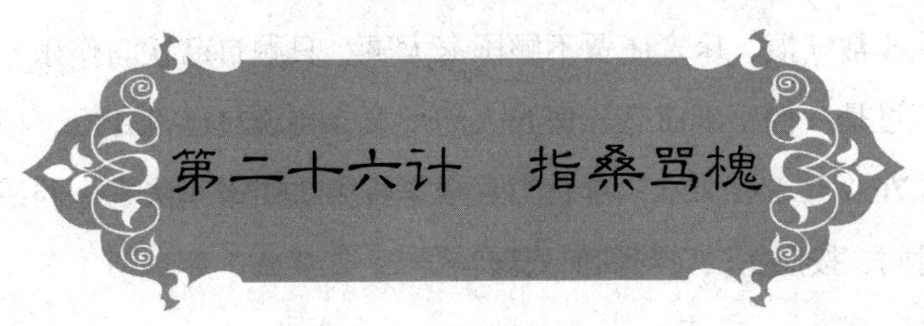

第二十六计　指桑骂槐

计策详解：暗有所指，杀一儆百

《三十六计》中的第二十六计为“指桑骂槐”，表面上是指骂这个人，实际上骂那个人，但作为军事上的计策，其意义更为深刻。

俗话说：“杀鸡儆猴。”就是利用猴子害怕鲜血的心理，故意当着猴子的面杀一只鸡，当猴子看见血淋淋的惨状时，便会乖乖地听命于主人。看见同伴惨遭不幸，自己的内心就会油然而生恐惧，这是人之常情，自古以来在战场上或军事上都普遍使用这一计策，来达到威慑士兵、整顿军纪的作用。

春秋时期穰苴斩庄贾的故事便是其中著名的一例。

春秋时期，齐景公任命田穰苴为将，带兵攻打晋、燕联军，宠臣庄贾被命为监军。

穰苴与庄贾约定，次日于营门口集合，第二天，按照约定。穰苴早早到了营中，并找人拿来了计时装备，时辰已到，就开始整顿部队。然而，庄贾迟迟不到，穰苴几次派人催促，都未见踪影，直到黄昏时，庄贾才带着醉容到达营门。穰苴质问他为何要迟迟不来，庄贾一副毫不在意的样子，轻描淡写地说家中有客人在，总不能不应酬吧。

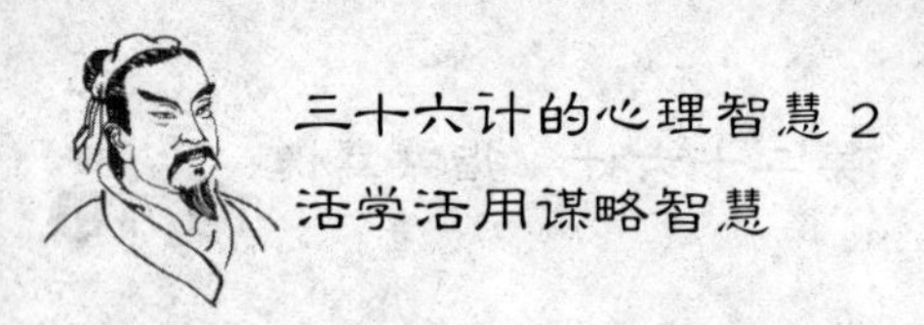

穰苴非常气愤，斥责庄贾不顾国家大事，只顾自己饮酒作乐，庄贾以为迟到不过是一件小事而已，何必大动干戈，再说自己是宠臣，穰苴的话不足以挂在心上。谁知道，穰苴当着全军将士，叫来军法官，问道："无故误了时间，按照军法应当如何处理？"

军法官答道："该斩！"穰苴即命拿下庄贾。

庄贾吓得浑身发抖，他叫来随从，让其快马加鞭赶到宫中，希望齐景公能救自己一命，谁知道，在景公派的使者没有赶到之前，穰苴即令将庄贾斩首示众。全军将士看到主将杀违犯军令的大臣，个个吓得发抖，谁还再敢不遵将令。这时，景公派来的使臣飞马闯入军营，拿景公的命令叫穰苴放了庄贾。

穰苴沉着地应道："将在外，君命有所不受。"他见来人骄狂，便又叫来军法官，问道："乱在军营跑马，按军法应当如何处理？"军法官答道："该斩。"来使吓得面如土色。穰苴不慌不忙地说道："君王派来的使者，可以不杀。"

于是下令杀了他的随从和三驾车的左马，砍断马车左边的木柱。然后让使者回去报告。穰苴军纪严明，军队战斗力旺盛，后来果然打了不少胜仗。

在这个事例中，穰苴将庄贾斩首，实际上就是"指桑骂槐"一策的运用。当然，这一"骂"骂得彻底，杀了庄贾，却整顿了纪律，达到了无法达到的效果。俗语"杀鸡给猴看"就是为了达到这样"杀一儆百"的目的：当法不责众时，就通过严惩其中的一两人来起到警示的作用。正如《汉书·尹翁归传》中所说："以一警百，吏民皆服，恐惧改行自新。"

实战应用

“指桑骂槐”是一种言在此而意在彼的语言艺术

生活中，相信不少人都都遇到过一些不便直言的情况，我们与人沟通，经常会遇到一些不便直言的问题。比如，拒绝别人、指责对方等，如果不顾对方的感受和情绪，把自己的想法强加给别人，不仅起不到预想的效果，还会恶化彼此之间的关系。此时，你可以利用言语“指桑骂槐”这一语言艺术来传递一些信息，通过大量事实证明，这种言在此而意在彼的方法比直言快语更能凸显出表达效果，因为它所表现出来的婉转曲折，总是给人以愉快的心情。

春秋时期，有个有名的戏子叫优孟，平日里以搞笑逗乐，深得楚庄王的宠爱。

楚国贤相孙叔敖死后不久，一次优孟在郊外看到孙叔敖的儿子在山上砍柴。优孟感叹，一代宰相死后，家中子嗣竟然过得如此萧条，不禁想到，要帮孙叔敖的儿子渡过难关。那么，如何是好呢?

优孟很快想到了一个办法，他找裁缝做了一套孙叔敖平日里穿的衣服，每日细心模仿孙叔敖的一举一动。

一天，楚庄王在宫中大宴群臣，优孟穿着孙叔敖的服装走了过来。

楚庄王远远一望，以为是孙叔敖死而复生，吓得直哆嗦，走近一看，才发现是优孟所扮。楚庄王并没有生气，反而想到了从前孙叔敖在日时的样子，慨叹：“你若有孙叔敖的才干，我愿意拜你为相。”

出人意料的是，优孟并未磕头谢恩，而是不以为然地回答说：“做丞相有什么好处，最后连自己的儿子的生计都保障不了！”

接着，优孟借机把孙叔敖身后萧条的状况如实地告诉了楚庄王。楚庄

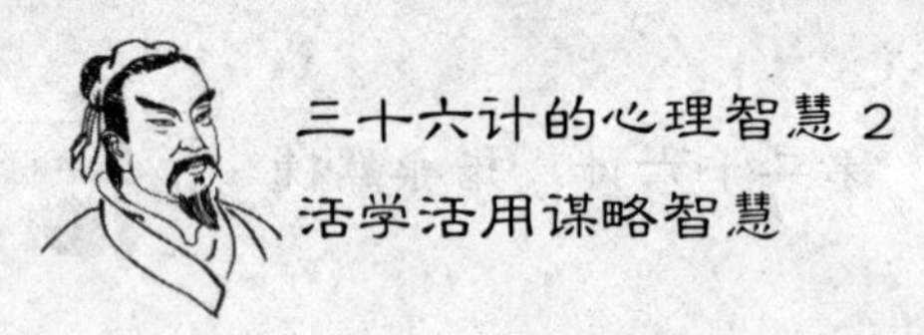

王听后，幡然醒悟，下令召孙叔敖的儿子入朝，加封晋爵，赐绢赏地，从此孙叔敖的儿子过上了富裕的生活。

优孟并不是直接劝谏楚庄王，而是装扮成孙叔敖，对楚庄王进行旁敲侧击，使楚庄王明白了“人走茶凉”这一做法的危害性，从而帮助孙叔敖的儿子改善了生活条件。优孟这一指桑骂槐的计谋巧妙适度，起到了良好的效果。

可见，“指桑骂槐”不仅仅是一种智慧，也是一门艺术，用得巧妙，能将“骂人”的话说得百转千回、委婉动听，既可以使对方幡然醒悟，也能让对方心知肚明却百口莫辩。

心理智慧

人际沟通中，出于各种原因，有时我们会驳别人的面子，这种事情如处理不当，轻则伤害对方，让对方难以接受，疏远彼此间的关系，重则得罪人，结仇家。对此，暗示，既表达了自己的意思，又让对方轻松接受。利用话里藏话暗示他人，是每个人必备的口才技巧。

自曝其短，赢得信任

现代社会，身处商场，在现实的交易过程中，客户总是存在这样那样的疑虑，而这正是阻碍交易的最大障碍之一。这也是有原因的，有些经营者为了尽善尽美地展现自己的产品，总是报喜不报忧，甚至把产品吹嘘得趋于完美，并刻意隐瞒产品或者服务的缺陷。交货日期明明最起码要一个月，你却说只要二十天；你负责销售的电脑辐射很大，却说电脑的辐射是行业里最小的……你这样说，并不会取得客户的信任。相反，客户迟早会发现你的“伎俩”，给成交造成障碍。而实际上，客户的一些疑虑我们完全是可以预防的。比如，主动暴露产品的某些无关紧要的小缺点，或者主动提出客户的疑虑，这样就等于给客户吃了一颗定心丸，从而对我们产生信任。

这种经营谋略，看起来好像是“家丑外扬”，实际上却是“指桑骂槐”，即明着是说自己的不足，暗中却引起了消费者的注意，博取了他们的信任，所以说这是一种非常明智的做法。当然，敢运用这一策略的经营者也必定是高瞻远瞩、有着异于常人的眼光与魄力的智者。

小齐是一名供暖设备的推销员。一次，他要将一批供暖设备推销给某假日酒店，客户对他的产品很感兴趣，但到最后，却并没有如预料中那样顺利地成交。小齐知道问题出在了价格上，于是，他主动提出：“王总，我明白，可能您觉得我们的产品贵了些，这一点，我也承认，但在刚才我给您演示产品的过程中，您也看到了，我们的设备完全是一套节能环保设备，甚至可以变废为宝，这是其他任何供暖设备所不能做到的，也会为贵酒店节省了很多可观的收益……”小齐说完后，对方连连点头，最后顺利签了约。

这则销售案例中，小齐之所以能成功说服客户购买，就在于他能在客户提出价格异议前，主动告诉客户产品“贵”的原因。这样，客户就会打消“购买产品会吃亏”的疑虑，自然会选择购买。

以上的这则案例是“指桑骂槐”的经典事例。事实证明，这一策略在打消顾客对商品和企业的不信任感上是十分有效的。商家故意“骂”自己商品的不足之处，实际上却是显示了自己的诚信和商品的优势之处，令消费者感受到商家是站在自己的立场上，设身处地地为自己着想。这样一来，商家可以很快赢取消费者的好感，商品的畅销自然就不在话下了。

而相反，如果我们能主动说出关于产品的一些不足的问题，那么，就可以打消客户的疑虑，说这些问题的时候，态度一定要认真，让客户觉得你足够诚恳，但是这些问题的内容一定是无碍大局的，对方可以接受的。

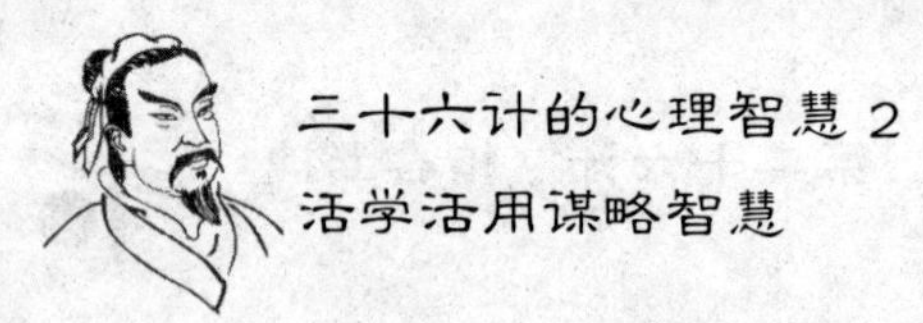

但如客户普遍关注的价格问题、产品的致命弱点等；而有些问题销售员是不可以如实说出的，比如有关企业的商业机密等。关于这些不能说或者不好说的问题，销售人员一定要加以注意，不要为了得到客户一时的高兴而信口开河。

心理智慧

任何一个客户心里都明白，任何产品都不会完美无瑕，或多或少都存在一些瑕疵与不足。因此，如果我们在经营的过程中对产品的不足自始至终只字不提甚至掩盖，那么，不仅不能让客户信任产品，反倒引起客户的猜疑。而承认产品的短处，这种另辟蹊径的“指桑骂槐”之策可以获得意想不到的神奇效果。

计策详解：装疯卖傻，麻痹对手

“假痴不癫”出自《三十六计》第二十七计：“当其机未发时，静屯似痴；若假癫，则不但露机，且乱动而群疑；故假痴者胜，假癫者败。”假痴不癫，重点在这个“假”字。这里的“假”，意思是伪装。装聋作哑，痴痴呆呆，而内心里却特别清醒。此计作为政治谋略和军事谋略，都算高招。

东汉末年时期，曹操与刘备都是深谙捭阖之术的英雄，曾有一段脍炙人口的“曹操煮酒论英雄”的故事就是双方捭阖交锋的经典之作。

曹操挟天子以令诸侯，势力强大。刘备起兵未久，势力尚弱，为防曹操谋害，便闭藏自己，在后院种菜，以为韬晦之计。

有一天，曹操召见刘备，两人在小亭旁煮酒畅饮。酒至半酣，两人遥看天上变幻的风云，好像神话中传说的龙一样奇妙。曹操感叹地说：“龙这种东西，好比世上的英雄。使君啊，你来说说看，当今世上，有谁能够称得上英雄？”

刘备问：“袁术拥有淮南，兵广粮足，算得上英雄吗？”曹操摇了摇头，刘备又问：“荆州的刘表、益州的刘璋、江东的孙策以及张绣、张

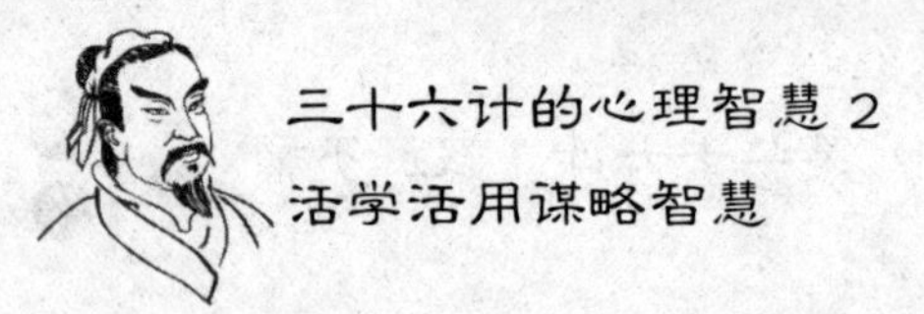

鲁、韩遂等人，他们算得上英雄吗？”曹操还是不停地摇头：“这些碌碌无为的人，何足挂齿！”刘备又问：“袁术的堂兄袁绍，虎踞河北，麾下人才济济，应该算得上一个英雄吧？”曹操说：“袁绍看上去厉害，其实胆子很小。虽然他有很多聪明的谋士，可他自己却欠缺一个领导人应有的决断能力。像他这种人啊，干起大事来总是不愿意付出，见到一点小利益又不顾危险，不算是什么真英雄。”

刘备说：“除此之外，我实在是不知道了呀。”曹操说：“能叫作英雄的人，应该是胸怀大志，腹有良谋，有包藏宇宙之机，吞吐天地之志的人。”刘备问：“那谁能被称为英雄？”曹操用手指指刘备，然后又自指向自己，说：“现今天下的英雄，只有使君和我两人而已！”

刘备听到这样的话，吃了一惊，手里拿的筷子和勺子都掉到了地上。这时正好大雨倾盆而下，雷声大作，刘备才从容地低头拿起筷子和勺子说：“因为打雷被吓到了，才会这样。”曹操笑着说：“大丈夫也怕打雷吗？”刘备说：“圣人听到刮风打雷也会变脸色，何况我怎么能不怕呢？”将听到刚才的话才掉了筷子和勺子的缘故轻轻地掩饰了过去。

曹操煮酒论英雄，席间，曹操多次以言语试探刘备的反应，意欲得到实情，刘备却十分谨慎小心，始终不以真情流露。后来，曹操反复进行拨动和试探，差一点就要成功，不过刘备技高一筹，后来终于得以三分天下，与曹操、孙权成鼎足抗衡之势。

可见，“假痴不癫”一计是一种麻痹对手、伺机而动的策略，也是在危急时保全自己、等待时机东山再起的谋略。

实战应用

韬光养晦，谋定而后动

“假痴不癫”这一计，用于政治谋略，就是韬晦之术。在形势不利于自己的时候，表面上装疯卖傻，给人以碌碌无为的印象，隐藏自己的才能，掩盖内心的政治抱负，以免引起政敌的警觉，专一等待时机，实现自己的抱负。

在中国近现代史上，将谋定而后动这一谋略运用得淋漓尽致的大概只有晚晴的曾国藩了。曾国藩招兵买马，与清廷政府、太平军较量的过程告诉我们，在与对手切磋、较量的过程中，切不可做事急躁、冲动，凭一时之气，过度暴露自己、张扬自己，而应该少说话、多做事，保存并提升自己的实力，让对方探不清你的虚实，并掌握一定的心理计谋，待时而发，在关键时刻一举取得胜利！

我们都知道，曾国藩是清末湘军的创办人，是道光年间的进士，官至两江总督，更是招贤纳士的代表。

清末，太平天国起义的惊雷，惊醒了清朝统治者，一切大小地主阶级惶惶不可终日。为了镇压农民起义，清政府为此调动大批军队进行围剿，同时，也对地方下达指令，要求举办地方团练，作为镇压太平天国的后备力量。

当时，刚来湖南任巡抚的张亮基为此颇费思量。而其幕僚左宗棠献计说，正在家乡荷时塘家中为母守丧的原礼部侍郎曾国藩既具资历、声望，又谙熟湖南地方人情，当堪此任。张闻听大喜，当即奏准朝廷，留其“帮同办理本省团练乡民搜查土匪诸事务”。但他的起家是从在长沙办团练开始的。曾国藩对办团练曾有过短暂的犹豫，但经不住其友郭嵩焘的敦劝和其弟曾国荃的怂恿，决定“弃墨从戎”“酬君恩、兴家族”，以实现其“澄清天下”的大志。1853年1月底，曾国藩前往省城长沙就任帮办湖南团练大臣一职，开始了他创立湘军、镇压农民起义的生涯。

后期即平定太平天国之乱后，曾国藩率先创办新式军事学堂，接着又对外派遣军事留学生。1868年，曾氏视察上海江南制造局，容闳向他提出在江南制造局内附设兵工学校，成为中国最早的一所兵工技术学校，培养了一批人才。

曾国藩对于清廷的主要成就之一就是平定太平天国运动。而之所以能成功，其中主要原因还是由于曾国藩自办乡勇、创办湘军。而这一点，也给现代社会的我们一个启发：“磨刀不误砍柴工”，“凡事预则立，不预则废。”与人交涉，要想取得胜利，首先一定要提前做好充分的准备。

同样，现代社会，在与对手较量的过程中，我们也必须谨记这一点，一定要做足准备、谋定而活动，做到知己知彼。而实际上，那些能够称得上对手的人，必定是与我们实力相差不大的，也是值得我们学习的。要进步、要超越，就得战胜对手，并且不断寻找新的对手。在你没有战胜对手以前，在对手比你强大以前，与其说是对手，不如说是你的目标。

心理智慧

无论做什么事，我们要想获得成功，就要学会顺势，更要学会忍耐，做到蓄势待发，时刻准备着，积蓄能量，等待机遇的到来。

难得糊涂，是人生的最高境界

金无足赤，人无完人。生活中，我们每个人都有缺点，也都会在做人、做事上有些失误，我们对待别人的过失和缺陷，应该宽容大度一些，不要吹毛求疵，可以求大同存小异，甚至糊涂一些，连古人都说难得糊涂。难得糊涂其实就是《三十六计》中的“假痴不癫”，战争中这是隐藏自己的绝妙手段，而在生活中，这更是一种至高的人生境界。

古今中外，凡能成就一番大事业的人，都具有海纳百川的雅量，容别人所不能容，忍别人所不能忍。我们并不是说我们都要成为伟人，都要干一番大事业。但人活在世上就应该活得精彩一点，要想活得精彩就要接触社会，所以就得交往各样的朋友，就不能太较真。如果要一味地明察秋毫，眼里容不下沙子，过分挑剔，连一些鸡毛蒜皮的小事也要斤斤计较，那么你就会变成孤家寡人，相信没有人愿意和你交往。

的确，要征服一个人，就要让其心悦诚服，而不是靠说的话多、说话的声音大等。为此，你需要给人留足面子。相反，与人争论，即使你赢了，那么，对方失了面子，内心不服输的情绪必会激发出来。可想而知，你原本是想表达事实，帮助他人，但却闹到对方不想改正、反而更坚信自己的地步。若是他都不想改正了，为什么还再要让他不高兴呢?

宋朝时，有位大哲学家，叫邵康节，他对《易经》颇有研究，邵康节与当时的著名理学家程颢、程颐是表兄弟，同时和苏东坡有往来，但二程和苏东坡一向不睦。

晚年邵康节身体重病，二程弟兄对邵康节照顾有加，不曾离开病榻。一次，家中仆人前来报告说苏东坡来探病，二程弟兄一听，叫仆人打发他走。

此时，邵康节已经病入膏肓，说话的力气都没了，他就举起一双手来，比成一个缺口的样子。程氏兄弟有点纳闷，不知道邵康节这个手势是要表达什么意思。

不久，邵康节喘过一口气来，说：“把眼前的路留宽一点，好让后来的人走。”这句话说完，邵康节就离开了人世。

邵康节的话是很有道理的，人活一世，真正的大智慧是懂得运用发展的眼光看问题，千万不要使自己的思维和言行沿着某一固定的方向发展，

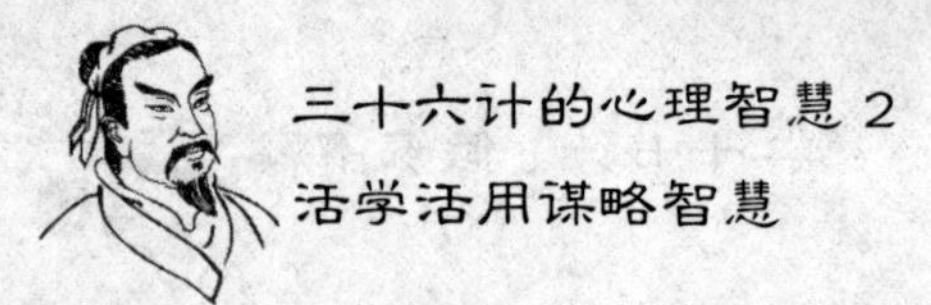

直到极端。因为事物是复杂多变的，任何人都不能凭着自己的主观臆断，来判定事情的最终结果。“三十年河东三十年河西”，用不了“十年”，每个人的社会地位、人际关系、生存状况等就可能发生此消彼长的变化，人们相互间更是“低头不见抬头见”。如果把话说得太满、过绝、咄咄逼人，让对方下不来台，将来一旦发生了不利于自己的变化，就难有回旋的余地了。

中国有句老话：“为别人留余地就是为自己留余地”。事实上的确如此，我们都是社会的人，都要和周围的人打交道，难免产生分歧，但不管谁是谁非，“计较”别人无论从哪个角度来说，都不是一件好事。此时，你一定要记住，别为小事计较，宽容才是珍惜的表现，相反，处处爱和人争执是自私的表现，凡事应先站在别人的立场考虑双方的问题，然后作出反应和行动，是合适之举。

心理智慧

人生路上，有太多的琐事不值得我们去计较，只要我们能够以一种平和的心态对待它，就会享受到生活本应有的快乐与幸福。

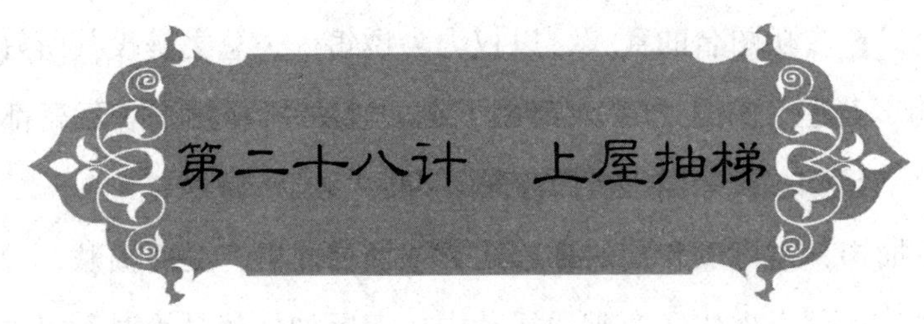

第二十八计　上屋抽梯

计策详解：截断退路，进而攻之

《三十六计》中的“上屋抽梯”是一种诱逼计，为其第二十八计。做法是：第一步制造某种使敌方觉得有机可乘的局面（置梯与示梯）；第二步引诱敌方做某事或进入某种境地（上屋）；第三步是截断其退路，使其陷于绝境（抽梯）；最后一步是逼迫敌方按我方的意志行动，或予敌方以致命的打击。

当我方发现敌人在扩张势力，并且在筹划击垮或吞并我方时，我方可以用上屋抽梯这一计谋来保全自己，更可以反过来用它击垮或兼并敌方的力量。制造某种假象，让敌方觉得大好时机到了，着手行动。假象中掩盖圈套，如果敌方果真采取行动，一定会落入圈套，走向失败。

为了使敌方进入圈套，我方要设法进行引诱。引诱，即投放诱饵；投饵要准确有效，就要知敌性识敌情，有的放饵，这和钓鱼一样。钓鱼，要知道什么鱼爱什么食料；在下钩之前，往往要考虑决定钓什么鱼再投什么饵。草鱼爱草，下草饵；青鱼爱田螺，下田螺肉；鲫鱼爱蚯蚓，下蚯蚓……诱敌，要知道敌人爱什么，要考虑投什么饵。生性贪婪的敌人，以财货为诱饵；放荡好淫的敌人，以美色为诱饵；好大喜功的敌人，以我弱

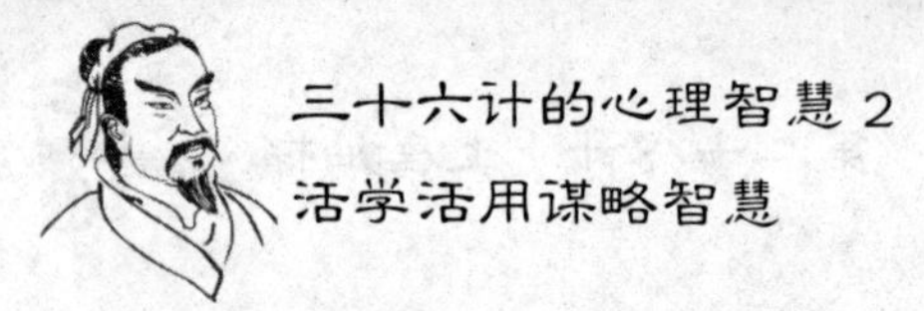

易战为诱饵；贪功图名的敌人，以权力为诱饵……总之是投其所好，才能诱其上钩。苻坚、齐庄公等人都上了钩，连大智大慧的诸葛亮都上当受骗，在无梯下楼的困境中回答了刘琦的问题。

上屋抽梯，还可以和别的计连用，如抽梯之后，关门捉贼，计谋的妙处在于灵活运用。现代经商赚钱活动中，上屋抽梯就是给对手以便利，故露破绽，引诱利用，使对手陷入我预设的经营圈套，对合作伙伴，可提供方便，诱其向前，不断断其援助；对竞争对手，根据其对自己的利弊关系的程度分别对待，以达到发展自己的企业。

“去梯”的计策最早出现在《孙子兵法》中，其原文是：“帅兴之期，如登高而去其梯。”这句话的意思和我们上文所讲的“上屋抽梯”有所不同，它是指抽自己的梯子，也就是断自己的后路，即把自己的队伍置于有进无退之地，逼迫战士们破釜沉舟，同敌人决一死战，因此颇有“置之死地而后生”的意味。从这个角度讲，“上屋抽梯”与“背水一战”有异曲同工之妙，当退路被截断时，通常人们就会爆发出不可思议的强大力量，而正是这强大的力量能够成为我方夺取胜利的保证。

无论是《三十六计》中的“上屋抽梯”还是《孙子兵法》中的“去梯”之计，虽然所针对的对象各不相同，但是计策的核心内容都是一样的：那就是——断其后路。杰出的军事家在实际应用时，会根据不同的情况将这两种计策分别便用或者结合起来使用，假若能做到这一点，那真是相当厉害的谋略了。

实战应用

交涉中描述诱人的利益，对方更易就范

任何一场商业交涉活动，双方都会竭尽全力维护自己的利益。通常的交涉关键点也最容易将谈判的焦点集中在价格上。例如，作为卖方，必当想方设法抬高产品的价值，提高报价；而买主也不会示弱，他们总是能挑出产品的不足，还会不断地压价。而双方势必都会找出无数的理由来支持自己的报价，而最终的结果不是陷入僵局，就是一方不得不做出让步，或双方经过漫长的多个回合，各自都进行了让步，从而达成的是一个中间价。这是最为常见的一种结果。

但是，如果在商业活动中，大家都遵循这样的交涉原则与技巧，往往会使得彼此间的交谈陷入一种误区，这种传统的坚持立场而非利益的交涉方式常常会导致双方不欢而散，以至破坏了双方今后的进一步合作机会。

此时，我们就应该抓住对方的心理，从对方所渴求的利益说起，或许有截然不同的效果。

我们来看看下面一段谈判对话：

客户："我还是觉得W公司的产品比较好，更符合我们的压强要求，而且，他们明显比你们的设备便宜。"

销售方："不错，我们承认，他们的产品价格要低一些，而且，他们的设备也不错，但实际上，还是我们的产品更适合贵公司的生产情况。可能您会问为什么？首先每年贵公司的维修费都是一笔巨大的开支，产品的使用寿命是贵公司需要考虑的关键问题，又加上贵公司的生产方式需要一种高性能、高效率的设备，而且需要考虑设备长久的资源利用率，我们公司的产品刚好可以与贵公司的旧设备共同作业。您觉得呢？"

客户："可是，我还是觉得他们的性价比高一些。"

销售方："他们的质量确实不错，这是一份产品的故障调查报告，我们的设备故障率只有1.2%，不知道对方有没有这样一份故障调查报告。据我所知，他们的故障率一直都是在5%左右。这样算下来，贵厂将会为此多付出几万块。"

在这段谈话中，作为销售方的谈判者，就是从客户最关心的利益出发，让客户明白：如果购买了W公司的产品，会带来利益上的多大损失，然后说出自己产品的优势。这样，在对比之后，客户必然会做出正确的选择。

在商务交涉过程中，当一方的需求与另一方的实际情况得到有机的结合之后，那么，作为卖方，必当会得到几个利益点，而这些利益点能否成为现实，就要看你为对方提供的条件是否足够诱人，因为只有诱人的利益才能够事半功倍地打动对方的心。

总之，欲使对方接受我们的交涉意见，我们就需要明确地表达出某种诱人的利益。当然这种利益绝对不能是无中生有的，否则就会适得其反，你苦心经营的"大厦"会在瞬间倾塌。

心理智慧

是否能攻心，是商务交涉活动中的关键因素。而争取最大的利益就是他们的内心需求。事实上，利益就是他的死穴。如果你能攻进他的死穴，展示令人垂涎的利益，就能让对方心服口服，而只靠声音大或死缠烂打的诡辩，根本不算是"说话高手"或"谈判高手"。

展现自己的价值，让人主动接近你

随着社会的进步，人们越来越渴望交往，于是，就有了社交，就有了沟通与交流。为此，就需要交谈双方的主动意愿，都要起到传递信息、交流感情的作用。可是，又是什么能带动交谈双方吐露心声呢？答案很简单，是兴趣。因为人们只有对自己感兴趣的事才会投入更多的精力和时间，那些善于交际的人往往也在交往中积极展现自己的价值，让他人对这一话题感兴趣，然后带动说话的氛围，这种人往往受到大家的欢迎，能与周围的人建立起良好的友谊。相反，那些一语不发，只等着对方寻找交流话题的人，总是不能把握交际的大局，也很难使别人信服，在社会交际活动中往往容易被人冷淡甚至遗忘。

因此，你如果想在人际交往中增进彼此之间的情感，达到交流的目的，就要学会积极地表露自己的“利用价值”。当对方对我们的言谈产生兴趣，以此引起心理的共鸣。这一点，也是“上屋抽梯”这一计在社会交往中的应用。

一天，在上海的某个商界宴会上，商界精英刘先生携自己的妻子准时莅临现场。向在场的各位人士打完招呼后，他对身边的妻子说：“那边有你喜欢吃的糕点，你去看哈撒。”在说这句话的时候，他的发音和普通话并不是一致，而是一口很地道的重庆话，这引起了站在他旁边的另外一位先生的注意。很快，这位先生走过来。主动的用同样的口音对刘先生说：“是的撒，那边的糕点据说是从法国请来的面点师做的，夫人可以尝哈。”两句字里行间都渗透着地道的西南方言，使刘先生对他充满亲切感，两人相视一笑。

随后，他们二位取了各自要买的东西，便攀谈起来，两人发现，原来都是重庆江津人，都是20世纪90年代到上海来闯天下，这些年经历了很多为人不知道的事。但没想到的是，二人还同时都是做皮具生意的，而更为惊奇的是，两人在生意上都出现了一些问题，而对方正可以为彼此解决问题。于是，好事成双，他们在交到朋友的同时，还做成了生意。

刘先生之所以能巧遇老乡，还交到朋友，是因为对方在听到熟悉的乡音之后，主动表明是老乡，双方互相产生了兴趣，因此，很快二人便交成了朋友。

有个笑话说：某君以伶牙俐齿见长。有人向他请教有什么诀窍，他说："其实非常简单，就看他是什么人，对什么东西感兴趣，然后你和他谈他感兴趣的东西就可以了。比如，对方是屠夫，你就和他谈猪肉；如果对方是厨师，你就和他谈菜肴。"请教者又问："那如果屠夫和厨师都在场怎么谈？"他说："那我就谈红烧肉。"

的确，每个人都有某些方面的兴趣。兴趣可分为两种，一种是对有关系的事物的兴趣，另一种是对无关事物的兴趣。什么是有关系的事物呢？就是指你和对方都感兴趣的事物。利用这些兴趣，你和对方常常能建立起超常的关系。社交中，我们如果能掌握交流对方的兴趣，并主动表明自己有此方面的"利用价值"，那么，必能挖掘出对方深层次的交谈欲望。

心理智慧

人际交往中，找到共同的话题，两人即使是萍水相逢，也可能一见如故。因此，我们要学会积极地表露自己的"利用价值"，以此来拉近彼此间的心理距离，但如何表露，你必须要明白一些技巧，才能投其所好。

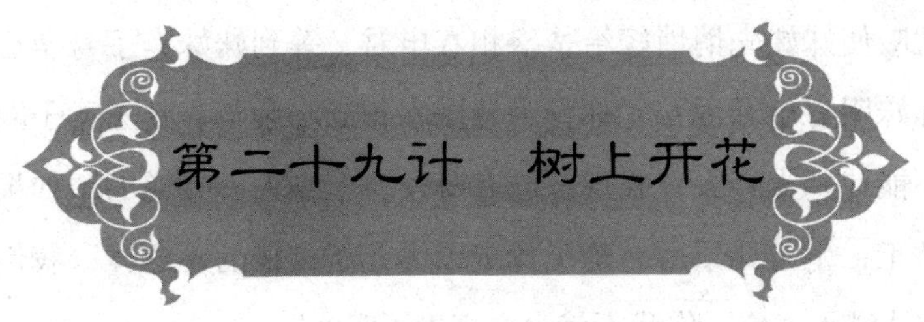

第二十九计　树上开花

计策详解：巧借外力，为自己造势

“树上开花”是兵法《三十六计》的第二十九计。原文为：“此树本无花，而树则可以有花，剪彩贴之，不细察者不易觉，使花与树交相辉映，而成玲珑全局也。此盖布精兵于友军之阵，完其势以威敌也。”意思是说树上本来没有花，却贴上花，让外人不易察觉，这是指利用“虚张声势”来欺骗敌军。这个成语来自于“铁树开花”，由于铁树很难看到开花的情形，所以被认为是很难实现的事情，而“树上开花”则是指在树上贴上花，而使其他人认为达成了很困难的事情，进而达到欺骗敌人的效果。

历代的军事家，都善于用这一招“树上开花”来假造声势，让对方误认为自己实力强大而心生怯意。当敌人为我方所制造的强大声势所迷惑、震慑进而摸不清我方的虚实时，我方就可以趁敌人不知所措之时采取行动，从容不迫地达到自己的军事日的。

战国时，楚国楚考烈王膝下无子，江山无人为继，这让他很是忧愁。

赵国士人李园，是个工于心计的人，他深知楚王的苦恼，便心生一计：

李园的妹妹是个绝世美女，本来他就打算将妹妹献给楚王，但是他又有个担心，万一妹妹生不出儿子，那么母凭子贵的美梦就成不了真了。所

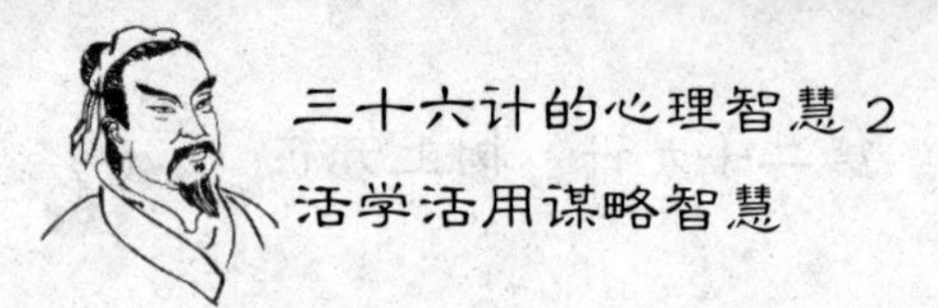

以，他就唆使妹妹先悄悄嫁给楚宰相春申君，等到妹妹有了身孕后，李园又唆使妹妹跟春申君说："你身为楚国宰相二十余年，楚王无子嗣，这王位千万不能让别人夺去，我现在已有身孕，但别人不知道的，如果你把我敬献给楚王，生下儿子后，楚王肯定以为儿子是他的，这样，我们的儿子将来一定能继承王位，你我不就永享富贵了吗？"

李园的妹妹按照他说的做了。春申君听从了李园妹妹的话，设法让她做了楚王的贵妃，并在不久后果然生了一个儿子，被楚王立为太子。

楚王死后，李园最担心的就是春申君万一泄露了这个秘密，就杀人灭口——杀了春申君及其全家，这样，李园妹妹与春申君所生的儿子就顺理成章地当了楚国的王君，即楚幽王。

可见，此计的巧妙便在于借助外力，以假乱真，为自己造势，从而达到震慑敌人的效果。这就如同鸿雁展翅飞翔，全靠它竭力铺开它那长长的羽翼才能达到助长气势的效果。

有人经过调查后得出结论说：世上的成功有85%都是通过造势而获得的。当然，关于数据的准确与否，我们无从考证；但有一点却是不可抹杀的事实：当自己的实力不够或者不如对手时，不要消极地等待或者被动地挨打，而是要善于寻找外力，借助外部力量为自己制造声势，同时也就是创造条件。成功素来只会青睐于有所准备、积极主动的人。

实战应用

借助富人的人脉，打开财路

三十六计中的"树上开花"，意指制造假象，迷惑敌人。树本无花，经过精心伪装，就会看上去有花。用在军事上就是通过伪装使自己看起来十分强大。此计给现代的经营者提供了一个具有重要价值的谋略思想，那便是制造声势。同样，无论是个人还是企业，要想打开财富，也可以借势，其中可“借”之“势”就有富人的人脉。

西方有句“与优秀者为伍”的名言。日本有位教授手岛佑郎，研究犹太人的财商，他得出的结论是：“穷，也要站在富人堆里。”他后来还以此作书名，写成了一本著名的畅销书。当然，结识有钱人，并不是让你趋炎附势，而是一种打通自己财路的方法。

假设你现在准备在生意场上大干一场，那么，你现在最缺的是什么？你当然会回答“资金和技术”。那么，如果你没资金怎么办？而此时，如果你有足够丰富的人脉资源，那么资金和技术问题就能迎刃而解了。

一位著名的企业家通过“十年修得同船渡”的方法结识许多社会名流，他的经验是：“在每次出差的时候，我都选择飞机的头等舱。一个封闭的空间，不会有其他杂事或电话干扰，可以好好地聊上一阵。而且搭乘头等舱的都是一流人士，只要你愿意，大可主动积极地去认识他们。我通常都会主动地问对方：‘可以跟您聊天吗？’由于在飞机上确实也没事可做，所以对方通常都不会拒绝。因此，我在飞机上认识了不少顶尖人物。”

可能很多人认为，结交有钱人是一种趋炎附势的表现，其实，这是人之常情，因此你也无须畏缩，只需要拿出勇气和智慧来，与有钱人交往、沟通，不断地从内在和外在两方面一起提升自己，一步步迈入名流行列。

然而，打入有钱人的圈子也并非易事，有一个著名的公关专家曾经说过这样一段话：“要发展事业，人际关系不容忽视。费心安排的话，人际关系便能由点至面，进而发展成巨树。有了巨树我们才能在巨树的大荫下休息，坐享利益。社会地位愈高的人，在拓展事业的时候人际关系愈是重要。但是总不能因此就拿着介绍信要去拜会重要人物。就算登门造访人家也未必有时间见你，因为执各界牛耳的人物，通常都排有紧凑的日程表，即使见面，大概顶多也不过五分钟、十分钟的简短晤谈，无法深入。所以，制造与这些人物深入交谈的机会，非得另觅办法不可。”

要想结交有钱人，我们必须要舍得付出，尤其是和钱打交道的生意人，而最忌讳的就是舍不得付出。

心理智慧

生意捧的就是个人气，如果你开的是家饭店，你的人脉会带朋友来捧场，如果你开的是家商品公司，你的人脉也可能会趁着节日采购，大批购进你的货品，你可以通过这个平台为自己积累高端人脉，建立更庞大的营销网络，那么生意就会越做越大。

细节装出高品位，为自己“造势”

生活中，我们总是对那些“嫌穷爱富”的人表示鄙夷，认为这是一种势利眼，但实际上，人际交往中，人们都愿意与那些身份高、地位高乃至品位高的人交往，因为这会让人们产生一种优越感，“蓬荜生辉”说的就是这个道理。并且，与能量强于自己的人交往，也意味着你会得到一些潜在的“利益”，有朝一日，你需要帮助时，也只有那些有能力的人才会对你施以援手。

基于人的这种普遍心理，我们在与人相处的时候，如果你希望吸引他人主动接近你，你不妨从细节上着手，让自己表现出高品位，你可以穿一套高贵的衣服，去高档的地方吃顿饭，抽一支上档次的烟等。这样，在彼此相处的过程中，你就会完全主导对方。

王先生是个经营葡萄酒的商人，这些年来，他一直致力于酿酒的工艺，所酿出的葡萄酒自然口味很好，但毕竟他经营的葡萄酒只是小打小闹，也没有大型的食品公司与自己合作，王先生为此很苦恼。

一次偶然的机会，王先生在网上和国内一家著名食品企业的董事长取得了联系，两人经过一番交谈，取得了彼此的信任。于是对方派人来考察王先生这边的投资环境。

王先生积极活动起来，他四处筹钱，在市里最高档的酒店里订了包间，然后去租借了一套名贵的西服，把自己装扮得像个阔老板，随后又租借了一辆豪华轿车。

等对方的代表来的时候，他用轿车接到了酒店，盛情款待，喝的是一瓶几千块的洋酒，席间，王先生拿出一万块当作小费给了服务员，对方一看，王先生把上万块钱当小费给服务员，资金硬件设施自然没的说。

对方走后，王先生迅速将跑车和名贵西服归还，这一顿花掉了他四处筹借来的五万块。但是，对方回去之后，很快就将投资合作的资金打了过来。王先生利用这些资金迅速筹建了自己的公司，在短短的半年之内，完全达到了对方预想的规模。

这则故事中，王先生是用名西服、名跑车、一万块钱的小费将自己装得有身份、有品位。无形之中告诉对方自己很有钱，而这些装扮出来的派头确实也蒙蔽了对方的眼睛。一般人都会想，这么有钱的派头，必定经济实力相当雄厚。这也就是为什么对方愿意与之合作的原因。

可见，在人际交往当中，适当地“装腔作势”，能在一定程度上掌控别人。

总之，往往有身份、有品位的人生活也比较讲究。比如：吃饭要到最高档的酒店，点最昂贵的菜、喝昂贵的酒、穿高档衣服等。因此，在人际交往的时候，如果你想要结交的人很重要，那么你不妨也从这些细节上入手，装出高品位，那么便能从气场上镇住对方，让对方对你产生错误的判断，从而积极主动地接近你。

心理智慧

人们都愿意与能力强、品位高的人交往，基于这一点，我们可以从细节入手，“装”出高品位，为自己“造势”，在这个过程中你会完全占据主动权。

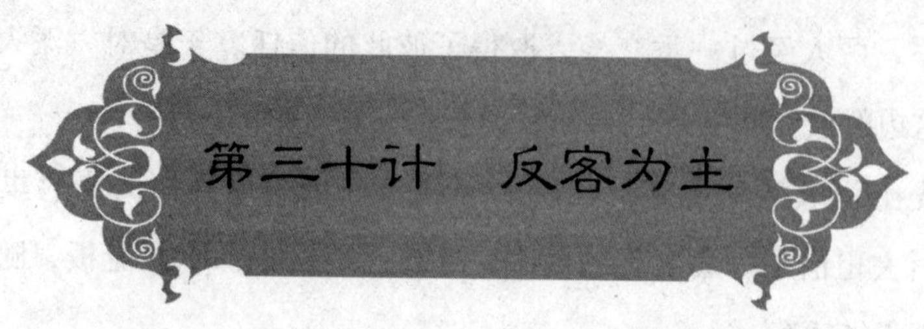

第三十计　反客为主

计策详解：变客为主，掌握主动权

反客为主，原意是指在日常生活里，客人与主人位置倒置，客人的行为举止俨然是主人，而主人反而就了客位。此计在军事战略方面，往往反映在同盟军中，起主导地位的主盟者，反被颇费心思的从盟方所支配、戏弄，从而达到从盟者所设计的圈套之中。

很显然，主人原本占据控制全局的主位，而居于客位则意味着受人支配。因此，在军事行动中若想摆脱被动挨打的局面，就必须“反客为主”，夺得控制权。只有这样，才能掌控全局、稳操胜券。这就是“反客为主”一计的要诀之所在。

所以古人说，主客之势常常发生变化，有的变客为主，有的变主为客。关键在于要变被动为主动，争取掌握主动权。

同样，现代社会，我们都知道，竞争之激烈早已不用多说，我们每个人都有一个或者几个对手，要想击败他们，我们除了积累自身实力外，还要隐藏好自己，做到知己知彼，等待时机一击即中，能帮助你轻松取得胜利。

隋朝到隋炀帝年间，皇帝已经十分残暴，人民越来越忍受不了隋炀帝的暴行。于是，纷纷起义，甚至出现很多官员倒戈的现象，转向农民起义军。因此，隋炀帝的疑心很重，对朝中大臣，尤其是外藩重臣，更是易起疑心。唐国公李渊曾多次担任中央和地方官，所到之处，悉心结识当地的英雄豪杰，多方树立恩德，因而声望很高，许多人都来归附他。这样，大家都替他担心，怕遭到隋炀帝的猜忌。

正在这时，隋炀帝下诏让李渊去行宫晋见。而李渊此时正生病卧床，根本无法前往，隋炀帝很不高兴，产生了些许怀疑。当时，李渊的外甥女王氏是隋炀帝的妃子，隋炀帝向她问起李渊未来朝见的原因，王氏回答说是因为病了，隋炀帝又问道："会死吗？"

王氏把这消息传给了李渊，李渊更加谨慎起来，他知道迟早会被隋炀帝所不容，但过早起事又力量不足，只好隐忍等待。于是，他故意广纳贿赂，败坏自己的名声，整天沉湎于声色犬马之中，而且大肆张扬。隋炀帝听到这些，果然放松了对他的警惕。这样，才有后来的太原起兵和大唐帝国的建立。

可见，军事行动中，谁能掌握主动权，谁就掌握了最后的胜利。李渊先是表现出谦卑之态，只是为了麻痹隋炀帝的警惕之心，暗中发展自己的力量；而当自己的势力远远超过原先的"主人"时，李渊则"反客为主"，一举将主动权夺过来，把握在自己的手中，从而掌握了整个局势。

实战应用

把握全局，始终把控主动权

"反客为主"这一计策告诉我们，在战争中，要努力变被动为主动，争取掌握战争主动权，而反过来，作为战争的另一方，也只有谨慎作战，防止他人把握主动，才能掌控战争胜利的大趋势。这一点，同样可以应用于现代社会。我们都知道，真正的成功不是一时的、阶段性的，而是全局的。评价一个策略的优劣，也要从发展的角度考虑。在与对手较量的过程中，除非你能保证绝对打败对方，否则，任何最初阶段的成功都将转换为自我毁灭。因此，在考虑问题时，站得高就能看得远，从全局出发，就能做到思虑周全。生活中人们常说的"真正的赢家必定是笑到最后的"也是这个道理。那些真正的智者往往能做到从全局角度思考问题，他们能把握事情的发展脉络，做出正确的抉择。

我们先来看下面一个故事：

春秋时期，一次，宋、齐、晋、卫等十二国经过协商后，准备联合攻打郑国。郑国国君听闻消息后，立即找来群臣商议，大家一致认为可以向十二国中的最大国晋国求和。晋国君主看到郑国的诚意，也就同意了，并也说服了其他十一国。

为了感谢晋国的帮助，郑国君主派人送来大批礼物：各种绫罗绸缎、黄金白银、歌女十六人，众多乐器、乐师等。

看到这么多的礼物，晋国君主喜从心中来，便派人叫来他的功臣魏绛，说："你跟随我多年，也跟我出生入死，为我出谋划策，我们好比奏乐一样的和谐合拍，真是太好了。现在让咱俩一同来享受吧！"

可是，魏绛谢绝了君主的分赠，并且劝告君主说："咱们国家的事情之所以办得顺利，首先应归功于您的才能，其次是靠同僚们齐心协力，我个人有什么贡献可言呢？但愿您在享受安乐的同时，能想到国家还有许多事情要办。古人云'居安思危，思则有备，有备无患。'现谨以此话规劝主公！"

魏绛这番远见卓识而又语重心长的话，使晋国君主听了很受感动，高兴地接受了魏绛的意见，从此对他更加敬重。这个故事中，魏绛就是个有远见卓识的人。正是因为他懂得从全局考虑，为晋国君主说了一番忠言，才赢得晋国君主的敬重。

那么，什么是全局思维呢？所谓全局思维，就是战略思维。具体说，全局思维就是从实际出发，正确处理全局与局部、未来与现实的关系，并抓住主要矛盾制定相应规划，为实现全局性、长远性目标而进行的思维。很多时候，问题的出现是因为人们局限了自己的思维，如果你能走出思维的死胡同，从全局考虑的话，你就能找到真正的症结所在。

当然，要做到从全局思考问题，我们一定要在日常的生活和学习中多汲取外界信息，这样方可开阔眼界，启发思路，做出具有远见卓识的决策。在当今知识、信息大爆炸的时代，信息已成为最重要的战略资源，它可以被提炼成知识和智慧，因而在战略问题的研究中越来越具有突出作用。事实证明，无论是谁，了解、掌握的信息量越大，知识面越广，思辨鉴别能力就越强，学起习来、做起事来了就越来越能得心应手、应对自如，从而真正做到谋大局。

心理智慧

与人较量的过程中，即使当下你的每一个策略会为你带来损失，但它最后还是会为你赢得胜利。

兵贵神速，迅速抢占市场

当今社会，市场竞争异常激烈，市场风云瞬息万变，市场信息流的传播速度大大加快。我们都在寻找可以投资的市场。这时，兵家的“反客为主”一计就可以派上用场了：即寻找对方的罅隙，趁机插足，然后利用一切机会让自己做大，最后当己方的实力超越对方时，则可以趁机将主动权掌握在手中，甚至借机将原来的“主人”——即自己的竞争对手挤出市场。

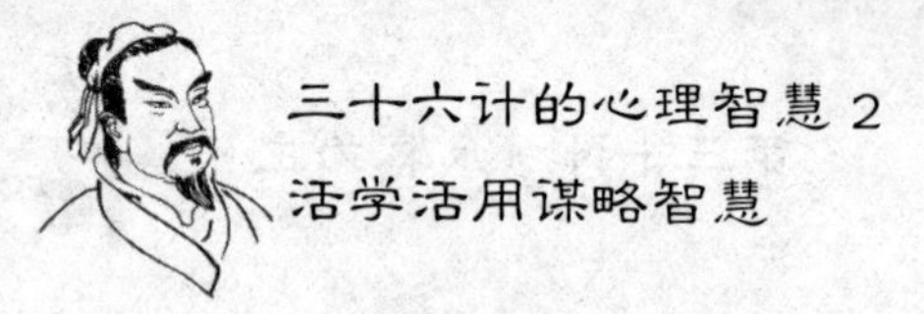

洛克菲勒先生曾说过一个抢占石油市场的经历：

在洛克菲勒进军石油界的第三年，炼油商们在宾州布拉德福德又发现了一个新油田。于是，负责标准石油公司输油管业务的丹尼尔·奥戴先生便迅速带领他的团队扑向那个财富之地。

开采石油的那些人已经疯狂了，他们不分昼夜地开采，希望可以带着大把大把的钞票从此离开。也就是说，奥戴先生的管道和工人根本不够用。

此时，洛克菲勒站出来，对奥戴先生提出了建议，希望他能警告那些采油商，因为他们的开采量和开采速度已经远远超过了他们的运输能力，这样减慢开采速度，才不会导致这些黑金变成一文不值的粪土。然而，无论洛克菲勒怎么苦口婆心地劝说，傲慢和争强好胜的奥戴就是不为所动。

就在此时，洛克菲勒的竞争对手波茨动手了，他先在几个重要的炼油基地收购洛克菲勒的炼油厂，接着，他又开始在布拉德福德抢占地盘，铺设输油管道，要将布拉德福德的原油运到自己的炼油厂。

洛克菲勒意识到自己再不出手就晚了。于是，这一天，他来到宾州铁路公司大老板斯科特先生的家里，并直言不讳地把事情的利害告诉了他，但这位斯科特先生也是个固执的家伙，他对波茨的行为表示置之不理。无奈，洛克菲勒决定亲手向自己的这个敌人宣战。

洛克菲勒先是解除了与宾州铁路的所有业务往来，而将自己的运输业务转给了另外两家支持他的铁路公司，在削弱对手力量的同时，他还指示部属将运输业务转给一直坚定地支持他们的依赖于帝国公司运输的在匹兹堡的所有炼油厂；随后指示所有处于与帝国公司竞争的己方炼油厂，以远远低于对方的价格出售成品油。

在这样的措施下，斯科特不得不臣服，尽管他很不情愿。

洛克菲勒的措施自然会引发对方的反击，为了打击洛克菲勒，对方把业务转手给洛克菲勒的竞争对手，并且，对方还倒贴了很多钱。无奈，对方只好裁员、削减公司支出，这引发的是工人们的极大不满，最终，这些愤怒的工人们一把火烧了几百辆油罐车和一百多辆机车，逼得对方只得向华尔街银行家们紧急贷款。

就这样，这一年，他们不但没有挣到钱，反倒损失惨重。

洛克菲勒的竞争对手波茨先生是个很有魄力的军人，他不愿意妥协。但是，他也是个识时务的人。最终，他决定不再与洛克菲勒决斗，而选择了讲和，停止了炼油业务。几年后，他还成为了洛克菲勒下属一个公司积极勤奋的董事。这个精明又滑得像油一样的油商！

洛克菲勒曾直言不讳地说："成功驯服这些傲慢的犟驴，我的心都在跳舞。"而他之所以能做到这点，就是因为他先人一步的魄力，决不让主动权流落在对手手里。

心理智慧

任何一个创业者，都应该有与时俱进的学习心态和超前意识，要学会预测市场潜在需求，懂得捕捉发展的商机，避开他人已经暖热的市场，才能大大提高自己的竞争力。

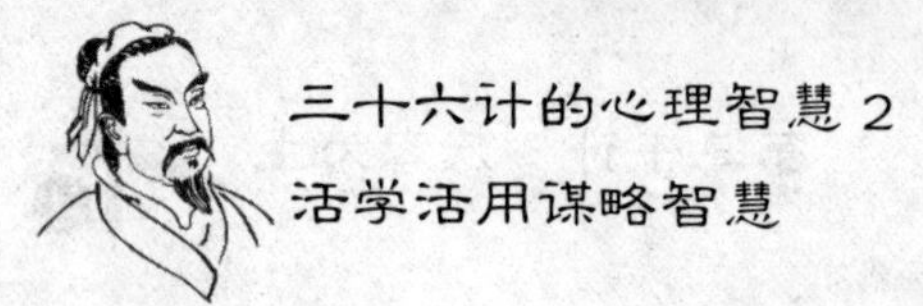

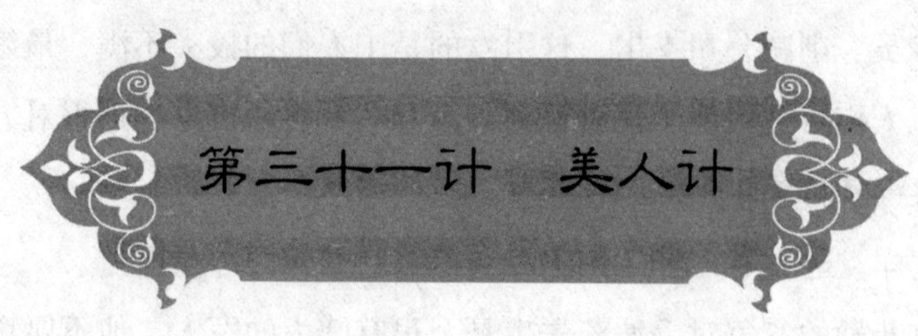

第三十一计　美人计

计策详解：英雄难过美人关

生活中，我们经常听到这样一句话："英雄难过美人关"，这或许便是"美人计"风行于古今中外的原因吧！

《三十六计》中的"美人计"，语出《六韬·文伐》："养其乱臣以迷之，进美女淫声以惑之。"意思是，对于用军事行动难以征服的敌方，要使用"糖衣炮弹"。先从思想意志上打败敌方的将帅，使其内部丧失战斗力，然后再行攻取。就像本计正文所说，对兵力强大的敌人，要制服它的将帅；对于足智多谋的将帅，要设法去腐蚀他，将帅斗志衰退，部队肯定士气消沉，就失去了作战能力。利用多种手段，攻其弱点，己方就能顺势保存实力，由弱变强。

明确地说：假如敌方军事力量强大，就要设法打击他们的统帅；假如统帅谋略高明，那就瓦解他的意志。统帅的斗志衰弱了，敌方的士气就会大减，战斗力也就随之下降。这样，我方就可以趁机控制和分化、瓦解敌方，扭转战局。

很显然，统帅是军队的灵魂人物，所谓"擒贼先擒王"，要想打败敌军，最好的方法就是从敌方的统帅下手。而"用兵之道，攻心为上"。俗话说："炮弹不如网弹，枪头难敌枕头。"裙带的魔力有时要远远大于武力，女人的美丽则是对付男人最有效的武器。英雄难过美人关，古今中外已有太多的实例证明了这句话，如"范蠡所献美人除夫差"。

西施是中国古代四大美女之一。

西施原名夷光，是战国时代越国苎萝山施姓樵夫的女儿，因家住西村，所以叫西施。她的美貌可谓闭月羞花、沉鱼落雁。

当时，吴王夫差领兵打进了越国。越国战败后，勾践自然成了战俘。

越国大夫就是范蠡，他也作为人质跟随勾践进了吴国，做了奴隶。

三年以后，吴王夫差放回了勾践夫妇和范蠡，勾践回国以后，卧薪尝胆，准备十年生聚，力图报仇雪耻。

范蠡所献美人计，把西施献给吴王夫差。西施凭她倾国倾城之貌和高超的琴棋歌舞，致使吴王日日深宫醉不醒，沉迷酒色，不理朝政，在她的内应下，勾践终于灭吴复国。

爱美之心，人皆有之。在美人的面前，不少英雄完全"丧失"了理智，两军对垒时，美女的一颦一笑胜过千军万马的铜墙铁壁。古今中外，多少英雄好汉因为拜倒在美女的石榴裙下，而葬送了一世的英名，甚至丢掉了大好的江山。而这人性的弱点，也大概就是使"美人计"在古今中外的战场以及当今的职场、商场中大行其道的原因吧！

现代战争中，甚至政治争斗中，也不乏使用美人计的例子。现代美人计有强烈的现代色彩，多采用间谍的方式，利用金钱贿赂，利用美人诱惑，形式变化多端，不可丧失警惕。

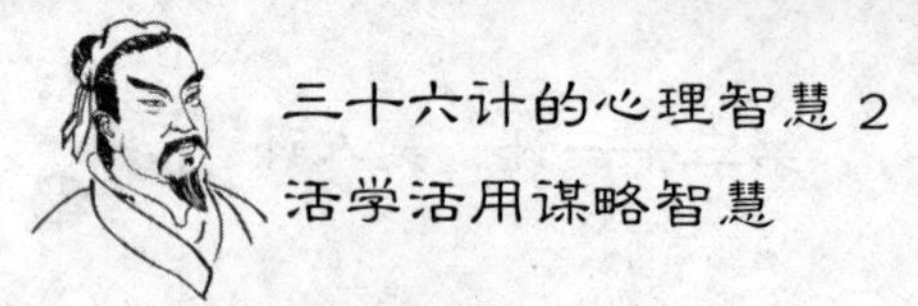

实战应用

男女搭配，干活不累

现实生活中，我们发现了一个奇怪的现象，男服务员在接待女顾客时往往比接待男顾客更加的热情。一个全部由男性组成的团队如果突然有一个女性加入，会立即活跃起来。其实，这就是异性效应的作用。

异性效应指的是因男女共同做事而引起的对活动起积极影响的微妙作用。就像物理学中，磁场会产生同极相斥、异极相吸的作用。在现实生活中，经常听见有人调侃说："男女搭配，干活不累。"确实是这样，这就是一种异性相吸定律的典型表现。

那么，为什么会产生异性想吸的效应呢？在社会生活中，由于对异性欲求与尊重欲求的本能需要，在与异性接触中，会潜意识地"自我表现良好"以取悦对方。这样一来，双方不约而同油然产生热情、友好的情感。此时的情感是内心体验的一面镜子，谁都愿意在异性面前留下一个美好的印象。这就不知不觉地提高了相互行为的互补性、约束性、激励性，还能给人带来愉悦的情感。与此同时，愉悦的情感还有助于活跃思维，增强记忆，使人奋发向上，人如果处于满怀激情的状态下，会迸发更大力量，产生非凡的能力。

可见，在工作中，在精神上互悦，智力上互偿，气质上互补，事业上互助，异性效应总能让员工事半功倍，感觉生活轻松愉快。

以下的这个例子就是对异性效应最好的说明。

周小姐是一家中型贸易公司的公关部经理。而实际上，她来公司的时间不到半年，刚开始也是从公关部职员做起，但在几次拯救公司的行动中，她力挽狂澜，似乎只要她出马，就没有解决不了的问题。

一次，公司仓库突然失火，烧掉了很多原材料。那么，从哪里找原材料呢？工作人员绞尽脑汁也未解决问题。而周小姐外出联系，没多长时间，问题就得以妥善解决。

再有一次，公司的资金周转出现了困难，急需一笔贷款，老板急得如热锅里的蚂蚁般团团转。周小姐再次出面，在银行之间周旋，最后为公司争取到了上百万元的贷款。

因为工作突出，周小姐倍受领导器重，工资和奖金连连升级。

很多女同事不明白为什么周小姐能如此成功，讨教之后，她们才得知其成功在很大程度上是因为她头脑清醒，思路敏捷，具有丰富的知识与阅历，待人接物有方，当然还有她端庄的容貌和娴雅的仪表。

周小姐成功的原因主要是由于心理学上所谓的“异性效应”。在现实生活中，其实我们每个人可能都会有这样的亲身体验，我们和异性们在一起工作总是会感到轻松愉快，不知疲倦。这绝对不是因为我们都是好色之徒，这里边多少包含着科学和心理学方面的道理。

当然，男女有别，即使是同事，每天在一起相处，也要保持一个度，不可太亲密，否则就有轻佻之嫌，还易于造成一些不必要的误会。毕竟，某些亲密的工作和话题只能用在亲密的人或同性人之间。因此，别随便与异性开一些过分的玩笑，也别与异性拉拉扯扯。

不过，我们也不宜太严肃冷淡，在男女之间交往时，理智从事和善于把握自己的感情固然必要，可是太冷淡严肃，就会伤害对方的自尊心，也会让人感觉你高傲无礼，从而对你敬而远之。这对于完成一致的目标和任务是会起到阻碍作用的。

心理智慧

“男女搭配，干活不累”，异性相吸定律对个人和组织的启示不言而喻。但是，只有健康的才是有效的，在与异性的合作中，也许要把握好分寸和原则，使异性交往成为我们工作中的好调料。

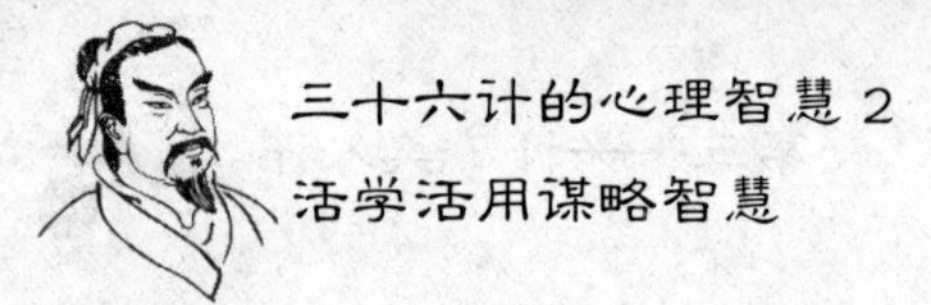

懂得使用女性特权就是一种智慧

女人生活的艰辛在于单打独斗地在社会中“找钱”。如果你渴望成功，渴望拥有优质的生活，那么，千万别忘了利用女性的一些特殊的优势，比如温柔、含蓄、娇弱、理智等。曾经有位著名的女企业家说过：“对于成功，男人有男人的标准，女人有女人的标准。最大的成功就是不管做什么，男人要做到男人的极致，女人也要做到女人的极致。记得自己是女人，这就是你的标准，你的属性。”的确，懂得利用女性特权的女人们，无论是职场还是在社交场合，她们往往更容易获得成功。

任何一个女人都必须明白的是，拥有良好的人脉关系是你通向成功的一条捷径。你或许从没有去过好莱坞，但你绝不会不知道好莱坞最流行的一句话——“成功，不在于你知道什么或做什么，而在于你认识谁。”美国石油大王约翰·洛克菲勒也说过：“与人相处的本领是最强大的本领。”

那么，相对于男性而言，女性有哪些优势呢？

1.细腻

相对来说，无论是在工作中还是生活中，男人和女人的思维方式和处理问题的方式都不同，男性更善于在工作中制定大的战略，他们非常清楚终点目标的位置；而女性则更细腻一点，她们也希望能兼顾到生活与工作的各个方面。因此，作为职场女性的你，也需要吸收一些男性的优点：先确认首要目标，将焦点集中在首要目标，完成后再逐步进行其他事情。理清工作中的轻重缓急，有助于提升工作绩效，引领你快速到达目标。

2.温柔

声音是女人自然天成的乐器，是女人的感性灵魂，是穿越男人灵魂的旋律，但如何达到这一效果，还要看你如何把握。

和言细语，谦顺温柔，是女性特有的语言风格，使人备感亲切。有人说：“女人不能弱，弱了被人欺；女人不能柔，柔了被人骑。”于是就出现了所谓“泼辣妇”，说话比男人更粗鲁，这其实是舍弃了女性自身的优势。

女性喜欢男性的阳刚，同样的道理，男性喜欢女性的温柔，这是自然之情，这也是男女相互吸引的地方。在大方自然、光明磊落地与异性交往的过程中，口语表达可充分发挥属于自己性别的语言特色，自然展现自己的语言风采，的确能产生震撼人心的巨大魅力。

3.充分利用团队的力量

女性通常因考虑太多，同时在自我保护的外衣下，排斥与别人分享资源，喜爱各行其是，因而无法共同达到团队目标。男性则比较能配合团队领导人的指令，拿出最佳本领，协助主管完成目标。

4.善解人意

理解是心灵的沟通。人天生就有一种心理需求，希望得到别人的理解。而女性比男性更富同情心，更善于体恤别人，因此能满足对方的心理需求。那些能深切理解他人的语言，就格外能打动人。

心理智慧

不可否认，新时代的女人既要面对职场的压力又要担当起繁重而琐碎的家务，与除了丈夫以外的异性交往的机会也微乎其微。但倘若你学会自美、爱惜自己，拥有健康的身体、良好的精神状况，配上得体的服饰和一点淡妆，让自己拥有一份清新、一份自然、一份优雅，以女性特有的优势与男性交往，或许你会收获另一番成功！

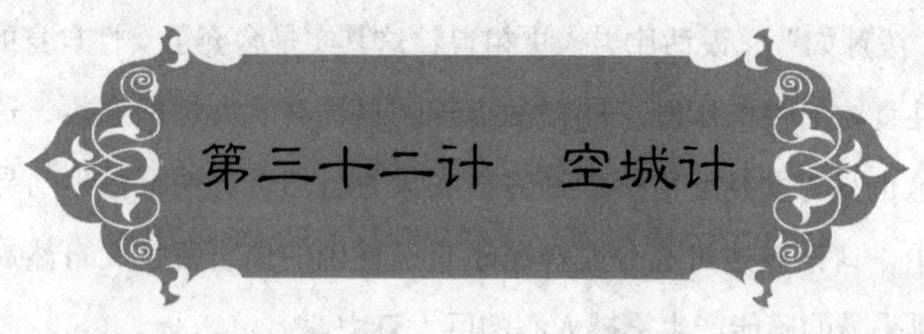

第三十二计　空城计

计策详解：虚虚实实，兵无常势

《三十六计》中的第三十二计“空城计”，指在敌众我寡、缺乏兵备的情况下，而故意给人以不设兵备的错觉，从而惊退敌军。后泛指掩饰自己力量空虚、迷惑对方的策略。对于这一军事谋略，三国时诸葛亮可谓是将其运用得淋漓尽致。

三国时期，诸葛亮大意失街亭后，因魏将司马懿乘势率15万大军向诸葛亮所在的西城蜂拥而来。当时，诸葛亮身边一名大将都没有，只有若干文官，而就连5000士卒也运送粮草去了，唯有2500名士兵在城里。

众人听到司马懿率大军将至，不免惊慌，诸葛亮登城楼观望后，对众人说：“大家不要惊慌，我施以小计，就能让司马懿退兵，我们会毫发无损。”

随后，诸葛亮下令，将城中的旌旗都藏起来，士兵原地不动，假如有人不听命令擅自外出或者发出声响的，就地斩首。

随后，诸葛亮又派士兵把四个城门打开，每个城门之上派20多名士兵扮成百姓模样，洒水扫街。

诸葛亮自己披上鹤氅，戴上高高的纶巾，领着两个小书童，带上一张琴，到城上望敌楼前凭栏坐下，燃起香，然后慢慢弹起琴来。

司马懿的先头部队到达城下，看到城中如此状况，都不敢贸然攻城，便立即汇报司马懿，司马懿听后，笑着说："这怎么可能呢？"于是便令三军停下，自己飞马前去观看。离城不远，他果然看见诸葛亮端坐在城楼上，笑容可掬，正在焚香弹琴。左面一个书童，手捧宝剑；右面也有一个书童，手里拿着拂尘。城门里外，20多个百姓模样的人在低头洒扫，旁若无人。

司马懿看后，疑惑不已，便来到中军，令后军充作前军，前军作后军撤退。他的二子司马昭说："莫非是诸葛亮家中无兵，所以故意弄出这个样子来？父亲您为什么要退兵呢？"司马懿说："诸葛亮一生谨慎，不曾冒险。如今城门大开，里面必有埋伏，我军如果进去，正好中了他们的计。还是快快撤退吧！"于是各路兵马都退了回去。

的确，高明的战略部署绝对不是短兵相接，而是以智谋取胜。同样，生活中，人与人之间的较量，也不能硬碰硬，而应该善用计谋，做到让对手出其不意，对手必定毫无招架之力。

事实上，我们生活的任何一个环境中，都是存在竞争的，要想在竞争中取得胜利，必须要多动脑筋，善于抓住他人的软肋，这才是制胜的良方。

心理智慧

我们的生活环境中，也的确总是存在形形色色的人，但无论什么人，在与他们较量的过程中，我们都要善用智谋，虚虚实实，兵无常势。只有这样，我们就能出敌制胜——点到对方的"死穴"，对方必定束手就擒。

实战应用

放下身段，博取上位

现代社会，我们都发现了就业大环境下这样一个现象——“高不成低不就”尤其是对于那些毕业于名牌大学、自我感觉良好的高学历者来说，更是如此。他们既希望待遇、工资优厚，又希望专业对口，能有远大的发展前景。此外，企业文化、工作环境等，也属于他们所关心、在意的范畴。但是如今就业形势严峻，很多行业都处于“僧多粥少”的境地，想找到一份各方面都令自己满意的工作真不是件容易的事。面对这样的就业窘境，与其观望，还不如放下身段，踏实工作。

王明是一位留美的计算机博士，毕业之后，他打算在美国找工作。拿着自己的各个证书以及一些在学校所获得的奖章，四处奔波找工作。可是，两三个月过去了，他还是没有找到合适的工作，因为几乎他所选择的公司都没有录用他，而那些愿意录用他的公司却又是自己瞧不上的。他没有想到，自己堂堂一个博士生，居然沦落到高不成低不就的尴尬处境。思前想后，他决定收起自己所有的证书与奖章，以一种最低的身份前去求职。

没过多久，他就被一家公司录用为程序输入员，这份工作相当简单，对一个博士生来说简直就是大材小用。但王明并没有抱怨什么，即使是最简单的工作，他依然干得一丝不苟。这样干了一个多月，上司发现他能迅速看出很多程序中的错误，这可是非一般的程序输入员相比的。这时候，王明向上司亮出了学士证，上司知道了他的能力，马上给他换了一个与大学毕业生能力相当的岗位。又过了一个月，上司发现他经常能够提出一些独到的有价值的见解，远远比一般大学生要高明。这个时候，王明又亮出了硕士证，上司又立即提升了他的职位。再过一个月，上司觉得他还是跟别人不一样，就开始有意识地质询他，这时候，王明才拿出了自己的博士证，上司对他的能力有了全面的认识，然后跟他开了个玩笑："好小子，原来你一直跟我玩'空城计'呢！"

这就是王明自编自导、精心策划的"空城计"。在这出戏中，他将自己的实力和真实身份掩盖起来，放下身段，找了一份可以养家糊口的工作；然后在工作中，他一步步地将自己的实力显现出来，不但令同事们刮目相看，还赢得了老板的青睐；最后，当更高的职位摆在他面前时，一切时机都已成熟，于是他毫不犹豫地将实力与真实身份坦露出来，终于实现了自己的人生价值。这就是"空城计"中"实而虚之"用法的完美体现。

心理智慧

现代社会就业形势严峻，有时放下身段，更容易为自己赢得机会。一颗珍珠是不会长久地湮没于沙砾之中的，只要有真正的实力，在平凡的工作岗位上也可以做出不平凡的业绩。当你所取得的成就得到认可时，就是你展现自我、博取上位的时机到来了。

虚张声势，营造心理优势

从"空城计"这一计策中，我们知道其核心是用虚像来迷惑敌人，让敌人不辨真假、难断是非。因此，在人际交往中，在我们实力不足时，也可以表现得强势一点，通过虚张声势的方法来营造心理优势，进而让对方认识到我们的决心，然后主动示弱、退让，这样我们交涉的目的也就达到了。"完璧归赵"就说明了了这一点。

战国的时候，赵惠文王有一块叫作"楚和氏璧"的宝玉，被秦国的

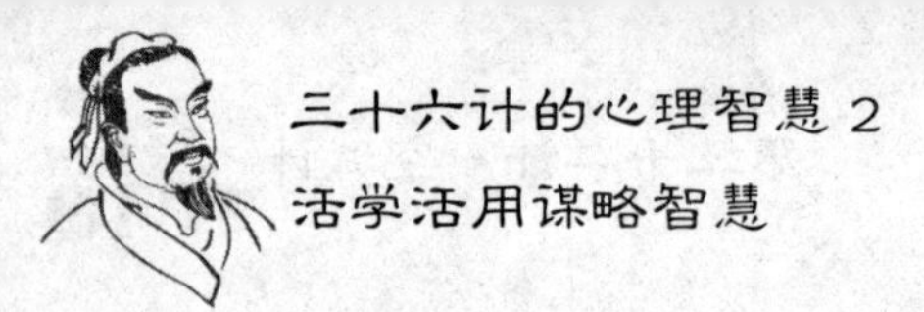

昭王知道了，昭王便派了位使臣到赵国来，希望可以用十五座城池交换，可赵惠文王害怕秦国食言，在大家不知如何是好的时候，找来了蔺相如。蔺相如自告奋勇地说："假如大王实在找不出合适的人，臣倒愿意前往一试。秦国如果守信把城给我们赵国，我就把璧玉留在秦国；如果秦国食言，不把城给赵国，我一定负责将原璧归还赵国"。

蔺相如到了秦国以后，见到了秦昭王，便把璧玉奉上。秦昭王一见到璧玉后，高兴得不得了。不断地把璧玉捧在手上仔细欣赏，又把它传给左右的侍臣和嫔妃们看，却不提以十五个城池交换的事。蔺相如一看情形不对，马上向前对秦王说："大王，这块璧玉虽然是稀世珍宝，但仍有些微的瑕疵，请让我指引给大王看看！"

秦王一听："有瑕疵？快指给我看！"蔺相如从秦王手中把璧玉接过来以后，马上向后退了好几步，背靠着大柱子，瞪着秦王大声说："这块璧玉根本没有瑕疵，是我看到大王拿了宝玉以后，根本就没有把十五个城池给赵国的意思。所以我说了个谎话把璧玉骗回来，如果大王要强迫我交出璧玉的话，我就把楚和氏璧和我自己的头，一起去撞柱子，砸个粉碎。"蔺相如说完，就摆出一副要撞墙的样子。秦昭王害怕蔺相如真的会把璧玉撞破，连忙笑着说："你先别生气，来人呀！去把地图拿过来，划出十五个城池给赵国。现在你可以放心把璧玉给我了吧！"

蔺相如知道秦王不安好心，就骗秦王说："这块楚和氏璧，是天下人都知道的稀世珍宝，赵王在交给我送到秦国来之前，曾经香汤沐浴，斋戒了五天，所以大王在接取的时候，也同样应该斋戒五天，然后举行大礼，以示慎重呀！"秦王为了得到璧玉，只得按照蔺相如所说的去做。蔺相如趁着秦王斋戒沐浴的这五天内，叫人将那块璧玉从小路送回赵国。

五天过去了，秦王果真以很隆重的礼节接待蔺相如。蔺相如一见秦王便说："大王，秦国自秦缪公以来，二十多位君王，很少有遵守信约的人，所以我害怕受骗，已差人将璧玉送回赵国！如果大王真的要用城池来交换楚和氏璧，就请先割让十五个城池给赵国，赵王一定遵守誓约将玉璧奉上。现在，就请大王处置我吧！”

秦昭王一听璧玉已经被送回赵国，心里虽然很生气，却也佩服蔺相如的英勇，不但没有杀他，还以礼相待，送他回赵国。

秦王百般刁难蔺相如，为的就是希望能强占和氏璧，用十五座城池交换只不过是一个借口，他之所以能以强凌弱，正是因为秦国强、赵国弱的道理，而蔺相如自然能明白其中的道理。所以，他以必死的决心保护和氏璧，而秦王对此无可奈何，只能“完璧归赵”。弱者在强者面前，倘若表现出一副软弱之态的话，只会纵容对方的嚣张气焰，而相反，据理力争、掌握心理优势，很多时候能转变在交涉中的地位。

心理智慧

现代社会，我们与人交涉、谈判甚至做任何事都不能畏首畏尾，给对方可乘之机，相反，我们应该寸步不让，表现得强势一点，据理力争，只有这样，我们才能防止被人“欺负”。

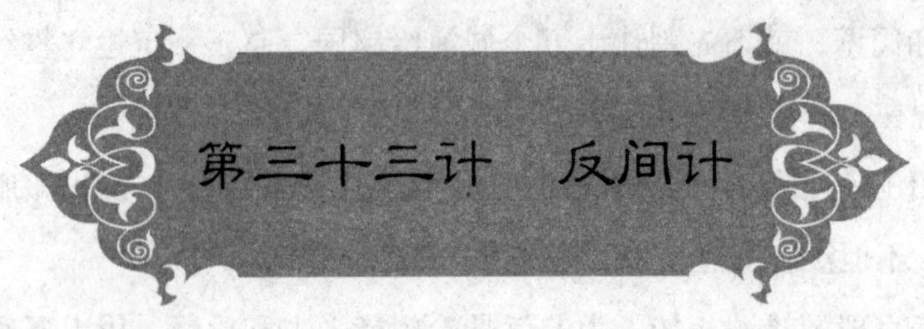

第三十三计　反间计

计策详解：将敌人的间谍为我所用

自古以来，无论是兵战还是商战中，都十分重视间谍的应用。在《孙子兵法》中，用了整整一章的篇幅来详细解说间谍的用法，“反间计”便是其中的一种。孙子认为，出兵代价庞大，而能否取胜还是一个未知数。如果能使用间谍，及时、准确地掌握敌人的军情，一举打败敌人，甚至“不战而屈人之兵”，那么，即便是重金代价重用间谍也是必要和值得的。

而所谓“反间计”，就是利用敌人的间谍反过来去离间敌人或者刺探敌方的情报，为我所用。说得更详细一些，此计包括两层含义：一是当发现敌方的间谍在我方阵营活动时，佯装不知，故意将假情报泄露给他，让他回去报告主子。当敌人得到假情报并信以为真时，就会做出错误的判断、制定错误的作战方针与计划，自然随之就会错误地指挥作战，而早有准备的我方则可以趁机进攻，一举获胜。这是“使用敌间”的用法，当然也包括用重金收买敌间，让他给敌方提供假情报的方法。还有一种是“分化离间”，即巧妙地利用敌方派来的间谍，在敌人之间挑拨是非、制造事端、散布谣言等，从而破坏敌人内部的团结、分化敌人的力量，为我方创造可乘之机。这一计谋在中国古战场上随处可见，其中就有南宋韩世忠的绝妙反间计。

南宋时，韩世忠曾镇守扬州。

一次，朝廷派魏良臣、王绘等去金营议和。二人北上，途经扬州，韩世忠心生不悦，担心二人为了讨好敌人，会泄露军情，于是韩世忠计上心来，心想，既然有这个风险，何必不将他一军，借用二人传递一些假情报呢?

等二人经过扬州时，韩世忠故意派出一支部队开出东门。二人忙问军队去向，回答说是开去防守江口的先头部队。二人进城，见到韩世忠。忽然一再有流星庚牌送到。韩世忠故意让二人看，原来是朝廷催促韩世忠马上移营守江。

次日，二人离开扬州，直奔金营。为了讨好金军大将聂呼贝勒，他们告诉他韩世忠接到朝廷命令，已率部移营守江。金将送二人往金兀术处谈判，自己立即调兵遣将。韩世忠移营守江，扬州城内空虚，正好夺取。于是，聂呼贝勒亲自率领精锐骑兵向扬州挺进。

话说，韩世忠送走二人后，急令“先头部队”返回，在扬州北面大仪镇的二十多里处设下埋伏，形成包围圈，就等金兵自己陷入圈套。

金兵到达扬州时，韩世忠先让先头的一个小分队边打边退，将金兵引入伏击圈。只听一声炮响，宋军伏兵从四面杀出，金兵乱了阵脚，一败涂地，先锋被擒，主帅仓皇逃命。金兀术大怒，遂将送假情报的二人囚禁起来。

反间计的妙处在于，可以巧妙地利用敌人的间谍反过来为我所用。这一点，同样可以应用到现代的一些商业活动中，情报在商战中起着决定性的作用。现代管理学认为，管理的关键是决策，决策的依据是预测，而预测的依据是信息。因此，我们也要记住，不但要搜集随后的信息、情报，更要掌握一些防间方法。

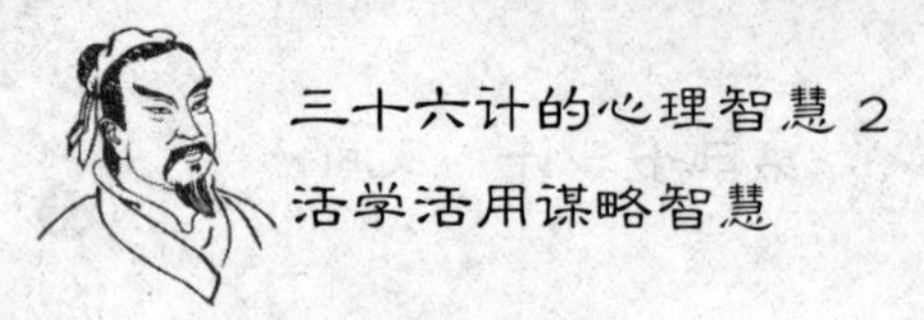

实战应用

周瑜如何巧施反间计

关于“反间”方法，《孙子兵法》也有记载：“必索敌人之间来间我者，因而利之，导而舍之，故反间可得而用也。”意思是：“必须搜索出敌方派来侦察我方的间谍，以便依据情况进行重金收买、优礼款待，要经过诱导交给他任务，然后放他回去，这样，敌间就可以为我所用了。”而在中国历史上，将反间计运用得淋漓尽致的，当属三国时期的周瑜了。

三国时期，周瑜巧用反间计除掉了曹军精通水战的叛将蔡瑁、张允。

随后，曹操率领八十三万大军，浩浩荡荡南下，准备渡长江，然后占据南方。出于实力悬殊的问题，孙刘决定联合抗曹，但即便如此，兵力还是差了不少。

曹操占据北方，所组的部队士兵也几乎多是北方的旱鸭子，不善于水战。正好有两个精通水战的降将蔡瑁、张允可以为曹操训练水军。曹操视二人为珍宝，对其恩宠有加。

一次，机缘巧合，周瑜看到对岸的曹军在水中排阵，像模像样，十分在行的样子，心中一惊，下定决心，势必要除掉这二人，方能挫伤曹操的锐气。

曹操一贯爱才，他知道周瑜年轻有为，是个军事奇才，也曾想收为己用。他手下得力干将蒋干与周瑜曾是好友，于是，他决定派蒋干渡江去说服周瑜。周瑜见蒋干过江，一个反间计就已经酝酿成熟了。他热情款待蒋干，酒席筵上，周瑜让众将作陪，炫耀武力，并规定只叙友情，不谈军事，堵住了蒋干的嘴巴。

周瑜佯装大醉，约蒋干同床共眠。蒋干见周瑜不让他提及劝降之事，心中不安，哪里能够入睡。他偷偷下床，见周瑜案上有一封信。他偷看了信，原来是蔡瑁、张允写来，约定与周瑜里应外合，击败曹操。这时，周瑜说着梦话，翻了翻身子，吓得蒋干连忙上床。

过了一会儿，外面传来部下的声音，原来有人要见周瑜，周瑜便起身和来人谈话，还装作故意看看蒋干是否睡熟。蒋干装作沉睡的样子，只听周瑜他们小声谈话，听不清楚，只听见提到蔡瑁、张允二人。于是蒋干对蔡瑁、张允二人和周瑜里应外合的计划确认无疑。

蒋干连夜赶回曹营，让曹操看了周瑜伪造的信件，曹操顿时火起，杀了蔡瑁、张允。等曹操冷静下来才发现中计了，但为时晚矣。

周瑜之所以能成功，就是因为他知道曹操是一个多疑的人，只要让他产生一丝的怀疑，那就会有利于自己。有时候，我们需要去发现敌人内部之间的矛盾，使其成为我们进攻的漏洞。假如对方没有矛盾或缝隙让我们有机可乘，那我们就要随时注意捕捉和利用敌人阵营中的内部矛盾，人为地给对方制造裂缝、矛盾，使之互相猜疑，瓦解内部团结，使其形成内乱，比如周瑜使用的反间计就是如此。

反间计可以分为几种，有的是利用敌方阵营中的同乡亲友关系打入敌人内部，探测消息；有的是收买敌方的官员充当间谍，比如战国时期秦国贿赂收买赵王的宠臣郭开，借刀杀人除掉名将李牧；有的是用乾坤大挪移的方法，借力打人，让敌方的间谍为我所用；还有就是故意散布一些虚假的情报，以牺牲自己间谍为代价，诱使敌人上当，进入自己谋划之中。

心理智慧

古人云：“攻心为上”“不战而屈人之兵”。“攻心”，作为从精神和意志上打击敌人的特殊作战形式，历来为兵家所重视。“将计就计”是“反间计”的一种，它的含义是利用对方所用的计策，反过来对付对方，从而获得最终的胜利。

多留个心眼，别轻信任何人

古代战场，双方为了获胜，“用间”是自然之事，而现代社会，从自身利益出发，“用间”也成了很多人的选择。《孙子兵法》云：“昔殷之兴也，伊挚在夏；周之兴也，吕牙在殷。故惟明君贤将，能以上智为间者，必成大功。此兵之要，三军之所恃而动也。”都是强调用间的重要性，古有“庞涓之死”这一历史事件，“本是同根生，相煎何太急”，孙膑又何曾料到，昔日与自己一起读书习武的庞涓竟会加害于自己，但庞涓最终还是败在了大智若愚的孙膑手里。

但我们也可以得出一个道理，对于未曾了解的人，不能轻易相信。尤其是那些竞争激烈的商业大战中，更是无处不存在他人的“间谍”，而对此，我们一定要多留个心眼，否则，很有可能被人算计，陷入失败的境地。

商业活动中我们更应该做到这样，可以说，即使跟你一起合作的伙伴们，也有可能是为了自己的利益心怀鬼胎，而对于你的竞争对手，你更应该摸清底细，只有这样，你才能击中对方的软肋，一击即中。

人们常说，人心是这个世界上最复杂、最难捉摸的东西，它隐藏在人内心深处，并没有写在额头。同样，复杂的商业活动中，无论是竞争对手还是合作伙伴的背景，我们都有必要了解，这正如洛克菲勒说的：“了解每一个对手，甚至合作伙伴的背景，对自己的事业往往具有出乎意料的帮助。”

因此，我们每个人也都要留点心，即使是与你一起合作的人，你也不要过早对一个人掏心掏肺。从长计议，将自己的眼光放远一点，你就会发现一个道理：人，形形色色，千差万别，在错综复杂的事物背后，人的本质似乎高深莫测，看来看去都是雾里看花，捉摸不定。

那么，我们到底该怎样做，才能了解对手和自己的合作伙伴呢？对此，你可以采用长期考察法。“长期考察法”应该是最有效的一种识人方法。可是，生活中，我们不难发现，为什么有些人在原来的岗位干得很好，到了新的岗位，却表现不佳？为什么有些人，即使你与他相识很久，却依旧不了解他？为什么很多人……难道长期考察的方法错了？

其实，“日久见人心”的精要之处不在“日久”，不是时间长了，就一定能看出人的本质来，而是因为时间长了，发生的“事件”足够多了，人的特点就更多地暴露出来了。对人评估的秘密武器就是“关键事件”，这个关键事件能够把人的重要特点充分展示出来。

因此，我们对一个人的了解是需要一个过程的，是需要时间来验证的，也是需要经过事件的磨炼的。要想真正了解一个人，认识一个人，必须与他（她）打交道，与他（她）处事，方知对方是否可交。

心理智慧

商业活动中，对你的对手或者合作伙伴的性格、人品的考察，能帮助我们减少很多不必要的麻烦。当然，这一考察需要经历一定的“时间”“事件”，长期考察的好处，就在于对重复出现的特点有更加准确的判断力。另外，关键事件的频繁出现，我们就能够把人看准。

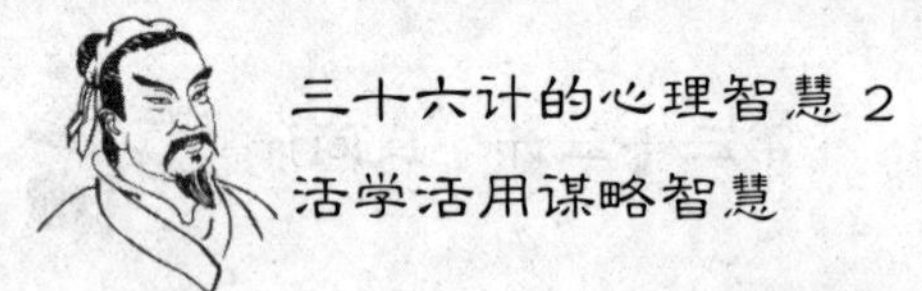

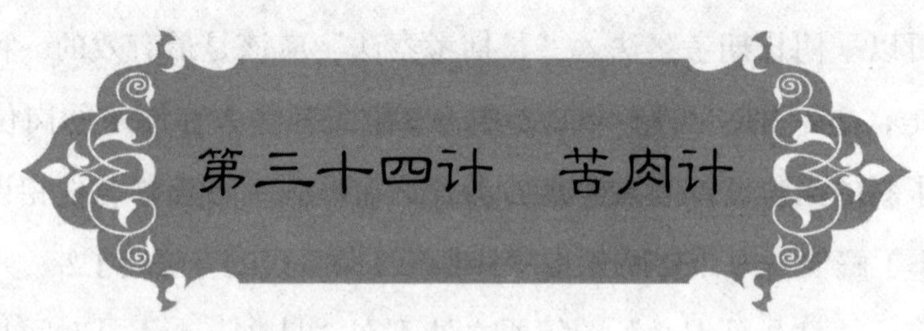

第三十四计　苦肉计

计策详解：自我伤害，令敌人深信不疑

生活中，我们经常提到这一俗语：“周瑜打黄盖——一个愿打，一个愿挨”。这已是尽人皆知的故事了。两人事先商量好了，假戏真作，自家人打自家人，骗过曹操，诈降成功，火烧了曹操八十三万兵马。而这一故事，就是典型的苦肉计。一般来说，苦肉计，按照常理，人不会伤害自己，要是受到某种伤害，一定是某种自己无法抗争的力量导致的。利用好这样的常理，自己伤害自己，以蒙骗他人，从而达到预先设计好的目标，这种做法，称为苦肉计。

提起“苦肉计”，除了“周瑜打黄盖”，还有“勾践忍辱尝粪便”的历史故事。

春秋时，吴越之战中，勾践战败，后退守于会稽山上，不得不向夫差求和。

夫差答应了勾践的求和，但他也提出了一个条件：勾践需要去吴国为奴，勾践答应了。

到吴国后，勾践住在山洞里。夫差每次出门，都让勾践来给他牵马，吴国一些人辱骂他，他也是种忍气吞声、低眉顺眼，表现出顺服的样子。

其实，这只是勾践的权宜之计，背地里，他已经在操作如何复兴越国的方案了。

有一次，夫差病了，勾践探望夫差，并亲口尝了尝夫差的粪便，然后对夫差说："我曾跟名医学过医道，只要尝一下病人粪便，就能知道病的轻重。刚才我尝了大王的粪便，味酸而苦，得了'时气之症'。得了这种病很快就会好，请大王不必担心。"夫差听了很受感动，认为勾践比自己的儿子还孝顺，定无反叛之心，不久便允许勾践回到越国旧地。

回到越国后，勾践卧薪尝胆，苦身劳心，礼贤下士，招兵买马。20年后，勾践终于报仇雪耻，灭了吴国。

勾践的"苦肉计"之所以能够骗取夫差的信任，就在于人们都有这样的一种心理：每个人都有自我保护的本能，这种本能决定了在一般情况下，人是不会自伤的；而对于受伤或者受苦之人，人们都或多或少会有同情、怜悯之心。在同情与怜悯对方的时候，人们的判断力和警惕性就会下降，这时，假如再做出进一步的举动，打消对方的疑虑，就很容易达到骗取对方信任、打入敌人内部的目的。所以，"苦肉计"其实就是一种特殊的"离间计"，在这一计中，"自伤"是假，"他伤"是真，即通过伤害自己骗取敌人的信任与同情，并趁机实现伤害、打击敌人的目的。

顾名思义，实施"苦肉计"的过程是十分痛苦的，这种痛苦有时不仅仅表现在肉体上，还体现在精神上，即便是成功了，胜利的果实中也往往包含了血和泪。但是，如果过于自爱，舍不得伤害自己，就无法蒙蔽敌人的眼睛，更无法骗取敌人的信任。因此，要实施"苦肉计"，事先一定要有充分的心理准备。俗话说："舍不得孩子，套不着狼。"不付出代价，是无法取得胜利的。这便是"欲取先予"的道理。

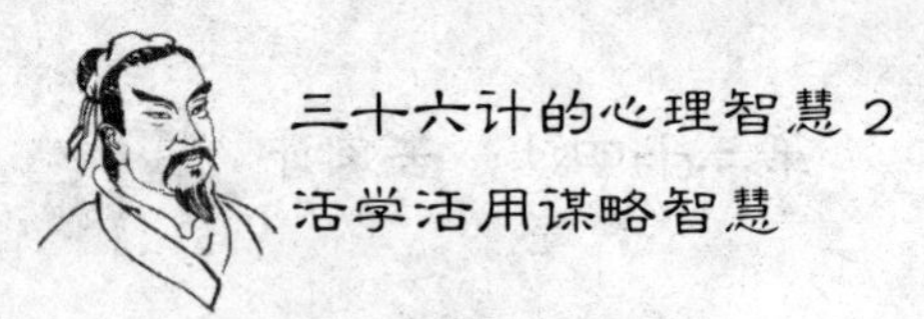

实战应用

巧妙示弱，博得对方同情

《三十六计》中的“苦肉计”，不但在战争上被广泛应用，在我们日常生活中也是随处可见。比如，在求人办事时，如果我们能“装装可怜”，陈述自己能力的不足和种种难处等，是能感化对方的。毕竟，人都有同情弱者的心理，对弱者是不愿意袖手旁观置之于不顾，而比较容易答应弱者的请求。

为此，求人办事中，我们也可以运用示弱这一方法，当对方不愿意帮忙或者正犹豫不决的时候，你不妨开口就“装可怜”，激起对方的保护欲，一旦对方觉得你的说法真实可信，他很有可能就会作出让步，答应你的请求。

有一家汽车公司的老总，他平时业务很忙，而他的办公桌上也总是摆放了各种各样的文件，其中还有很多催账单。每次，他总是随便翻翻就扔到一边，然后让经理自己看着办，因为他自己也不知道该先处理哪一个。

然而，有个特殊的情况，那次，他在一大堆的催账单中抽出一张对财务经理说：“马上付给他！”

这是一张传真来的账单，除了列明货物标的、价格、金额外，在大面积空白处还画着一个头像，头像正在滴着眼泪。

“看看，人家都流泪了，”这位老总说，“以最快的方式付给他吧！”

谁都明白，这个催账人并非真的在流泪，他之所以急着催账，可能另有苦衷或急需资金，他的几滴眼泪迅速引起对方重视，以最快的速度要回了大笔货款。看来，这眼泪的威力实在不可小看啊！

生活中，我们可能都有这样的体验，我们似乎总是不愿意拒绝那些对我们示弱的人的请求，因为他们让我们感到弱小，从而激发起自己内心的同情和保护的欲望，这也是人们的普遍心理。所以，在希望获得他人帮助时，我们完全可以用这一方法来催眠对方，以此来博得对方的同情，让其不好拒绝。

因此，在提出自己诉求的过程中，你不妨通过语言表现自己的无助，比如“我也是没有办法，不然，我是无论如何都不会来麻烦你了，还希望你能够帮我这个忙”“现在我是一点办法都没有了，希望你能帮忙出个主意”，对方看到你无助的样子，定会毫不犹豫地答应你的请求。

再或者，可以在求助对方时运用眼泪攻势。有人说，三国时期，蜀主刘备是精于哭道的高手，于是，有人戏称“刘备的江山是哭出来的”。虽然，这样的说法有失偏颇，但是，“哭”的确是求人办事的“秘密武器”，尤其对于男人而言，他们是抵挡不住女人的眼泪的。因此，在提出自己诉求的时候，你若能不失时机地流下几滴眼泪，会激发对方的保护欲，使对方爽快地答应你的请求。

心理智慧

人心都是肉长的，再强势、再铁石心肠的人，其心灵都有最柔软的地方，这就是同情心。的确，同情心是人与生俱来的本性，是人作为群居动物所根深蒂固的习性，在求人办事时，你若能直击人类最善良的本性，适当诉说苦楚，激发对方的同情心，那么，我们求人办事的成功率便会大大提高。

暂时舍利，也要留住信誉

前面，我们提到苦肉计不仅用于战争之中，还广泛地见于社会生活的各个领域。在现代经商活动中，经营者利用“苦肉计”，对自己不合格产

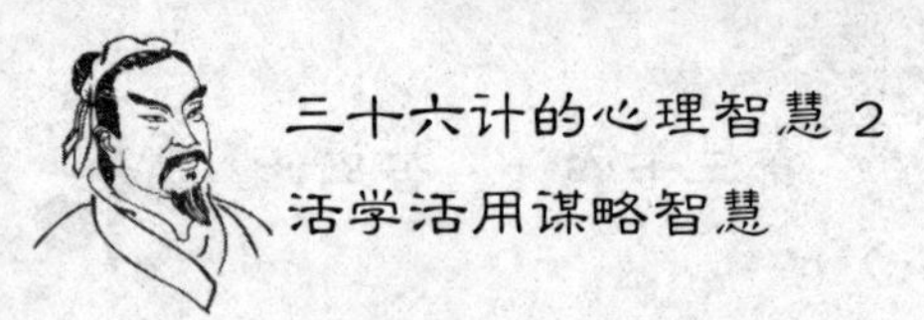

品集中进行销毁，用以引起广大群众的注意，树立自己企业的良好信誉，为下一步赚回更多的钱而埋下伏笔，是非常可取之计，但会有人为此付出代价。

的确，现代社会，无论是做生意，还是与人交往，最重要的就是信誉。一位商界的西点人士曾这样说：“美国前五百大企业是教给人伦理，而西点是教给人品德。”的确，信任的达成是一个人、一个企业乃至一个国家发展中最为重要的因素之一。然而，因为利益的诱惑，很多人却企图尝试打破这一规则，而最终，他们不仅失去了信誉，还失去了长远的利益。而聪明的人始终会用长远的眼光看待问题，为了留住信誉，很多时候，他们能做到果断舍弃利益，这就是典型的“苦肉计”。

我们先来看看海尔集团在信誉问题上是如何做的：

在2006年11月新出炉的中国第一份信誉调查报告——中国企业信誉100中，海尔成为排名最靠前的中国本地企业，居于总榜单的第六位。海尔夺得中国本土企业信誉榜榜首是人们预料之中的事，海尔在20世纪90年代初就确定了“首先卖信誉，其次卖产品”的理念，恰是从这一理念动身，制定了海尔创世界名牌的战略，成为中国家电行业的巨人。

1985年，张瑞敏当着海尔集团全体员工的面，将76台带有质量问题的电冰箱当众砸毁。就是因为他捕捉到了企业正处在急骤上升时期的致命的质量隐患和危机意识不足的管理信息。正确、及时的信息反馈，带来的“海尔砸冰箱”事件，砸出了海尔员工的危机感和责任感，砸出了一套独特的海尔式产品质量和服务管理理念，保护广大用户利益，“真诚到永远”，使海尔集团由一个小企业青岛日用电器厂成长为今天的跨国集团公司。

这里，我们看到了张瑞敏为了赢得信誉，将76台带有质量问题的电冰箱当众砸毁。这就是“舍”利益“得”信誉的最佳体现。任何一个企业领导者，都深知信誉危机对企业发展的杀伤性。

事实上，企业对于信誉危机的处理往往都是相当有难度的，因为信誉危机的发生总会不同程度地影响到企业的形象，降低了企业在利益相关者心目中的地位，影响到企业正常的生产经营活动，威胁到企业的既定目标的实现，严重的将导致企业破产倒闭。但一般情况下，信誉危机的产生多半是和经济问题挂钩的。因此，如果企业能够主动放弃利益，那么，挽回企业的信誉是可以实现的。当然，要避免出现信誉危机，最好还是能把眼光放长远一点，而不要为了利益而牺牲信誉。

实际上，并不只是海尔集团通过“卖信誉”而赢得公众的信任，很多世界500强也正是坚持这一信念，才走上了成功之路。

心理智慧

人们在社会交往中，往往以诚信来判断、决定是否相处和交往，巧言令色、轻诺寡信，是难以取得他人信任的。信誉是人与人之间沟通和相知的桥梁，信誉能够过滤自私和贪争，消除内心的忧痛，开阔狭窄的心胸，使亲情保持长久，友情增进纯真，爱情经受考验。

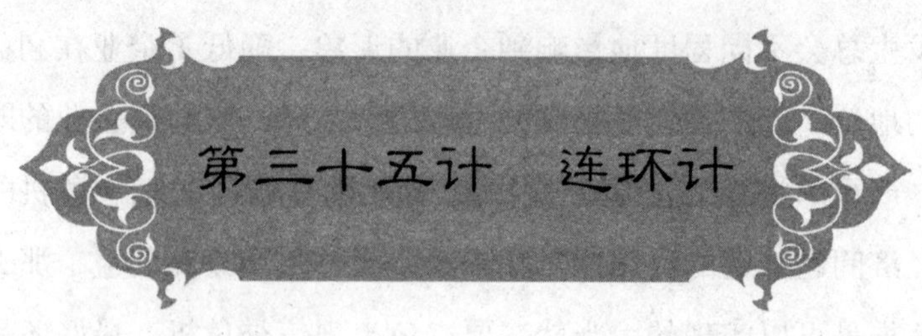

第三十五计　连环计

计策详解：巧妙布网，环环相扣

“连环计”为《三十六计》中的第三十五计，所谓“连环计”，字面上的意思就是是对同一敌人或对手使用两条或两条以上的计谋，这些计谋环环相扣，相辅相成，如同一张精心织就的网，令对方无处遁逃。其实这只是“连环计”的一种用法。“连环计”还有一种用法便是“使敌自累”：即当敌人相互勾结、实力强大时，如果我方不能正面加以攻破，就可以采取制造矛盾、逐个击破的办法，令敌人内部相互钳制、相互牵绊，待敌人力量因此被削弱时，再伺机进攻，一举破敌。

有关“连环计”最有名的战例应该是《三国演义》中的赤壁之战。

在这一战中，周瑜先是利用“反间计”借曹操之手除掉了水军统领蔡瑁和张允，然后再让庞统向曹操献上锁船一计。

曹操败袁绍、破乌桓，基本统一北方后，于建安十三年七月，自宛（今河南南阳）挥师南下，欲先灭刘表，再顺长江东进，击败孙权，以统一天下。九月，曹军进占新野，时刘表已死，其子刘琮不战而降。依附刘表屯兵樊城的刘备仓促率军民南撤。曹操收编刘表部众，号称八十万大军向长江推进。刘备在长（今湖北当阳境）被曹军大败后，于退军途中派诸葛亮赴柴桑会见孙权，说服孙权结盟抗曹。

孙权命周瑜为主将，程普为副，率三万精锐水军，联合屯驻樊口（今湖北鄂州境）的刘备军，共约五万人溯长江西进，迎击曹军。十一月，孙刘联军与曹军对峙于赤壁。曹操将战船首尾相连，结为一体，以利演练水军，伺机攻战。周瑜采纳部将黄盖所献火攻计，并令其致书曹操诈降，曹操中计。黄盖择时率蒙冲斗舰乘风驶入曹军水寨纵火。曹军船阵被烧，火势延及岸上营寨，孙刘联军乘势出击，曹军死伤过半，遂率部北退，留征南将军曹仁固守江陵。联军乘胜扩张战果，孙刘两军分占荆州要地。

可以说，整个赤壁之战的布局更是一出绝妙的“连环计”，一计套一计，计计连环、天衣无缝。正如后人诗中所写的那样：“赤壁鏖兵用火攻，运筹决策尽皆同。若非庞统连环计，公瑾安能立大功？”可见，连环计是克敌制胜的绝妙计策之一。

战场形势复杂多变，对敌作战假如只是用一条计谋，就很可能被同样足智多谋的敌方将领所识破，难以奏效。所以一个优秀的指挥员一定要善于设计和使用“连环计”，累敌、攻敌，环环相扣，精心设计。正如《三十六计》中所言：假如主帅能做到将这两种计谋、两种方法联合起来使用，克敌制胜就如同有天神相助一般，手到擒来了。

当然，和所有的离间计一样，连环计的使用也必须注意隐蔽性，要将自己的真实目的隐藏起来，切不可使敌人生疑，只要其中一环出现漏洞，就会引起敌方的警觉，造成牵一环而动全局、缺一计而前功尽弃的后果。

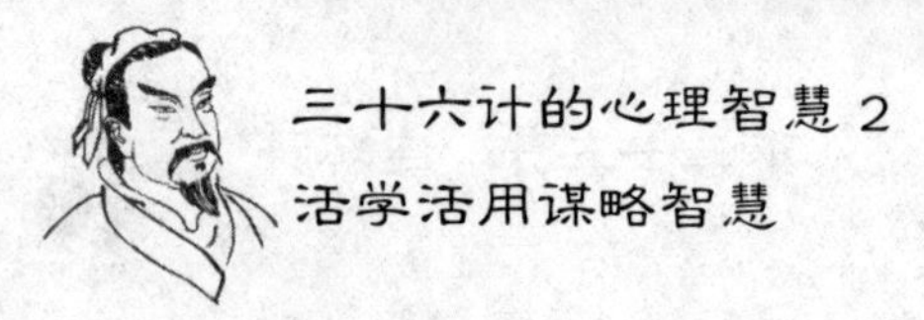

实战应用

软磨硬泡，对方自会答应

现实生活中，我们发现，我们会遇到这样一种情况，我们在与人沟通的过程中，发现对方十分固执，无论我们拿什么理由来验证观点，他们也总是能说出个一二三四，根本不考虑别人的意见。倘若我们与这样的人意见不合，那么，即使我们与他争执，我们也很难占上风，因为他根本不给我们反驳的机会，但若我们能抓住其心理特点，采取“连环计”的计谋，对其施行“疲劳轰炸”的方式，那么就会容易很多。

当然，在说服他们的过程中，你首先应该隐藏好自己，不要让他看出你的企图，然后对其恭维一番，然后把他放到一个较高的位置上，这样，他们内心的阻抗就会小很多，其态度往往容易转变。

毕加索的妻子弗朗索瓦兹·吉洛特很喜欢绘画，而且在画画的时候不喜欢被别人打扰。一次，儿子小科劳德想让妈妈带他出去玩，可吉洛特已全身心投入到绘画上，听到敲门声和儿子的喊声，只是回应了一声“哎”，之后接着埋头作画。儿子没放弃，接着又说：“妈妈，我爱你。”可得到的回应也只是：“我也爱你呀，我的宝贝儿。”门却并没有打开。儿子又说：“我喜欢你的画，妈妈。”吉洛特高兴了，她答道：“谢谢！我的心肝，你真是个小天使。”但是仍旧没有开门。儿子又说：“妈妈，你画得太好看了。”这时吉洛特停下笔，却仍然没有开门的意思。儿子继续说：“妈妈，你画得比爸爸画得还好。”吉洛特知道，自己的画肯定不及丈夫画得好，但儿子的话却让她欣喜若狂，她也从儿子那夸张的评价中感到了儿子的急切心情，终于把门打开了，答应陪儿子一块出去玩。

小科劳德是怎么说服专心作画的母亲开门的？正是软磨硬泡的办法敲开了专心作画的母亲的门。其实，现实生活中，对于那些固执的人，我们也可以运用这种方法敲开对方的心门。表面上看这种方法很简单，但却并不容易做好。

为此，我们需要把握好以下两个条件：

首先，必须控制好自己的情绪，要有打持久战的准备；在现实生活中，有些人是火爆脾气，一旦遇到一些烦心事就恼火甚至发怒，其实，这样并不能帮你解决问题。因此，你要告诉自己，凡事要冷静，不要冲动。并且，你要学会忍耐，多对他人表示理解，只要能做到这点，那么，你就能“反客为主”，就能控制整个交谈进程。可能你会认为，“软磨硬泡”需要消耗大量的时间，但实际上，时间恰恰是我们打好这一战的有力武器。因为，任何人都不想浪费时间，也耗不起时间。所以，只要你能克制住自己，摆出一副“打持久战”的架势，便会使对方最后妥协。所以，你一定要沉住气，耐心地牺牲一点时间，成功就会等着你！

其次，必须是“赞美”“哀求”“硬磨”三种方法同时运用，缺少一种都达不到让他哭笑不得的效果，也就难以达到你想要的结果。

心理智慧

软磨硬泡是一种针对难说服之人的的成功诀窍，它考验的是你的耐力，只要你坚持，你就能获得积极的效果，你应该表达出自己不达目的誓不罢休的决心，让对方看到你的态度，就能影响对方对你的态度。

运筹帷幄，一问一答中掌控对方思路

我们都知道，“三十六计”中连环计实施成功的要点在于“累垮”别

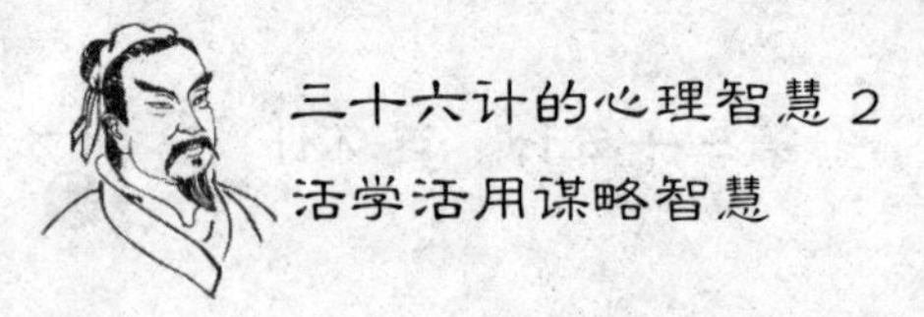

人，然后掌握主动地位。而从这里，我们也可以得出语言技巧中的启示，与人沟通，我们要想掌握谈话局势，让对方跟着你的思维走，也可以巧施连环计，而方法之一就是问答，通过提问来引导对方的思路，在一问一答中，我们便能把观点植入到对方的思维中。相反，毫无悬念地陈述，对方很容易分散注意力，更别说最终认可我们的观点了。

乔治有一家自己的公司，他的公司专为其他公司提供销售人员和管理人员，在一个星期五的下午，他和他的老同学有一个约会，那天天气很热，当他到达约会地点的时候，发现自己早到了20分钟。为了不让这20分钟的时间白白浪费掉，他决定找个客户进行推销。

乔治看到他所在的咖啡厅对面有一家规模比较大的汽车销售公司，于是，他准备去试试。

经过询问，乔治发现老板并不在公司，而是在对面的接待处。于是，乔治来到这里，他看到汽车销售公司的老板正在和自己的部下商量事情，乔治敲门进去，问道："我发现您现在应该是在谈如何增加销售额，如何让公司业绩提升吧？"

"年轻人，您找我有事吗？今天可是周五啊，又是午饭时间，你为什么会选择这样一个不恰当的时间拜访我呢？"

乔治满怀信心地盯着对方说："您真的想知道吗？"

"当然，我想知道。"

"好吧，我陈述一下我的目的，我到这儿原本是约了朋友，但我早到了20分钟，浪费时间不是我的原则，所以，我想来做个访问。"稍做停顿，乔治又压低声音问："贵公司大概没有把这种做法教给销售员吧？"

这位汽车销售公司的老板一听乔治的话后，立马改变了自己的态度，稍作停顿后，他微笑着对乔治说："多亏你，年轻人，请坐吧。"

这里，我们发现，乔治能让客户在百忙中接受他的访问，就是因为他运用了这种"很简单，但却很狡猾"的提问方法来引起客户的好奇心。同样，在说服他人的过程中，我们采用这种方法，也比直截了当地告诉对方我们的观点来得更有效。

当然，要让这一方法百试百灵，我们必须还得掌握几点小技巧：

我们在与对方的沟通中，只有了解对方在意什么，不在意什么，才能做到有的放矢地沟通。而事实上，很多人却忽视了这一点，总是只顾自己讲，而不明白对方的真实想法，最终导致沟通方向与对方期望的方向背道而驰。那么，怎么才能解决这一问题呢？唯有提问。提问可以更好地控制谈话的进程，更大程度地调动对方的兴趣和积极性。而对于我们来说，提问可以使我们得到更多的信息，这些信息都会对促成我们成功说服对方。

心理智慧

“连环计”可以被巧妙地运用到心理沟通中，提问法就是运用方法之一。当然，提问如果用得不恰当，事情也会起到相反的作用。很明显，我们要多提令对方感兴趣的话题，这些话题可以说俯拾皆是，关键在于要能够依照特定的情境去发掘，并且恰到好处地运用！

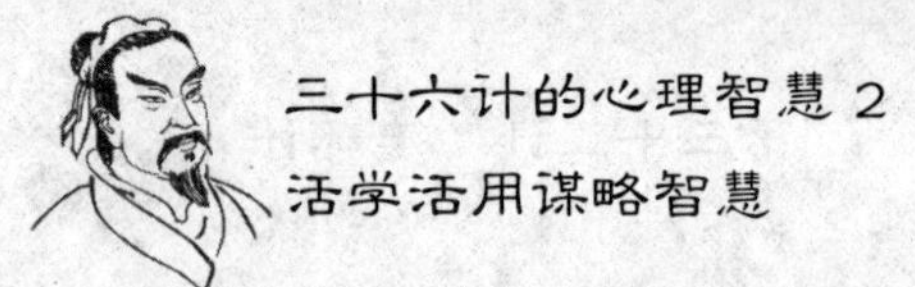

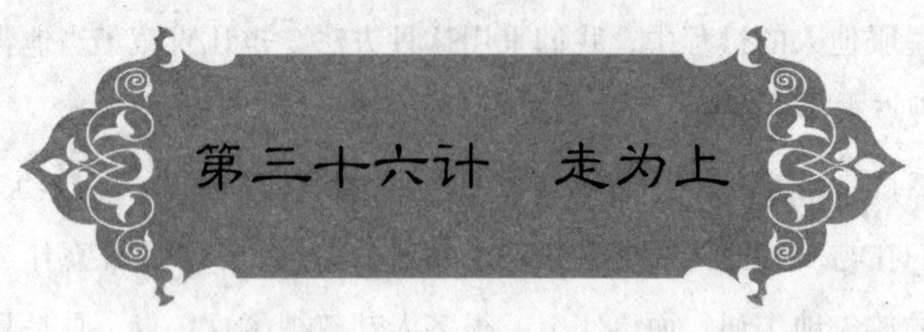

第三十六计　走为上

计策详解：适时撤退，保存实力

生活中，人们常说："三十六计，走为上计。"这或许是人们在日常生活中提到三十六计时所说的最常见的一句话了。"走为上"是《三十六计》最后一计，"走"，一个字而已，但是却包含着极为精深的战争智慧与人生原理。

《孙子兵法·形篇》中主张"以不败求胜"的战略思想，其实就是"走为上计"的具体表述。当然，撤退绝不等同于逃跑。逃跑是被动得如丧家之犬一般丢盔弃甲、溃不成军，无论是军队的战斗力还是意志力全部都已经崩溃，很难再有所图；而撤退却是有组织、有计划、有目的的，暂时的撤退不是永远的放弃，而是为了保有不败的实力、寻求战胜的机会，等到敌人自我暴露出致命的弱点时，我方就可以抓住这可乘之机，一举歼敌。

春秋时，晋献公因为听信小人一面之词，竟然下令斩杀了太子申生，又派人捉拿申生的异母兄长重耳。重耳闻讯，先行一步逃出了晋国，为了保命，他在外流亡十九年。

经过长途跋涉，重耳来到楚国。楚成王认为重耳是个不可多得的人才，日后必有大作为，就以国君之礼相迎，待他如上宾。

一天，楚王设宴招待重耳，席间，二人闲聊起来。

忽然，楚王问重耳："假如有一天你回了晋国，然后成为一国之君，你该怎么报答我呢？"

重耳略一思索说："金银财宝、美女侍从、珍宝丝绸，大王要什么有什么，而且，楚国也是富饶之地，我哪有什么能献给大王的呢？"

楚王说："公子过谦了，话虽然这么说，可总该对我有所表示吧？"

重耳笑笑回答道："要是托您的福，我果真能重回晋国的话，我一定会和楚国世代交好，如果我们两国真的有一天必须兵戎相见的话，我一定命令军队先退避三舍（一舍等于三十里），如果还不能得到您的原谅，我再与您交战。"

四年后，一切如楚王所料，重耳真的回到晋国当了国君，就是历史上有名的晋文公。晋国在他的治理下日益强大。

公元前633年，楚国和晋国的军队短兵相接。晋文公是个重诺言的人，为此，他真的下令军队后退九十里，驻扎在城濮。楚军见晋军后退，以为对方害怕了，马上追击。晋军利用楚军骄傲轻敌的弱点，集中兵力，大破楚军，取得了城濮之战的胜利。

这就是"退避三舍"的故事，以退为进，然后诱敌深入，从而给自己留下了主动出击的后路，获得最后的成功。

晋文公的数次"逃跑"都不是真正的逃跑，而是有预谋、有计划的撤退，其目的就在于保全自己的实力、寻找或制造战胜敌人的机会。因此，这种意义上的"走"，才是上上之策，绝不可以和望风而逃、不战而逃的"逃跑主义"混为一谈。

实战应用

急流勇退，功成圆满

自古以来，我们发现，但凡功成名就之人，但凡人际关系良好之人，都知道“进可攻退可守”的道理，尤其当自己取得成绩之时，他们不会居功自傲，而是低调做人，甚至采用隐退的方法。这样做，能避免引起他人的不快，也就能更有效地自保平安。所谓急流勇退也就是这个道理，也就是这样一种明智的生存之道。毕竟“枪打出头鸟”，如若你不知深浅，在强大的人际压力下，还以卵击石的话，恐怕你真的会粉身碎骨。

世人多知范蠡三迁而终保其身的故事，却不知范蠡依旧是个洞察人情、知人如神且懂得匠心用人的明察事理的哲人。

春秋战国时期，越王勾践经过20年的卧薪尝胆后，终于一雪前耻，灭掉了吴国。这是众人皆知的故事，但越王勾践之所以能成功，得归功于越王的臣子范蠡。

范蠡不但是一个忠心耿耿的臣子，还是一个懂得为人处世的智者。

勾践的确是一个可以吃苦耐劳之人，能与之共苦，但不能与之同甘。范蠡被任命为大将军后，自忖长久在得意之至的君主手下做事是危机的根源。于是他便向勾践表明自己的辞意，勾践并不知道范蠡的真实意图，于是拼命挽留他。但范蠡去意已定，搬到齐国居住，自此与勾践一刀两断，不再往来。

移居齐国后，范蠡不问政事，与儿子共同经商，很快成为富甲一方的大富翁。齐王也看中他的能力，想请他当宰相，但被他婉言谢绝了。他深知“在野而拥有千万财富，在朝而荣任一国宰相，这确实是莫大的荣耀。可是，荣耀太长久了反而会成为祸害的根源”。于是，他将财产分给众人，又悄悄离开了齐国，到了陶地。不久后，他又在陶地经营商业成功，积存了百万财富。

范蠡确实是个聪明的人，能帮助越王勾践重获江山，更难能可贵的是，他更懂得在受功之时全身而退。他之所以离开越国，拒绝齐王的重用，转而离开政界，都是因为他深知伴君如伴虎，功成身退才是自保的方法。

无独有偶，清末曾国藩常说：“进步处便思退步，着手时先图放手”。进的时候要多点见闻，多些谋略，退的时候要找好动机，留有余地。

曾国藩得意之时，强调“势不使尽，弓不拉满”，深得进退之道。

曾国藩更是常常想到退隐。他对部下说：我居高位，又获得了极高的虚名，时时刻刻都有颠覆的危险。通观古今人物，像我这样名大权重的人，能够保全善终的人极为少见。因此我深深担忧在我全盛之时，不能庇护你们，到了我颠覆之时，或许还会连累你们。所以我只有在我没事的时候，时常用危词苦语来劝戒你们，这样或许能够避免大灾大难啊！

怀着这种深沉的认识和忧惧，曾国藩把这一感触不时传送到兄弟们身上，他鼓励、劝勉他们为百姓多干实事，勿为名望二字所累。

心理智慧

世人都要有不贪图功名利禄、勇于功成身退的冷静心态：后退一点，才会跑得更快，可能迎面而来的是荣誉、是成就、是财富，但也有可能是陷阱，不管是什么，只要你懂得后退一点，你都不会被这一“接力棒”砸伤。

适可而止，懂得减速是人生一大智慧

我们都知道，接力赛跑中，接力运动员在接到接力棒之前，都会后退几步，这是一种很常见的现象，为什么运动员要这么做呢？原因很简单，后退一点，才不会因突然迎面而来的接力棒而不知所措，从而避免了耽误时间。这个道理同样可以运用到我们的生活中。

可能很多人会问，现代社会竞争如此激烈，不拼搏如何胜出？诚然，奋斗是一个人必须具备的一种品质，但并不意味着要一刻不停地奔波与忙碌。适可而止，会休息才会成长。只会向前猛冲，而不懂得减速缓行的人，在人生的某个弯道处，一定会冲出跑道，损失更多。

那么，人生路上，我们该如何做到适可而止呢？

1.凡事见好就收

不管是为人还是处世，都要懂得见好就收。与人交往，不可得寸进尺，不可过于亲密，保持一定的距离，适当地隐藏自己，“逢人只说三分话，未可全抛一片心”，要有自我保护的意识。小有成就时，不要独揽成绩，要学会与人分享，这样才会赢得人心，才会得到更多的人的支持，才会有更多的机会，这不失为一种智慧的处世策略。

2.学习是常态

一些人为了安全感，保守地待在原地，要知道，这样终有一天别人会轻易地夺取你的腹地。你可训练自己逐步接受风险的能力，不必害怕改变。学习的过程，甚至是失败的经验，都能帮助你承受更大的决策与风险。

同样，这个道理不仅适用于做事，也还适用于做人。在错综复杂的社会中，为人处世太过张扬，不仅会招来别人的嫉恨，并且会被认为是轻浮。

我们来看看下面的寓言小故事。

远古时候，有群水牛，他们推举某个雄壮、德高望重的公牛为他们的领袖。

这天，在水牛王的带领下，众水牛出来觅食。谁知，途中他们遇见一只顽猴挑衅，还向水牛王抛掷石块。顽猴的行为激怒了众水牛，正当他们要报复时，水牛王阻止了他们。有水牛问他为什么要这样懦弱，以众水牛的力量，完全可以惩治这只顽猴。水牛王说了一段偈语来回答：“彼轻辱贱我，又当加施人；彼人当加报，尔乃得牲患。”过了一会儿，有一伙婆罗门经过这里，那只猴子又故技重演，打了这伙婆罗门。结果，被婆罗门抓住，痛打致死。

这则小故事中，水牛王是有远见的、聪明的。低调一点，换来的是和平。而猴子是无知的，他去招惹婆罗门，无疑是拿石头砸了自己的脚，而这更应验了水牛王的话，“彼轻辱贱我，又当加施人；彼人当加报，尔乃得牲患。”

当然，你要明白的是，在退之时，更是为了能进，后退也不能消极处世，满足于现状、停步不前、做一天和尚撞一天钟，而是为了能保全自己，然后把握住机会，才能获得更大的成就！

心理智慧

世上没有做不成的事，只有做不成事的人。一个真正想成就一番事业的人，除了要具有满腔热血外，还要拥有聪明的头脑和成功的智慧，不会意气用事，而是能把握分寸，取舍有道、适可而止！

参考文献

[1] 刘国建.国学经典·三十六计[M].郑州：中州古籍出版社，2011.

[2] 陈才俊.国学经典·三十六计[M].北京：海潮出版社，2006.

[3] 王超译.三十六计[M].北京：北京联合出版公司，2015.

[4] 禹谦.三十六计：中华智慧经典[M].北京：中华书局，2010.

[5] 周华.三十六计孙子兵法最全集[M].北京：中国华侨出版社，2011.